俄罗斯
住房财政保障制度
改革研究

A RESEARCH ON THE REFORM OF
RUSSIAN HOUSING FINANCIAL SECURITY SYSTEM

丁超 著

社会科学文献出版社
SOCIAL SCIENCES ACADEMIC PRESS (CHINA)

序　言

　　民惟邦本，本固邦宁。改革开放以来，构建多层次的社会保障体系，为居民提供基本住房保障，一直是我国各级政府高度关注的重要民生服务。在新冠疫情蔓延并将长期化、常态化的背景下，住房保障服务更成为国家"稳民生"的重要环节。党的十九届五中全会明确指出，要坚决杜绝将房地产作为短期经济刺激手段的短视行为，坚持稳地价、稳房价、稳预期，充分发挥财税政策的导向和支持作用，有效调节住房供给和需求。为完成这一任务，在未来的居民住房保障制度改革过程中，我们还须积极引智，多多参考与借鉴世界各国的有益经验。

　　改革开放以来，就经济社会研究来说，我们更多地关注西方发达国家，俄罗斯经济不再是学界的研究热点。但究其实质而言，俄罗斯在诸多方面的经济治理经验，一如本书研究的切入点——中期预算制度改革以及本书重点探讨的住房保障制度改革等，依然值得我们思考与借鉴。

　　丁超是 2013 年进入中央财经大学财经研究院攻读博士学位的，由于本科和硕士阶段所学均为俄语语言文学专业，进入中央财经大学后，他将大部分时间用于夯实经济学理论基础，培养经济学的逻辑思维。其刻苦、用功、不服输的韧性与敏锐的观察力，使其在很短的时间内就找准了博士学位攻读期间的研究方向——"俄罗斯住房保障制度的借鉴与启示"，并于同年 11 月，成功申请到中央财经大学创新基金项目。为构建论文研究基础、丰富研究资料，丁超还主动申请国家留学基金委的基金资助，赴俄罗斯圣彼得堡国立经济大学财政系学习、交流一年。自身的语言优势加上三年系统的财政理论学习，丁超顺利

1

地完成了其博士论文《俄罗斯住房财政保障制度改革研究》的撰写，论文逻辑清晰，内容翔实，论证充分，本书便是在该论文的基础上补充、修改、完善、扩充而成。作为丁超博士学位论文的指导老师，我见证了这本书从最初的构思到最终成文的全过程，也想借此机会提出些看法，并予以推荐。

从公共财政的视角研究俄罗斯的住房保障制度改革是本书的最大特点。与其他国家相比，俄罗斯"住房保障"的含义更为宽泛，既包括对普通公民购置、租用住房的法律和政策支持，也包括为社会弱势群体建设和分配保障性住房的法律和政策基础。该书以公共财政作为研究的切入点，便是抓住了俄罗斯住房保障制度改革的关键，即以政府为主体、以财政预算为支撑、以住房领域的国家规划为实施工具，不断深化、完善与推进居民的住房保障制度。多年来，以结果为导向的中期预算制度改革提高了俄罗斯住房部门财政支出的效率，规划预算的引入更使苏联解体以来俄罗斯多项住房战略和规划的实施更加体系化、制度化。将公共财政理论应用于社会保障的具体研究实践之中，是本书做出的重要尝试，为该问题的研究提出了新的思路与方法。

基础理论研究与政策研究的结合，是本书的另一个特点。住房保障是俄罗斯民生保障制度的重要领域，俄罗斯政府每年都会通过具有针对性的法律法规和政策文件，切实解决公民的住房问题。但是政策甚至法律变更得较为频繁，这也是从事俄罗斯问题研究的学者必须面对的现实问题。丁超在书中对俄罗斯各阶段的住房政策进行了详尽梳理，突出其中的主要内容并清晰地呈现出来，将其与公共财政制度的改革与演变融合探讨，这也成为本书的一项贡献。在充分的资料和文献基础上，本书对俄罗斯住房保障制度产生的社会经济效果进行了评估，基本涵盖了学界比较关注的各类问题，诸如俄罗斯公民是否都能获得免费的私有化住房？俄罗斯房价如何？按揭贷款能否发挥相应的作用？房地产市场发展的前景怎样？住房公用服务费对于普通民众来说能否负担得起呢？等等。

丁超博士毕业后进入中国社会科学院俄罗斯东欧中亚研究所工作，这使她对俄罗斯经济问题的认识更加深入，看待问题的角度和方式也有了新的变化。《俄罗斯住房财政保障制度改革研究》一书即是她参加工作后修改完成的，除了基本保留博士论文的研究框架外，她还对论文的内容进行了大量的丰富和完善，更加全面与完整地呈现了苏联解体至今俄罗斯住房保障制度改革的图景。

普京第四任期以来，俄罗斯进行了大规模的结构性改革，基于居民住房保障水平不断提升，住房建设在俄罗斯经济发展中的定位也在发生改变，政府逐渐开始重视建筑业（包括住房）对经济增长的刺激作用。新冠疫情暴发后，俄罗斯更是将建筑业作为经济复苏的重要推动力。因此，本书所涉及的时间线，既是研究俄罗斯政府住房保障职能实现的最佳阶段，也刻画了俄罗斯住房建筑业发展的若干新特征。与此同时，在本书中还提出了新的研究选题与思考方向，例如俄罗斯财政预算对住房部门的政策倾斜与经济增长的互动关系，不同时期中俄两国在住房领域的职能定位差异等，这些都可以成为下一步深入研究的方向。

在丁超的博士学位论文获得资助出版之际，作为导师，甚为欣喜。希望她能够坚守初心，在科研工作中一如既往地保持积极、热情的心态，依托俄罗斯研究的国家级平台取得更好的成绩。

是为序。

童 伟

2020 年 10 月 30 日于北京

CONTENTS **目 录**

绪　论

一　选题目的

俄罗斯住房制度改革始于20世纪80年代的苏联，当时公有化的住房保障模式已无法满足民众的基本住房需求，以市场化为方向的住房制度改革在苏联政府内部获得了普遍认同。苏联解体后，俄罗斯联邦议会通过了《俄罗斯联邦住房私有化法》（1991年），拉开了住房领域私有化改革的序幕。以"自愿、无偿和一次性付款"为原则，俄罗斯逐步开始了向市场化住房制度的过渡。

在推进住房私有化改革的过程中，俄罗斯始终将住房视为居民最为基本的生活保障，并在《俄罗斯联邦宪法》（以下简称《宪法》）中明确规定，住房权是公民的基本权利，保障公民实现这一权利是政府应尽的职责与义务。依据《宪法》精神，俄罗斯政府制定了多项住房发展规划，并通过联邦及各联邦主体和地方财政为其提供资金支持，重点履行国家对特定群体[①]、年轻学者、年轻家庭和多子女家庭等的住房保障义务。其中，《俄联邦住房专项规划》是目前俄罗斯最为重要、最具连续性的住房政策工具。俄罗斯政府分别于2005年和2010年颁布了《俄联邦住房专项规划（2002~2010）》《俄联邦住房专项规划（2011~2015）》，在规划中明确提出了俄罗斯住房改革与发展目标，并规定了与之相适应的资金保障来源及规模。自2015年起，《俄联邦住房专项规划》

[①] 在俄罗斯，特定群体主要指从危房搬迁出来的居民、在自然灾害中丧失居所的居民、法律规定有权获得住房补贴的公民、从北极等地区迁移出来的居民、核辐射事故及灾害救援人员等五类人群。

的实施进入了第三个阶段。虽然此时的俄罗斯政府困难重重，美国和欧盟因乌克兰事件对俄罗斯实施的一系列制裁，致使国际油价暴跌，卢布严重贬值，但俄罗斯政府依然明确表示，将继续按照住房规划的要求，出资6918.2亿卢布为23.5万个家庭提供住房支持。2018年5月，普京成功开启第四任期后，重新引入了"国家项目"的管理模式，将居民住房保障问题与城市的规划和治理相结合，在保障居民最基本的生存需求后，着力提高其对居住环境的满意度。由此可见，俄罗斯政府对于居民住房的保障，无论是从政策层面来看，还是从资金保障的角度来看，都是极为重视与关注的。

除政府直接拨款外，俄罗斯政府还借助市场力量对住房建设予以扶持，其主要模式是通过"俄联邦·住房"集团（前身为住房按揭贷款股份公司，АИЖК）[①] 进行融资，直接或间接参与住房按揭贷款一、二级市场的运作。2009年，俄罗斯政府为对失业及低收入贷款人提供住房支持，住房按揭贷款股份公司成立了第一家子公司——住房按揭贷款重组股份公司；2011年，为促进按揭贷款保险服务市场的发展，住房按揭贷款股份公司又注册成立了按揭贷款保险公司。俄罗斯按揭贷款股份公司及其子公司的发展，拓宽了住房建设及住房公用服务领域的资金融通渠道，保障各阶层居民都能住上安全舒适的房屋。此外，在2010年，俄罗斯联邦政府还发布了《2030年前住房按揭贷款发展战略》，以2009年为基期，在住房按揭贷款的发放额、居民通过按揭贷款方式获得住房的比例、贷款期限、住房按揭贷款占GDP的比例等方面规定了2030年前俄住房按揭贷款发展的总体战略目标。

总的来说，在住房改革的20多年间，俄罗斯通过宪法规范、政策引导、战略协调和机构配合等方式，较好地解决了低收入群体的住房改善问题，新建住房面积稳定增长，住房配套设施建设快速推进，住房按揭市场得到一定发展，并为其他领域改革的推进提供了稳定和谐的社会环境。

在中国改革开放的40多年间，住房制度改革也一直是改革的中心议题之

---

① 俄罗斯联邦住房按揭贷款股份公司（АИЖК）成立于1997年，是俄罗斯国有资产管理的主要机构。其任务主要在于规范住房按揭贷款程序，降低信贷风险；发行按揭证券；建立长期按揭信贷市场，通过再融资确保银行资金的流动性；支持按揭信贷市场在政府部门、国家机关和各联邦主体中的利益等。

一，大致经历了"住房商品化—住房市场化—住房分配货币化"等阶段，使城镇居民的总体居住条件得到了较大改善，人民生活水平也得到了显著提高。然而近年来，快速攀升的房价和居民收入增长减缓之间引发的矛盾日益显现，住房困难，特别是低收入人群住房困难的问题亟待解决。

解决住房问题，特别是中低收入人群的住房问题，不仅需要我们不断地探索新的理论、新的方法，同时还需要借鉴其他国家的相关经验。近年来，我们较多地学习与借鉴西方发达国家的相关经验，而对俄罗斯的住房改革关注较少，其实，与我国有着相近改革背景的俄罗斯，其在居民住房保障政策、住房保障财政支持机制和多元化住房融资模式等方面的经验，很值得我们深入研究与分析。基于这一考虑，笔者认为，对俄罗斯住房制度改革和住房政策的发展完善，尤其是俄罗斯住房保障财政支持机制运行及对中低收入家庭住房保障等诸多问题的深入研究，或可为我国政府住房保障政策的制定和住房保障机制的完善提供一定的借鉴。

二 选题意义

（一）理论意义

对俄罗斯住房财政保障制度建设和运行模式进行研究，可适度拓展我国住房保障领域理论研究的视角和方法，为丰富市场经济条件下我国社会保障理论的发展提供一定的启示。

其一，作为社会保障制度的重要组成部分，住房保障制度体现了政府对效率与公平的权衡取舍。通过分析俄罗斯财政制度与住房保障制度之间的互动关系，将有利于完善"公共财政"在我国社会保障领域的理论发展。

其二，保障性住房建设任务复杂而艰巨，单纯依靠政府的力量无法满足日益增长的住房需求，必须充分调动民间私人资本的力量予以补充与支撑。俄罗斯政府在住房保障领域为发展公私合作机制而进行的理论探索，不仅有利于拓展我国保障性住房建设和融资模式，也有助于推动公私合作机制在其他领域的发展。

总体来说，通过对俄罗斯住房财政保障机制的研究，可在理论层面上为中低收入人群住房困难问题的解决提供合理的途径，也可为住房保障中多元化供给模式的构建提供理论指导。

（二）现实意义

目前我国正处于一个经济和社会不断发展与调整的时期，构建完善的社会弱势群体保护机制，直接关系到和谐社会的构建和全面小康社会的实现。社会弱势群体保障问题在俄罗斯转型过程中同样存在，在某些时期甚至比中国更为严重。俄罗斯政府以民生为导向，通过确立国家优先发展项目，将与民众息息相关的住房、医疗、教育等纳入国家财政重点扶持领域，明确政府的责任，逐步建立起现代化的社会保障体系，有效地缓解了在这些关键性社会领域存在的尖锐矛盾。其中，俄罗斯在住房保障领域取得的成绩尤为突出。政府不仅主动承担起对低收入阶层和特殊职业群体的住房保障责任，制定了多个专项住房规划，通过财政支持有针对性、有步骤地解决了保障性住房的供给问题，而且还引入了公私合作机制，有效解决了住房保障的融资问题，降低了政府预算支出的压力。

有鉴于此，对俄罗斯低收入群体的住房财政保障机制进行专题研究，借鉴其经验，吸取其教训，可为我国住房保障制度的改革与完善提供一些新的思考角度与参考价值。

三　研究综述

为便于理解，在开展研究之前有必要对两个基本概念进行界定。一是住房保障制度。所谓住房保障，是指在市场经济条件下，政府对住房困难群体实施的特殊的、有针对性的扶持措施，这些政策措施的总和被称为住房保障制度。二是保障性住房。与商品房相对应，保障性住房是指政府为中低收入困难家庭提供的限定标准、价格或租金的住房。保障性住房具有很强的政策性和社会性，其建设和供给是住房保障制度改革与发展的重要环节。

住房保障问题一直是社会各界关注的焦点。尤其是在保障性住房生产、供给和消费过程中，在不同的社会发展阶段政府应该扮演何种角色，在国内外长期存在争议。为此，国内外学者从不同的侧面研究和探讨了住房保障制度及保障性住房供给问题。

（一）国外学者研究综述

早在20世纪60年代，世界上很多国家就开始了对住房保障理论的研究。

其后，随着世界各国城市化进程的加快，中低收入群体的住房问题日益显露，住房保障政策研究也逐渐成为各国学者关注的热点之一。

1. 欧美国家对住房保障问题的研究

（1）基于住房政策的研究

Donnison. D 于 1967 年出版了经典著作《住房的政府》①，并于 1982 年对其进行了修订，其后出版了《住房政策》②，这两部书对此后其他学者的住房政策研究产生了深远影响。Donnison. D 将市场经济条件下政府在解决住房问题中所扮演的角色分为三种：雏生型（embryonic）、社会型（social）和全面责任型（comprehensive）。雏生型住房政策是指在极速城市化过程中，人们为解决住房问题往往违规建设住房，此时政府虽然已开始对住房进行某些政策干预，但因住房被视为一种消费而不是生产或投资，政府更倾向采取消极态度来应对居民的住房需求；社会型住房政策指的是将市场机制作为解决住房问题的最有效方式，政府可能会对市场进行一定的干预，但这种干预往往被看成"满足特殊需求、解决特殊问题"，政府无论是通过建造、贷款、补贴，还是其他方法，均被看作"例外的临时性干预"；全面责任型住房政策是指政府以满足全体公民的住房需求为己任，对住房问题的干预力度大、涵盖面广，政府通过制定长期项目来保障住房供给，对住房需求也有长远的规划。

Boelhouwer P. 和 Van der Hei jden H. 在研究欧洲国家 1945～1990 年住房政策演变时，将这些国家的住房政策发展分为四个阶段：一是各国政府在短时间内大量建房以解决突出的供需矛盾；二是住房政策的焦点从数量转移到质量，更加强调公平，反对收入差距；三是各国政府在削减住房补贴的同时，进行结构调整，开始补贴住房消费而不再是建造住房，补贴的对象也更加限定为低收入群体；四是住房短缺不仅表现为绝对短缺，也有对于低收入群体而言负担不起的相对短缺，各国政府开始制定新的政策应对新问题。他们认为，在一般情况下，一个国家的住房政策会依次经历这四个阶段，在某一时期也可能同时经历一个以上的阶段。然而跟经济发展水平相对应，每个国家经历各个阶段

---

① David Donnison, *The Government of Housing*, Hamondsworth：Penguin, 1967.

② David Donnison, Clare Ungerson, Housing Policy, Hamondsworth：Penguin, 1982, pp. 13～15.

的时间并不相同，某些国家甚至至今也未经历所有阶段。[①]

Hårsman 和 Quigley 指出，住房政策具有四个典型特征：首先，住房是生活必需品，在家庭支出中所占比重最大，相关住房政策会影响到所有居民的生活水平和质量；其次，住房补贴的实行和作用期限比较长，在实践中很难控制，因此保障性公有住房政策的调整会是一个长期的过程；再次，公共保障性住房政策与经济社会政策密不可分，如果它无法与社会福利政策、公共卫生政策、土地出让政策、区域经济政策等协调发展，那么即使宏观经济是稳定的，也会对住房产出和保障性住房政策产生不利的影响；最后，保障性公有住房政策不仅难以设计，而且其执行效果需要经过长期运行才能显现出来，因此也很难对其进行评估。他们认为，兼顾效率和公平是现代工业化社会国家住房保障政策的基础，住房保障政策不仅需要明确的政策目标和具体实施过程，还要明确保障性住房政策执行过程中可能产生的利益分配关系，包括住房的实物分配、货币补贴、住房收益的税收减免等。[②]

Barlow 和 Duncan 从制度环境出发，对初级体制、自由主义体制、法团主义体制和社会民主体制下，国家住房政策的目标、实施方式及效果进行了对比分析，认为，居民的住房保障应该包括在一国的整个社会保障体系里，同时，保障性住房应该由政府部门投资建设并且统一管理。[③] Kemeny 认为，所有国

---

① P. Boelhouwer, H. Van der Heijden, *Housing Systems in Europe：A Comparative Study of Housing Policy*, Delft：Delft University Press, 1992.

② B. Hårsman and J. M. *Quigley, Housing Markets and Housing Institutions：An International Comparison*, Boston：Kluwer Academic Pub, 1991.

③ （1）初级体制，是指快速工业化时期，如希腊、葡萄牙等国家，并未将福利看成一种很重要的权利，居民解决住房问题主要依靠传统的方式：自助、家庭互助或教会帮助等。（2）自由主义体制指 20 世纪七八十年代，在爱尔兰、英国和美国等国家，自由市场被认为是调节住房生产和分配的最佳手段。在这些国家，自有住房所占比例很高，政府会为其提供可观的补贴，但对社会住房的支持较为有限，主要针对低收入群体。（3）法团主义体制，是一个特指的观念、模式或制度安排类型，其作用是将公民社会中的组织化利益联合到国家的决策结构中去，可以被视为一种对国家和社会间常规互动体系的概括。在法团主义体制下，如德国、法国等，社会住房的比例较高，住房补贴的数额也较大，但政府并不试图通过调整住房结构来缩小现存社会差异。（4）社会民主体制，如丹麦、瑞典、荷兰等，国家颁布的法律法规被视为协调效率和社会公平的关键，住房政策目标在于对住房市场进行管理，为全体公民提高居住标准、降低住房费用。J. Barlow, S. Duncan, Success and Failure in Housing Provision：European Systems Compared, Oxford：Elsevier Science, 1994.

家都会有一种"政策性的房屋所有制策略"，它虽然不是政府精心设计出来的，但政府的一系列特定行动反映在法律法规和制度安排中，会影响居民对房屋所有制的选择。换句话说，居民住房所有制的选择同政府的政策导向很有关系，而政府行为所反映的则是以集体主义或私有主义为特征的社会结构的差别。①

（2）基于住房市场的研究

Sweeney 建立了住房"过滤"模型，并基于该模型，提出了一个重要的住宅经济学理论。他认为，保障房问题产生的关键因素在于住宅属于耐用品，也正是住宅的这种特性，构成了住房"过滤"模型的理论基础：住宅作为一种特殊消费品，存在折旧问题，其市场价格会慢慢降低，而房主为保证房屋价值，需要支付一定费用对其进行修缮。因此，住宅"过滤"理论认为，在"过滤"的过程中必然呈现两大特征：住房服务数量的减少和住房收入水平的下降。住宅的有形损耗（如物理磨损等）和无形损耗（建筑设计更新等）导致房主因为住宅贬值而减少住房服务质量，而收入水平下降的家庭，往往只能居住在被"过滤"的住宅中。② 目前，住宅"过滤"理论被许多国家和地区广泛应用于保障房的研究中。

Ohls 通过构建一般均衡住房市场的"过滤"模型，研究了公共保障性住房对"过滤"过程的影响。他认为，首先应该为低收入阶层提供住房补贴，增加低收入阶层的住房消费，比如可以对租金采取优惠政策或者直接给予一定比例的现金补助。从政府财政支出的成本角度来考察，这种做法会比政府直接为低收入家庭新建住房更加有效。③

与住宅"过滤"理论相对应的是住宅"阶梯消费理论"，White H. C. 认为，阶梯消费在住宅市场中普遍存在。所谓住宅阶梯消费，是指这样一种现象：居民收入水平的提高，催生了住房需求的高端化，而高端住宅往往是高等

---

① J. Kemeny，"*From Public Housing to the Social Market：Rental Policy Strategies in Comparative Perspective*，"London：Routledge 1995.

② James L. Sweeney，"A Commodity Hierarchy Model of Rental Housing Market"，*Journal of Urban Economics*，Volume 1，Issue 3，July 1974，pp. 288-323.

③ J. C. Ohls，"Public Policy towards Low-income Housing and Filtering in Housing Markets，"*Journal of Urban Economics* 2，1975，pp. 144-171.

收入阶层所能消费的，这样高等收入阶层腾挪出来的空房由中等收入家庭消费，而中等收入家庭腾挪出来的空房再由低等收入家庭消费，由此形成了类似阶梯状的住房消费结构。因此，White H. C. 的"阶梯消费理论"可以分为三个层次：住宅档次阶梯结构、住宅消费水平的阶梯变化、住房消费时间的阶梯顺序。

（3）基于保障性住房融资模式的研究

Adam Smith 指出："维护社会安定的利益是面向社会大众的，因此应当由所有大众根据其能力对此进行支付……马路交通、教育宗教机构等，毫无疑问均有益于全社会，因此由全社会来支付并非不公平。"①Samuelson P. 认为，纯粹的公共产品或劳动是这样的产品或劳务，即每个人消费这种物品或劳务不会导致别人对该种产品或劳务消费的减少，因此，公共产品在使用上具有非竞争性和非排他性两个基本特征。保障性住房属于准公共产品：一方面，由于供应对象有明确的标准，对其享受成员的准入条件有一定的限制，保障性住房只能由中低收入群体居住，具有不充分的排他性；另一方面，保障性住房利润非常低，具有非竞争性。保障性住房的这种性质使得无论是完全用市场来生产，还是完全依靠政府部门提供，都是不恰当的。因此，需要引进私人资本，发展公私合作。②

Doling J. F. 指出，社会住房通常是由公私机构合作进行开发和建造的。地方政府在这一过程中发挥以下三种作用：具有规划权和土地交易的决定权，同时，与社会住房机构在房屋开发上属于伙伴关系。地方政府有关部门派代表进入住房公司的董事会，而非营利住房机构要在地方政府的管辖之内，以确保住房获得的公平性。③ Savas E. S. 将 PPP 模式中出现的风险分为商业风险、政治风险及财政风险，并对基础设施建设中私人部门和公共部门之间的关系进行了研究。④ Alonso-Conde 明确了 PPP 模式中政府部门的责任，认为若想发挥对私营部门

---

① Adam Smith, *An Inquiry into the Nature and Causes of the Wealth of Nations*, Methuen & Co. Ltd., 1930, pp. 300-301.

② Paul A. Samuelson, The Pure Theory of Public Expenditure, "*Review of Economics and Statistics 36* (4), 1954, pp. 387-389.

③ J. F. Doling, *Comparative Housing Policy*: *Government and Housing in Advanced Industrialized Countries*, London: Mcmillan Press Ltd, 1997.

④ 〔美〕E. S. 萨瓦斯：《民营化与公私部门的伙伴关系》，周志忍译，中国人民大学出版社，2002。

的激励作用，政府在 PPP 模式里应提供最低投资收益率的保证，并对其具体措施进行了概述。①

有些学者从政府住房补贴的方式出发，探讨了保障性住房建设和维护的资金来源问题。Lowe S. 指出，有些国家为自有住房房主和租户均发放住房津贴，但这种津贴是针对房屋日常开销的经常性开支，而不是一次性的购房补贴。在那些仅为购房提供补贴的国家，虽然其帮助经济状况处于边缘的居民购置了新房，然而由于不鼓励他们进行维修和改善，也给他们带来了经济负担或潜在风险。② Stiglitz 认为，对住房保障采取现金补贴不但有利于保证商品房市场的稳定，还可以提高中低收入家庭租赁住房及购买住房的能力，从而扩大了国家住房保障的覆盖范围。③ Hugo P. 通过比较欧盟各国的住房金融政策，指出，欧洲发达国家一般采用利率控制和补贴等方式推进住房私有化，注重住房公平，这种政策模式虽取得了不俗的效果，但也加重了国家财政的负担。④

2. 俄罗斯学者对住房保障问题的研究

俄罗斯学者对住房保障问题的研究较为广泛，主要从以下几个角度进行探讨。

（1）发挥政府的主导作用，增加保障性住房的供给

Мирской В. П. 认为，国家对住房市场的宏观调控是市场经济发展的客观要求。即使在经济发达的国家，住房市场的运行也离不开政府从宏观和微观层面上对住房融资机制提供的支持。他指出，国家住房政策的目标首先是最大限度地筹集资金，从而保障住房市场的有效供给。⑤

Бондаренко М. В. 认为，俄罗斯在制定区域发展政策和规划时，保障国家各地区的平衡发展是联邦政府的主要任务之一，而这种平衡更多地体现在

---

① Ana Belen Alonso-Conde, Christine Brown, Javier Rojo-Suarez, "Public Private Partnerships: Incentives, Risk Transfer and Real Options," *Review of Financing Economics*, 2007, pp. 335–349.

② S. Lowe, *Housing Policy Analysis: British Housing in Cutural and Comparative Context*, New York: Palgrave Macmillan, 2004.

③ J. E. Stiglitz, "Peer Monitoring and Credit Markets," *The World Bank Economic Review*, 4 (3), 2005.

④ 〔荷〕雨果·普利莫斯：《欧洲住房金融改革对中国的借鉴意义》，杨滔译，《国际城市规划》2009 年第 6 期。

⑤ Мирской В. П. . Особенности разработки и реализации государственной политики в жилищной сфере//Гуманитарные и социальные науки. № 6, 2010.

公共物品和服务的供给方面。在住房领域，政府部门应以各地区居民保障性住房的可获得性（доступность жилья）、住房的保障程度（жилищная обеспеченность）和保障房建设积极性（строительная активность）为评估标准，将各联邦主体的保障房市场分为先锋型（форвард）和赶超型（догоняющий）两类，并据此制定具体的差别化的住房保障政策，最终促进整个保障房市场的均衡发展。① Жучков О. А. 指出，俄罗斯国内总是倾向于将住房问题归因于"生产不足"，几乎所有规范住房部门发展和反映住房政策的文件都集中关注住房的建造过程和投资周期。但事实上，新建和重建住房都应与该地区的存量住房及其社会目标相适应，否则就会缺乏市场吸引力，导致"结构性短缺"。②

Коняхин Г. В. 指出，无论是在苏联时期，还是在解体后的俄罗斯，历届政府均致力于发展住房建设，住房存量虽逐年在增长，但居民的住房问题依然十分严峻。俄罗斯住房政策在不同历史时期都受到诸多内外部因素的影响，但他认为存在住房问题的最重要原因在于，住房政策与国家政治意识形态密切相关。住房危机产生的本质不在于住房的稀缺，而是几十年来政府对住房系统的绝对控制。③ 住房政策作为俄罗斯社会经济政策的一部分，是国家领导集团政治活动的重要工具，政府在规定住房建设规模与速度、居住条件与标准的同时，也使居民产生了严重的社会依赖，他们不再为改善自己的居住和生活条件而努力，只是单纯地依赖国家的政策和资金支持。④ 在整个苏联时期，政府确定了各个阶段国家住房政策的优先发展方向，其中有四个重点方针始终保持不变：①以中央集权的方式解决住房问题，不允许居民参与保障住房的进程；

---

① Бондаренко М. В. Государственная жилищная политика: повышение уровня доступности жилья // Научный журнал Вестник Ассоциации Вузов Туризма и Сервиса. № 2, 2010.

② Жучков О. А., Тупикова О. А. Объективные перемены в стратегии развития жилищного строительства // Universum: Технические науки: электрон. научн. журн. 2017. No 1（34）. URL: http://7universum.com/ru/tech/archive/item/4222.

③ Коняхин Г. В. Жилищная политика в России в XX веке: аналитическая ретроспектива. -М.: Изд-во МГОУ, 2011. -130 с. -8, 25 п. л.

④ Коняхин Г. В. Государственная жилищная политика в России: сущность, проблемы, пути решения //Ориентир: Сб. науч. трудов кафедры социальных наук и государственного управления МГОУ. Вып. 12. -М.: Изд-во МГОУ, 2011. С. 27-38.

②遵循经济实用主义的原则，力求降低住房建设成本；③根据国家利益分配社会住房，这种扭曲的、差别化的住房分配方式加剧了社会不公；④国家统一管理存量住房，居民没有管理自家住房的权利。①

Гузикова Л. А. 提出，住房政策在俄罗斯政治进程中的地位不仅由数量指标确定，还取决于各级政府住房政策机构之间的互动。俄罗斯通过《宪法》和《俄罗斯联邦住房私有化法》（简称《住房法》）构建了保障公民住房权的法律框架，也划分了对各级政府的住房保障职责，这有利于解决弱势群体的安居问题，缓解社会矛盾。但无论是《宪法》，还是《住房法》，均未对"住房政策"的概念予以界定，未确定各级政府部门住房保障的战略重点，也未指明具体的负责机构名称。②

Омарова Ю. А. 从俄罗斯区域住房政策的角度分析了国家住房政策的实施原则和作用机制。她认为，现代俄罗斯住房政策的发展是一个独特的政治进程，它受到国家经济和社会改革等多重因素的制约，而同时，国家住房政策的复杂性和多面性又在很大程度上影响了国家社会经济的稳定。在住房政策与社会经济政策相互作用的过程中，国家处理中央政府与地方政府、非营利社会组织和商业机构之间关系的能力，决定了俄罗斯住房保障机制运作的稳定性和公民负担得起的舒适住房的保障程度。她指出，保障公民的住房权属于俄罗斯政府的职能范畴，因此，制定和实施住房政策（包括住房建设发展战略等）应主要由俄罗斯联邦建设和住房公用事业部负责，但是如果缺乏政府、非营利机构、商业机构间的积极互动，或市场机制运行得不很完善，政府依然无法确保居民住房权的实现。③

（2）发展公私合作，促进住房保障资金多元化

Сабирджанов Ф. Р. 认为，针对俄罗斯住房价格居高不下而居民支付能力

① Коняхин Г. В. Государственная жилищная политика в постсоветской России：императивы и приоритеты. -М. : Изд-во МГОУ, 2010. -154 с. -9，53 п. л.

② Гузикова Л. А.，Плотникова Е. В.，Колесников А. М. Оценка эффективности реализации жилищной политики в регионах. Научный журнал НИУ ИТМО. Серия Экономика и экологический менеджмент. No 4，2017. Стр. 3-15.

③ Омарова Ю. А. Региональная жилищная политика в современной России// ФГБОУ ВПО, «Тульский государственный университет»，диссертация，Москва：2014.

有限的问题，俄罗斯政府在实施住房政策的过程中，必须对财政资金进行有效的管理，以期提高居民的住房保障水平。[①] 而在保障性住房建设中引入私人投资、完善住房公用基础设施、创新住房公用事业部门发展，将有利于俄罗斯财政资金的有效运作，这也应该是俄罗斯住房保障领域财政支持机制的优先发展方向。[②]

Савруков А. Н. 认为，公私合作是协调政府和市场关系的最佳方式之一。在经济危机的背景下，公私合作已日益成为俄罗斯解决重要社会经济问题的优先发展方向，以公私合作为原则发展住房规划，最大限度地引进私人资金是构建俄罗斯住房财政保障机制的关键。从国家层面来看，俄罗斯政府要不断完善公私合作相关法律法规，制定俄罗斯联邦及各个联邦主体公私合作发展规划，为公私合作奠定法律基础。此外，还应通过提供税收优惠、国家担保、发放按揭债券并调动投资基金等，完善俄罗斯住房领域公私合作的资金支持机制。[③]

Василенок В. Л. 认为，从本质上讲，公私合作是指政府和企业为实施某项具有重要社会意义的投资项目而结成的战略性联盟，目的是降低成本和风险，并高效完成既定指标；在公私合作的具体运行过程中，政府起主导作用，决定住房保障领域所需的商品和服务，而私人部门则应最大限度地满足国家需求。此外，他还列举并详细论述了俄罗斯各种公私合作形式及其适用领域，包括合同、租赁、特许协议、产品分成协议、合资企业、俄罗斯联邦投资基金等。[④]

Филюшина К. Э. 对俄罗斯联邦专项规划《俄罗斯公民负担得起的舒适住房》框架下国家预算的拨款情况进行了分析，指出，预算拨款呈现明显的地区性差异，导致俄联邦境内住房公用基础设施建设的严重不均衡，而这种不均

① Сабирджанов Ф. Р. Формирование системы финансового обеспечения жилищной политики// диссертация, —Саратов. 2011.

② Сабирджанов Ф. Р. Источники финансового обеспечения реализации жилищной политики России//Вестник СГСЭУ. №5. 2011. -0, 5 п. л.

③ Савруков. А. Н. Финансовое обеспечение жилищных программ в России на принципах государственно-частного партнерства. Диссертация, 2013 г. .

④ Василенок В. Л. Развитие форм государственно-частного партнерства в Российской экономике// Научный журнал НИУ ИТМО. Серия «Экономика и экологический менеджмент» № 1, 2014 г. .

衡又在很大程度上影响了地区的经济发展，造成社会局势的紧张。因此，俄罗斯政府应通过调节联邦预算资金的分配，并在固定共同出资份额的基础上，适当引入私人资本，以确保住房公用服务供给的均衡发展。①

（3）发展长期住房按揭贷款，完善金融信贷机制

Косарева Н. Б. 预测，至 2030 年，俄罗斯运用按揭贷款获得住房的家庭可增加至 60% 左右，其中主要包括拥有稳定收入的中产阶级家庭。2008 年全球性金融危机的爆发表明，按揭贷款作为一种金融工具，在很大程度上依赖于金融系统和银行系统的稳定性。为此，俄罗斯对住房按揭贷款相关的法律做了必要的变更，通过发行按揭债券逐步降低按揭贷款的最低首付款额度，为中产阶级家庭利用按揭贷款购买住房提供了更大的空间。她指出，按揭贷款远不能解决所有俄罗斯居民的住房问题，必须发展其他住房保障形式，针对不同社会群体的特征，实行差别化的住房保障政策：对于拥有稳定收入的年轻家庭，可提供首付款补贴；而对于低收入和社会弱势群体，按揭贷款发挥作用的空间很小，需要国家为其提供保障性社会住房。② 她认为，实施国家住房规划依然是目前俄罗斯的优先发展任务，国家的主要调节工具是通过贷款利率补贴发展公用基础设施，吸引信贷基金并为其提供国家担保。③

Сабирджанов Ф. Р. 指出，发放住房债券是按揭贷款再融资的主要来源，而俄罗斯住房债券的发展又受以下因素制约：俄罗斯国内市场有价证券发行的法律规范机制不完善；交易程序复杂；证券发行成本高昂；缺乏统一的行业标准等。他认为，目前在俄罗斯还缺乏有效的、流动性强的住房证券市场，其运行伴随着诸多风险。④ Пешина Л. М. 和 Рохманова Д. А. 指出，俄罗斯住房

---

① Филюшина К. Э., Минаев Н. Н. Программное финансирование социально значимых проектов в строительстве и жилищно-коммунальном комплексе（на примере государственной программы《Обеспечение доступным и комфортным жильем и коммунальными услугами граждан Российской Федерации》）. Финансы, Кредит и Банки, 2015 г..

② Косарева Н. Б. Ипотека никогда не будет доступна для 100 % россиян // Ежегодный строительный альманах. — М., 2010.

③ Косарева Н. Б. Реализация национального проекта《Жилье》остается приоритетной задачей для нашей страны // Национальные проекты. — М., 2012. — № 11.

④ Сабирджанов Ф. Р. Формирование системы финансового обеспечения жилищной политики// -диссертация, -Саратов. 2011.

市场模式的显著特点是：住房供给市场存在结构性失衡；住房租赁市场发展水平低下；大部分公民缺乏优质的租赁房；在城市住房发展和改造框架内，租赁房供给的财政刺激工具不发达。[①] Левин Ю. А. 进一步提出，受传统观念影响，俄罗斯的房屋租赁行业并不发达。即使国家住房规划得到充分实施，至 2020 年，获得优惠租赁利率的比重也不会超过 11%。[②]

Столбова О. И. 提出，俄罗斯实施国家住房政策分为联邦和地区两个层面。从联邦层面看，俄罗斯政府制定联邦住房专项规划对部分按揭住房进行补贴。该项规划包括《保障年轻家庭的住房》和《履行国家为联邦宪法规定的特殊群体保障住房的义务》等子规划。从地区层面来说，常见的国家支持形式包括：增加按揭市场参与主体，对按揭贷款进行利率补贴，以优惠的贷款价格出售公有住房等。[③] 俄罗斯的按揭信贷是由多因子构成的复杂系统，政府在这个系统中的主要职责是：①为俄罗斯住房按揭市场的发展提供法律基础，保障住房按揭贷款市场的运行效率，提高金融工具的可靠性，为按揭贷款发放机构提供稳定的长期资金；②提高住房按揭贷款的可获得性，协助特殊社会群体和中低收入阶层获得住房，首先是那些凭借自身收入无法获得银行按揭贷款的居民，此外还要通过实施国家住房规划发展按揭贷款优惠系统；③为住房公用基础设施的发展创造条件，保障住房按揭市场参与主体的合作效率，并维护各主体之间的自由竞争。此外，他还指出，俄罗斯政府在确定参与住房按揭信贷系统的具体方式之前，首先要考虑到国家预算能力和潜力，同时保障预算支出的透明性和目的性。在俄罗斯，最有效的国家预算支持方式为：①为无法依靠自有资金支付房屋首付的居民提供直接的一次性补贴，具体的补贴额度与居民个人收入密切相关，个人收入越高，国家根据住房规划提供的补贴会越少；

---

① Пешина Л. М. Проблема улучшения жилищных условий отдельных категорий граждан в Российской Федерации. Приволжский научный вестник, 2015. 6-2（46）: С. 24-27；Рохманова Д. А. Особенности инвестирования строительства в современных условиях. Международный научно-исследовательский журнал, 2015. 3-3（34）: С. 86-87.

② Левин Ю. А. Финансирование строительства доходных домов: баланс интересов государства и частного предпринимательства // Финансы. 2014. No 11. С. 25-28.

③ Столбова О. И. Ипотечное кредитование в рамках реализации государственных жилищных программ. // диссертация, 2012 г. .

②对不动产价格进行补贴，主要通过补贴贷款利率，而不直接影响按揭贷款市场的运作。俄罗斯政府的财政支持为住房按揭信贷系统的形成和发展创造了良好的条件，居民获得按揭贷款的可能性也因此提高了两倍甚至更多。①

（二）国内学者研究综述

1. 国内学者对于中国住房保障问题的研究

国内学者对于住房保障问题的研究成果较为丰富，主要集中在保障性住房制度建设和保障房融资模式两个方面。

（1）在保障性住房制度建设方面的研究成果

曹振良详细分析了改革开放以来我国住房制度的改革历程，认为应根据收入水平的高低建立多层次的住房供应体系，包括以低收入者为对象的廉租房供给体系和具有社会保障性质的经济适用房供应体系，通过租赁而非出售的形式，为各收入阶层解决住房问题。②刘雪明等认为，执行保障性住房政策是地方政府不可推卸的责任。开拓多元的政策执行主体、适时调整政策并强化政策执行监控、拓宽融资渠道等，是促进地方政府有效执行保障性住房政策的策略选择。③王竞等指出，市场中巨大的存量和潜在房源，为满足保障性住房需求提供了政策空间。应当通过财税政策与市场机制相结合的政策选择，维护市场公平，提高资源效率，最终实现住房向"居住"功能的理性回归。④瞿富强等指出，当前住房保障对象的界定很少考虑到居民的住房支付能力。基于住房支付能力的住房保障对象的界定，既能够赋予住房困难家庭更多的保障机会，也能为地方政府因地制宜地制定住房保障政策提供理论指导，实现住房保障的高质量发展。⑤

吴宾等以宏观的视角对住房政策研究进行了梳理，指出，目前国内研究多

① Столбова О. И. Ипотечное кредитование в рамках реализации государственных жилищных программ. // диссертация，2012 г..

② 曹振良：《中国房地产业发展与管理研究》，北京大学出版社，2004。

③ 刘雪明、李春蓉：《地方政府执行国家保障性住房政策的促进策略研究——以广州市为例》，《青岛科技大学学报》（社会科学版）2015 年第 1 期。

④ 王竞、王祖山：《住房"居住"功能回归的政策选择——基于保障资源归集与配置的视角》，《现代经济探讨》2019 年第 3 期。

⑤ 瞿富强、颜伟、吴静：《我国住房保障对象界定及其应用研究——基于居民住房支付能力测算方法的比较》，《价格理论与实践》2019 年第 3 期。

从某一视角入手，分析住房政策的特定问题，而从宏观角度探析住房政策的总体导向、最终的政策目标及政策定位的研究成果较少。住房公共政策与住房经济政策的研究各成派系，陷入研究二元化僵局。① 与此同时，吴宾、杨彩宁采用共词和聚类分析的方法，分析了不同时期住房保障政策主题聚焦点的变化。结果发现，我国在推进住房保障的同时亦重视住房市场的发展，进而形成了以政府为主提供住房保障，以市场为主满足多层次住房需求的住房供应体系。我国住房保障政策扩散强度呈现时序上的非均衡性分布特征，与具备经济效益的政策相比，政府强制推行的社会性政策扩散速度更快，但后期容易出现骤降和持续下滑的情况。②

张占斌等归纳了我国保障房建设中存在的问题，包括政府重视不够、保障房体系不清晰且准入标准过高、缺乏科学的轮候制度、居民收入审查制度不完善、定向分配导致变相福利分房等。③ 李扬等提出，保障性住房建设具有在热点城市更受重视、人才住房保障政策更为完善，但选址相对偏远、设施有待改进等特征，未来应从合理编制保障性住房发展规划、制定各类保障性住房规划建设原则、完善管理制度等方面加以推进。④ 杨向前在研究我国现行住房保障制度时，指出我国经济适用房制度产生福利过度，而保障性住房由于区位偏远、公用基础设施缺乏、居住条件低下等造成较大的住房福利损失，住房保障投入不足。⑤ 胡绍雨提出，完善保障性住房制度要重点发展廉租房、弱化经济适用房、取消限价房，解决"夹心层"的住房问题，多渠道筹集建设资金，加快住房法治化建设。⑥ 朱亚鹏追溯了共有产权房政策的发展历程，重点分析了其在丰富住房保障模式、推动中低收入家庭实现住房自有等方面的创新和优势，同时也讨论了可能存在的局限，包括资产效应及公平正义、市场不确定性与风

---

① 吴宾、杨彩宁：《住房政策领域研究热点及演化路径分析——基于知识图谱视角》，《西南交通大学学报》（社会科学版）2018 年第 1 期。
② 吴宾、徐萌：《中国住房保障政策扩散的过程及特征》，《城市问题》2018 年第 4 期。
③ 张占斌、李万峰等：《中国城镇保障性住房建设研究》，国家行政学院出版社，2013。
④ 李扬、汪利娜、殷剑峰：《普遍住房保障制度比较和对中国的启示》，《财贸经济》2008 年第 1 期。
⑤ 杨向前：《中国住房保障制度的演进与思考》，《中共石家庄市委党校学报》2012 年第 11 期。
⑥ 胡绍雨：《新时期我国住房保障制度的改革探索》，《技术经济与管理研究》2013 年第 3 期。

险、物业管理低效与立法缺失等。[①]

钟裕民提出，传统的保障性住房政策主要着眼于"谁应得到保障性住房"，而对"谁不应得到"和"谁没有得到"这两个问题关注不够。构建以制定保障性住房排斥标准、保障性住房的正排斥管理、保障性住房的负排斥治理及相关配套制度为内容的管理体系是优化中国保障性住房管理的根本路径。[②] 张超等运用福利体制理论，从住房权利出发，聚焦住房的社会功能，创新性地对住房保障支出与经济发展水平之间的关系进行了理论和实证分析，发现二者存在倒"U"形曲线关系，住房适度保障水平即曲线顶点。在此基础上，他提出应进一步提高住房保障支出，优先保障结果公平和借鉴保守主义福利模式。[③] 钟荣桂等认为，现有的住房保障制度主要存在以下问题：一是精细化不够，容易发生政策范式的不稳定；二是保障范围局限于城市，未考虑农村居民利益。城乡之间住房保障的差异将导致农民群体的利益需求与现有政策的矛盾，政策工具设定和政策工具选择若与现实需求发生偏离，或将引起新的住房保障政策范式转变。[④]

（2）关于保障房融资模式及其存在问题的研究

贾康提出，中央和地方政府的财政预算体系应包含保障性住房项目。以政府财政预算支出为基础，尽可能拓宽保障性住房建设资金的获得渠道。[⑤] 此外，他还针对保障性住房的公私合作机制（PPP）提出了相关建议。[⑥] 杜杨等运用"演化博弈"[⑦] 方法深入研究了 PPP 模式下公私双方在保障房建设中的

---

① 朱亚鹏：《中国共有产权房政策的创新与争议》，《社会保障评论》2018 年第 3 期。

② 钟裕民：《政策排斥分析框架及其应用：以保障性住房管理为例》，《中国行政管理》2018 年第 5 期。

③ 张超、黄燕芬、杨宜勇：《住房适度保障水平研究——基于福利体制理论视角》，《价格理论与实践》2018 年第 10 期。

④ 钟荣桂、吕萍：《我国住房保障制度的变迁、政策范式与展望》，《现代经济探讨》2017 年第 4 期。

⑤ 贾康：《建立以公共财政为主的基本住房保障资金多元化来源渠道》，《中国发展观察》2007 年第 10 期。

⑥ 贾康：《运用 PPP 机制提供保障性住房的建议》，《中国建设信息》2011 年第 9 期。

⑦ 演化博弈论（evolutionary stable strategy）认为，人类通常是通过试错的方法达到博弈均衡的，与生物演化具有共性，所选择的是达到均衡过程中的函数，因而历史、制度因素以及均衡过程的某些细节均会对博弈的多重均衡的选择产生影响。

合作机制，指出存在两大因素可能导致保障房 PPP 项目公私双方的非良性合作：一是 PPP 契约决定的常规监督——激励机制不完善，导致私人合作者产生投机行为；二是政府从自身利益出发过度干涉，从而削弱合作的信任基础。[①]

谭禹指出，我国保障性住房发展面临着资金瓶颈障碍，出现这一现象的主要原因有：财政性住房资金来源不稳定，投融资体制僵化，政策性住房金融发展滞后，资本市场融资渠道不畅等。[②] 赵红艳等基于财政视角对低收入群体的住房保障进行了分析，认为当前公共财政的投入力度不足、补贴目标不精准、税收优惠体系不完善，政府应完善住房保障投入机制和税收支撑政策。[③] 程鸿群等提出，我国住房保障地区差异较大，东部地区住房保障不足，中部地区总体均衡，而西部地区存在过度保障问题，并在此基础上预测了我国整体以及地区住房保障的合理支出。[④]

陈伟等采用回归分析和 DEA 分析的方法，对保障房融资效率进行实证研究，指出，我国的保障房融资存在渠道过于单一、可持续性不强、资金投入与利用不够合理等问题，应该在排除融资障碍、拓宽融资渠道和加强资金管理等方面采取措施，以对我国的保障房融资模式予以完善。[⑤] 邓郁松认为，要逐步推进住房保障体系转型，将廉租房与公租房并轨成为租赁型实物保障房，采取"市场租金、分档补贴、租补分离"的保障方式；将经济适用房与两限房并轨成为"公共产权"性质的实物型可售型保障房，在此基础上，逐步提高货币补贴方式在住房保障方式中的比例。[⑥] 王先柱等指出，青年群体住房的获得存在阶层固化现象，"先赋因素"对青年群体住房获得的贡献度较大，"家庭支持"成为青年群体住房获得的主导因素。因此，应加强住房保障政策，调控

---

① 杜杨、丰景春：《PPP 模式下的保障房建设公私合作机制演化博弈分析》，《工程管理学报》2015 年第 1 期。

② 谭禹：《保障性住房融资创新的路径选择》，《财务与金融》2015 年第 4 期。

③ 赵红艳、施琳琳：《基于财政视角的中低收入居民住房保障体系研究》，《地方财政研究》2008 年第 3 期。

④ 程鸿群、袁宁、杨洁：《我国住房保障投入合理值测算与地区差异研究》，《统计与决策》2018 年第 4 期。

⑤ 陈伟、陆婉灵：《我国保障性住房融资效率研究——基于 30 省市面板数据》，《统计与管理》2018 年第 5 期。

⑥ 邓郁松：《完善我国住房保障体系的目标和总体思路》，《中国经济时报》2013 年 7 月 9 日。

住房价格，发展住房金融市场。[①]

2. 国内学者对俄罗斯住房保障制度的研究

我国学者对于俄罗斯住房保障的研究成果不多，主要集中在对俄罗斯住房市场发展状况的描述、对住房制度改革发展进程的梳理，以及对住房公用事业发展的研究方面，具体观点如下。

（1）对俄罗斯住房制度改革的研究

肖来付认为，即使在经济社会转型初期，俄罗斯政府始终没有在法律上放弃承担包括公民住房在内的社会义务，在解决住房问题中占主体地位。加大联邦和地方预算对住房领域的支持力度，由完全依靠市场转变为将国家宏观调控与市场调节有机结合，这是目前俄罗斯住房社会政策的一个显著特点。俄罗斯政府既是住房市场规则的制定者，也是住房市场的主体，市场机制是俄罗斯政府履行其社会公共责任的一种手段。[②] 余劲等认为，形成住房阶梯消费模式和住房市场过滤模型等理念，根据收入水平的高低采取相应的保障措施是俄罗斯住房保障制度的一个典型特征，它不仅促进了俄罗斯住房制度改革的实施，也弥补了住房市场化和社会化过程中出现的矛盾。其指出，在住房改革进程中，俄罗斯政府在保障低收入群体方面起到重要作用。针对不同群体制定不同的保障政策，在根据收入水平划分的基础上，同时考虑年龄、家庭成员数量、学历等因素，改善了保障性住房的利用效率等问题。[③]

陆南泉认为，在苏联时期，大多数公民的住房主要由国家负责建造并无偿分配给予，国家大包大揽，导致住房一直处于十分紧张的状态，住房问题越来越尖锐。俄罗斯在经济体制转型过程中，制定了一系列住房改革政策，包括实行公有住房私有化、多渠道筹资建房、提高房租使其接近住房实际价值、建立与发展房地产市场等。近几年，为调控房价，俄罗斯主要采取了两大措施：一是加大经济型住房的建设力度，从而增加住房供给；二是加大查处住房部门的垄断与腐败现象，抑制房价的飙升。[④] 高际香指出，俄罗斯政府在坚持对中低收入群体

① 王先柱、王敏：《青年群体住房获得：阶层固化能够打破吗?》，《财经科学》2018年第1期。
② 肖来付：《从住房问题看俄罗斯的住房社会政策》，《俄罗斯中亚东欧市场》2010年第5期。
③ 余劲、李凯：《俄罗斯的青年家庭住房保障制度》，《城市问题》2010年第3期。
④ 陆南泉：《俄罗斯住房制度改革》，《东方早报》2013年5月14日。

和特殊职业群体提供住房保障义务的同时，积极构建适应市场经济的住房制度框架，通过刺激需求、增加供给、减少行政障碍等方式影响住房市场的发展。① 张丹利用俄官方公布的住房政策及统计资料，对比分析了市场经济转型前后俄罗斯住房制度的差异，认为经过近 30 年的改革，俄罗斯人民的居住条件得到了改善，但进步有限。②

（2）从俄罗斯公共政策和社会保障角度进行的研究

余南平指出，尽管俄罗斯私有化改革力度过大，但仍能获得社会支持的关键在于，转型政策的制定者保留了苏联时期住房与医疗体制的基本架构，从而能在激烈的政治经济变革中维持社会的基本稳定，即形成了所谓的"转型的必要缓冲"。③

肖来付认为，在社会转型过程中，必须设置一个"缓冲区"，在"缓冲区"内市场化改革的步伐或许不是很快，但可以有效地缓和社会矛盾。俄罗斯的住房公用事业改革相对滞后，确实是其住房制度改革的一大缺陷，但值得注意的是，住房制度不仅是一项经济制度，也是一个重要的民生问题，俄罗斯政府通过保证住房政策在整个社会改革过程中起到了缓冲作用，维护了转型时期俄罗斯居民的生活稳定。④ 庄晓惠指出，俄罗斯在转型期间有关民生的公共保障政策大部分是从苏联时期继承而来，没有对其进行根本性的改动，满足了人们最基本的生存和发展的合理需求，在保证社会稳定、节约转型成本、实现社会平稳过渡等方面起到了显著作用。俄罗斯的住房政策保障了公民"居者有其房"的权利，居民在大部分由国家买单的条件下逐步学会自己买单。⑤

（3）对俄罗斯住房市场发展的研究

高际香从中俄对比的视角对中俄住房政策的选择进行了探讨。她指出，在向市场经济转轨的过程中，俄罗斯的住房市场存在大量的问题，如人均住房面积和居室数量不能满足现代生活需要、危旧房屋比重较高、住房价格区域差距

---

① 高际香：《俄罗斯住房保障的政策与措施》，《国际资料信息》2011 年第 8 期。
② 张丹：《俄罗斯住房体制转型评析》，《俄罗斯学刊》2019 年第 6 期。
③ 余南平：《俄罗斯住房政策与住房市场的现状和未来》，《俄罗斯研究》2006 年第 1 期。
④ 肖来付：《从住房问题看俄罗斯的住房社会政策》，《俄罗斯中亚东欧市场》2010 年第 5 期。
⑤ 庄晓惠：《俄罗斯转型期的社会政策与社会稳定》，《国外社会科学》2011 年第 1 期。

较大、住房公用服务费用较高、住房租赁市场不发达等。然而她认为，与中国相比，俄罗斯在住房政策的选择上面临的压力较小，除了建立住房保障制度之外，着力点主要在于形成适应市场经济的住房制度框架，刺激需求、增加供给。① 叶召霞认为，目前俄罗斯银行利率较高，首付款比例较大，房价昂贵使大部分居民无力负担购房支出。在这种条件下，按揭贷款成为俄罗斯扩大住房市场供给、提高居民住房购买力的最重要资金来源。但俄罗斯住房按揭市场起步较晚，按揭信贷机制发展仍不完善，加之国内经济发展不稳定，致使住房市场风险性较高。目前，发展按揭贷款还不是解决住房问题的灵丹妙药，但它的发展前景值得期待。②

其他文章，包括《俄罗斯住宅市场发展现状及未来走势——以圣彼得堡市为例》（郑雪平，2009）、《国外房地产市场发展的基本状况和政策调控——以日、美、俄、新加坡四国为例》（肖元真等，2006）、《俄罗斯住房商品化与居民购买力》（高晓慧，2005）等对当时俄罗斯住房市场的发展状况进行了研究。

（4）对俄罗斯住房公用事业发展的研究

叶召霞指出，俄罗斯住房公用事业改革困境的产生是历史、政治、经济、自然条件等多重因素综合作用的结果。虽然住房公用事业改革进行了20多年，但该领域的消极现象依旧严重拖累其他社会领域的改革。她认为，国家政治经济稳定时，才有更多精力来解决住房问题，俄罗斯若不加快技术创新步伐，转变经济发展方式，其高度依赖国际原油价格的国民经济势必遭到重创，也必然会影响到住房公用事业的改革进程。因此，当代俄罗斯住房公用事业的发展前景依然具有不确定性。③ 曾望军认为，俄罗斯住房公用事业改革要走出困境并非易事，要推行市场调节与政府主导相结合的住房政策，包括建立和完善各类型保障性住房的管理机构设置，推行灵活的财政、金融政策，充分调动非营利组织参与住房公用事业的开发建设与管理等。④

① 高际香：《俄罗斯住房市场分析》，《俄罗斯中亚东欧市场》2011年第9期。
② 叶召霞：《当代俄罗斯住房按揭贷款市场状况初探》，《俄罗斯中亚东欧市场》2013年第4期。
③ 叶召霞：《试析当代俄罗斯住房公用事业改革》，《俄罗斯研究》2013年第4期。
④ 曾望军：《论发达国家公有住房管理特点及对我国的启示》，《重庆大学学报》（社会科学版）2008年第2期。

3. 国内学者对其他国家住房保障制度发展的研究

我国学者还对其他国家的住房保障制度进行了广泛研究，包括德国、英国、美国、日本、新加坡和荷兰等。这些国家在住房保障方面的成功经验，对我国住房制度的改革和完善具有一定的启示。

任鸿指出，在德国，保障性住房被看作政府调控市场、促进社会福利的重要手段，根据德国联邦法律，因家庭经济收入较低，或因某一民族或宗教信仰，或因子女较多等导致居住困难的家庭，政府有责任为他们提供公有住房。[①] 何伟指出，在英国，政府提供的保障性住房是解决中低收入家庭住房问题的主要手段，住房保障体系由廉租房、折价房和共享产权住房三类组成，保证了社会的稳定发展。[②] 罗应光等指出，美国实行商品化的住房消费保障模式，其特征是"大市场小政府"，各类金融机构积极参与住房建设，住房抵押贷款二级市场发达。[③] 吕程通过梳理美国住房租赁政策百年的发展历程，认为美国政府自大萧条以来在住房租赁市场上主张的"市场优先"不意味完全的自由放任，也不等同于"重购轻租"，其本质是"租购并举"，追求更优化的可负担住房解决方案。[④] 张勇指出，日本的住房保障体系包括公用住房供给（公营住宅、公团住宅和公社住宅）和金融支持两部分，有住房金融公库、住宅都市整备公团和地方住房供给公社三大支柱。[⑤] 李东平等指出，新加坡公有住房（"组合房屋"）的筹资与建设由建屋发展局负责，资金主要来自中央公积金（新加坡统一的综合保障体系），辅以一定的财政资金。[⑥] 焦怡雪分析了荷兰社会住房发展模式，重点探讨了政府在社会住房不同发展阶段中职责的变化，住房协会的核心任务、管理架构、资金运营框架以及约束监督机制。[⑦] 构建保障房发展的法律法规基础、坚持政府主导作用、组建非营利性实施机构以

---

① 任鸿：《保障性住房建设的国际经验借鉴》，《地方财政研究》2010年第6期。
② 何伟：《国内外保障性住房比较》，《天津职业院校联合学报》2010年第4期。
③ 罗应光、向春玲：《住有所居·中国保障性住房建设的理论与实践》，中共中央党校出版社，2011。
④ 吕程：《美国"市场优先"的住房租赁政策实践与启示》，《经济问题》2019年第1期。
⑤ 张勇：《中国保障房融资模式研究》，经济科学出版社，2014。
⑥ 李东平、孙博：《集中式综合社会保障及市场化运作——新加坡中央公积金制度的经验与启示》，《新华金融》2013年3月3日。
⑦ 焦怡雪：《荷兰社会住房"租转售"机制探索的借鉴与启示》，《国际城市规划》网络首发论文，2020年3月25日。

及建构资金运营系统等经验，对我国保障房住房发展具有借鉴意义。

（三）对现有文献的评述

保障性住房作为准公共产品，其低营利性和正外部性特征决定了在保障房的生产过程中市场机制难以有效发挥作用。根据公共产品理论，准公共产品的供给应由政府主导，而政府在保障性住房供给中的主导作用主要体现在三个方面：法律体系的完备程度、政策措施的完善程度以及财政预算的支持力度。欧美国家注重对住房保障理论和模型的研究，并已形成较为成熟的保障房发展理论框架，其中"公共产品理论"、住宅"过滤"理论及对于住房政策发展和融资方式等方面的研究已被普遍应用于各国住房保障的具体实践之中。

俄罗斯学者针对本国住房保障领域出现的实际问题，更加侧重为国家住房保障制度改革和住房政策选择提供可行的建议。他们认为，俄罗斯住房政策的发展是动态的、多变的、受诸多条件限制的，任何政治转型都会对住房政策的内容、形式和实施机制产生直接的影响。但国家支持是保障居民住房最关键的因素，因为只有国家能够执行以下职能：①完善法律基础，制定住房政策，在住房领域进行改革；②规范住房领域私人企业的发展，抑制建筑业的剧烈波动；③有针对性地为特殊社会群体提供住房或建房援助，并为低收入群体提供社会性住房和住房公用服务补贴等。值得注意的是，俄罗斯制定的各项住房保障政策都是在最高法律的框架下规范施行的，公民的住房权利由多重法律制度加以保障：国际公约、联邦宪法以及联邦和各联邦主体的相关法律法规，具有法律保障健全、层次合理、法律效力高、延续性强等特点。联邦宪法对应获得国家保障性住房的各类特殊群体（包括军人、公职人员、年轻家庭、多子女家庭、残疾人家庭等）有明确的划分标准，对其获得保障性住房或住房补贴的条件也有明文规定。

此外，俄罗斯通过较为完善的财政机制对住房保障制度的发展提供资金支持，各种形式的补贴构成了俄罗斯住房政策的基础。目前，与住房融资、提高住房和按揭贷款可获性相关的补贴方式主要有：①根据住房市场价格条件，为住房按揭信贷提供利率补贴，当按揭贷款利率低于市场利率时，运用国家专项基金提供补贴；②在征收按揭贷款利息所得税时提供税收优惠，以降低按揭贷款利率；③国家支持住房储蓄计划，并为住房按揭信贷提供保险和国家担保；

④通过国家住房银行进行住房融资；⑤提供一次性首付款补贴（前期补贴），帮助低收入居民获得按揭住房贷款等。

由此可见，俄罗斯学者从住房法律体系构建、住房制度改革、住房财政支持机制构建和多元化融资渠道探索等方面对低收入群体住房保障制度进行了全面深入的研究。我国学者对于俄罗斯住房保障的研究主要表现为：概述苏联解体以来俄罗斯住房改革的发展历程，分析俄罗斯政府制定的各项住房政策，介绍俄罗斯住房公用事业改革现状及存在的问题等，而对俄罗斯住房保障制度的财政支持机制、政府为低收入群体提供住房补贴的方式等问题鲜有研究，公私合作机制在俄罗斯住房保障领域的具体实践目前在我国也没有研究成果出现，部分学者虽对俄罗斯住房按揭市场的发展状况有所提及，但研究成果较少，且对社会按揭产品及其他住房金融创新方面的研究也不够深入。

通过分析可以看出，我国学者认为，中国住房保障制度在改革和发展中存在住房制度设计的可持续性不足、保障性住房资金来源渠道单一、保障房分类管理混乱等问题，因此，他们对国内外住房保障制度的研究重点主要集中于保障房制度建设和融资模式两个方面。由此，本研究拟从财政支持与保障的角度出发，对俄罗斯住房保障政策、财政支持机制和多渠道融资模式等方面进行系统研究，在借鉴俄罗斯住房保障领域相关政策措施的基础上，结合我国国情，探寻适合我国现实情况的住房保障模式。

四　研究设计

（一）研究思路

笔者尝试从改革缘起、改革措施与手段、改革的限制因素及未来改革方向四个方面对俄罗斯住房财政保障制度改革进行全面、系统的研究，并在参考俄住房规划评估指标的基础上，构建俄罗斯住房财政保障制度改革评估体系，对其运行结果进行较为客观的评价，以此得出本研究的基本结论以及俄住房财政保障制度改革对我国的启示。

本研究的技术思路如图 0-1。

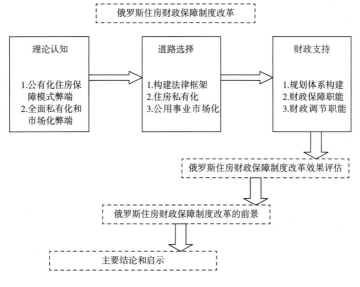

图 0-1　本研究的技术思路

（二）研究内容

1. 探寻俄罗斯住房保障制度改革的原因

苏联时期实行全民福利型住房制度，住房由国家统一供给和分配，至 20 世纪七八十年代，政府主导的公有化住房保障模式已无法适应居民的住房需求；苏联解体后，俄罗斯进行了大规模的住房私有化和公用服务市场化改革，这些措施旨在摆脱政府在此领域的支出责任，因此改革成效并不显著，反而加重了住房配置的不公。基于公共财政改革的推进，俄罗斯住房财政保障机制得以不断发展和完善，多层次的法律体系在此发挥了重要作用。

2. 分析俄罗斯住房财政保障机制的运行方式

住房规划是协调俄罗斯住房部门发展的纲领性文件，政府在住房保障领域的职能主要表现为：通过相关法律法规和价格体系对房地产市场进行宏观调控，运用预算拨款、预算贷款和预算投资履行财政对住房及公用事业的财政保障职能；通过税收优惠、财政监督和住房配置履行财政调节职能。

3. 评估对俄罗斯住房财政保障机制的运行结果

俄罗斯在制定住房规划的同时也设定了规划实施的评估指标，但指标繁多复杂且不系统。本研究在不影响整体评估的前提下，对部分指标进行了剔除，对其余指标进行分类整理，从而形成了涵盖五大类指标的俄罗斯住房财政保障机制评估体系，以期客观地反映该机制的运行情况。

4. 探讨俄罗斯住房财政保障机制的改革前景

在西方制裁背景下，俄罗斯未来经济发展前景暗淡，在财政支出受限且大部分财力被用于充实国防的情况下，住房领域的预算拨款急剧缩减，严重影响了住房保障制度改革的未来发展。基于住房的社会属性及对居民的重要性，俄罗斯政府坚持将其作为优先的支持方向，为充分发挥住房规划的职能创造条件。一方面，俄罗斯大力发展公私合作机制，引入私人资本解决资金困境；另一方面，发挥市场机制作用，鼓励"俄联邦·住房"集团进行住房金融产品的创新。

5. 主要结论和启示

通过对俄罗斯住房财政保障机制运行结果的评估，可以看出，俄住房保障制度改革取得了较好的成效，对低收入群体住房困难问题的解决起到了积极的促进作用。中国和俄罗斯几乎处在相同的改革背景下，由于改革道路、治理方式、利益驱动等方面的差异，取得了截然不同的结果。因此，对俄罗斯住房财政保障制度改革进行系统性分析，有助于我国借鉴其经验、吸取其教训，为我国深化住房制度改革提供一定的参考思路。

（三）研究方法

1. 演绎与归纳分析相结合

通过大量的文献分析和相关的理论分析，对俄罗斯住房保障制度的改革历程及发展现状进行演绎，并以财政的支持和保障作用为切入点，理顺各种财政工具之间的互动关系，分析它们各自发挥作用的领域及其政策效果。

2. 规范与实证分析相结合

在研究俄罗斯住房财政保障制度运行机理及构建评估体系时使用规范分析，在评估过程中引入大量数据进行实证分析。通过规范分析与实证分析的有效结合，使得评估指标更具有可操作性，更为可靠，据此得出的结论也就更富有价值。

3. 比较研究方法

俄罗斯以住房保障制度改革推动了社会经济的稳定发展，以法律制度构建了住房保障体系的制度基础，以完善的制度设计提高了对居民的住房保障水平，以财政金融创新促进了住房投融资及管理模式的多元化，这些方面对我国住房制度改革的深化与发展都具有重要的启示意义。

五　研究的创新点和不足之处

（一）创新点

我国学者对俄罗斯住房保障制度的研究主要停留在政策描述层面，而对俄罗斯在住房保障制度中的财政支持作用、多元化的财政保障方式、住房财政保障机制运行效果评估，以及公私合作机制在俄罗斯住房保障领域的具体实践等方面鲜有研究，这些方面又是我国住房制度改革值得借鉴之处，因此，本研究的创新之处主要体现在以下几点。

1. 研究视角的创新

在对俄罗斯住房保障制度的研究中，对于住房规划的分析并不少见，但将其与预算制度改革、规划预算发展相结合的研究尚未发现。事实上，财政预算是住房规划的最重要资金来源，它反映了政府解决中低收入群体住房问题的意愿和能力。因此，本研究尝试以俄罗斯住房保障制度中的财政支持作用为视角，分析住房财政保障机制运行的方式及改革的未来方向，以期对完善我国的住房保障制度，尤其是保障房供给提供可行性建议。

2. 研究方法的创新

根据规划预算的特征，俄罗斯为住房规划的实施设定了诸多评估指标，本研究在此基础上，结合国际上公认的住房保障评估指标，构建了影响俄罗斯住房财政保障机制运行的指标体系，并据此对其住房财政保障的实施手段与方式以及机制运行的具体成效进行较为客观的评估。此种方法或可用于对我国住房保障制度改革效果的评估与评价之中。

3. 研究内容的创新

在俄罗斯，公私合作机制已拥有成熟的法律制度和完善的协调机构。近年来，公私合作开始更多地应用于保障社会民生的住房领域，拓宽了资金来源渠道，在一定程度上缓解了俄罗斯住房保障领域的融资困境。而我国学者目前还没有对俄罗斯住房保障领域公私合作机制进行专门研究。我国为解决中低收入阶层的住房问题，对公私合作理论及其在住房保障领域的具体实践也非常关注，本研究关注并探讨了俄罗斯住房保障领域公私合作方面的创新内容，对我国住房保障融资模式的多元化发展也将具有一定的借鉴意义。

（二）不足之处

其一，住房保障问题是一个复杂的社会问题，其发展受到政治、经济、文化和行为心理等多重因素的影响，俄罗斯住房保障相关理论也在不断探索与改进之中。与此同时，如何将俄罗斯在保障性住房建设和融资方面取得的成就借鉴到我国的保障房发展之中，仍需要深入地研究和探讨，这些为本书的写作增加了一定的困难。

其二，由于专业、能力和时间限制，本研究在对问题进行分析和提出对策建议时可能会缺乏深度。笔者将在以后的研究过程中继续努力，深入思考探讨，使该项研究内容更加丰富，以期提出更加行之有效的建议。

第一章 理论认知推动下的俄罗斯
住房保障制度改革

俄罗斯住房保障模式的选择与其社会经济发展理念及所有制形式紧密相关。苏联时期实行高度集中的政治经济体制，使其住房保障模式以公有制为基础，以加快公有住房建设为目标。但公有制的住房保障模式不仅加重了国家财政负担，也造成了居民严重的住房福利依赖，20世纪七八十年代，住房问题成为苏联最为突出的社会经济矛盾之一。苏联政府不得不开始寻求新的方法，引入市场调节机制，以期缓解居民的住房短缺问题。

苏联解体后，俄罗斯继续推行全面私有化、建立市场竞争机制的住房保障制度改革，在一定时期和范围内解决了部分居民的住房问题，但又引发了新的矛盾。随着俄罗斯市场经济体制改革的不断深入和发展，其在住房领域的矛盾和问题也不断凸显，俄罗斯政府在市场化进程中逐渐认识到，由于住房和公用服务属于"准公共产品"，不能完全由市场进行配置，尤其是对于社会弱势群体，政府应在保障性住房供给和住房公用服务补贴方面承担主要责任。因此，住房保障问题日益成为俄罗斯最为重要且优先保障的民生服务领域。

第一节 公有化住房保障模式的确立与发展

苏联的成立是马克思关于无产阶级革命、建立社会主义社会理论的一次重要尝试，苏联时期各项改革几乎都是在马克思主义理论的指导下进行的。在住房领域，苏联进行了大规模的国有化运动，形成了单一的公有制住房制度，住房由国家统一分配，居民无偿使用，公有化也因此成为苏联时期居民住房保障的一项基本制度和方向。

一 马克思主义对住房保障的理论阐释

衣、食、住是人的第一需要，是居民生活的基本物质需求。马克思曾指出，"人们为了能够'创造历史'，必须能够生活。但是为了生活，首先就需要吃喝住穿以及其他一些东西。因此第一个历史活动就是生产满足这些需要的资料，即生产物质生活本身"[1]，而政府应通过国民收入分配和再分配满足公民的第一需要，这构成了马克思主义住房保障思想的理论基础。

住房保障思想散见于马克思、恩格斯的若干著作之中，从当前收集到的资料来看，其主要观点可以归结为以下两个方面。

（一）主张实行公有制，满足公民住房需求

随着资本主义生产规模不断扩大，工人阶级的住房问题日益尖锐。恩格斯在提及住房保障问题时指出，住房短缺是机器大工业发展的必然产物，要想解决居民的住房困难，就必须从根本上克服资本主义生产方式的弊端，并在《共产主义原理》（1847 年）中列举了无产阶级直接或间接建立政治统治之后应采取的主要措施，包括在国有土地上建筑大厦，作为公民公社的公共住宅，公民公社将在结合城市和农村生活方式优点的基础上，从事工农业生产。[2] 可见，恩格斯将住房公有制看作一种历史进步并予以肯定。

在资本主义生产条件下，住房作为一种商品，是资本家攫取剩余价值的重要载体。为赚取更多利润，资本家会加快住房建设，同时压低工人的工资。在这种情况下，资本家拥有大量住宅卖不出去，而广大工人却因工资过低买不起甚至租不起住房，由此产生了住房相对过剩问题，这些过剩住房长期被闲置。恩格斯指出，住房短缺，绝不是处于贫困线下受剥削的雇佣工人的"专利"，"它不只局限于工人阶级，而且也伤害到小资产阶级"的利益。[3] 此外，由于

---

[1] 《马克思恩格斯文集》第 1 卷，人民出版社，2009，第 531 页。
[2] 《马克思恩格斯选集》第 1 卷，人民出版社，2012，第 305 页。
[3] 《马克思恩格斯全集》第 18 卷，人民出版社，1964，第 237~238 页。

经济条件和收入水平存在差距，不同阶级住房条件也具有很大差异，从而导致社会族群的分割，带来严重的社会问题。

恩格斯认为："要造成现代革命阶级无产阶级，绝对必须割断那根把昔日的劳动者束缚在土地上的脐带。除了织机以外还有自己的小屋子……"[①] 然而，当劳动人民实际占有一切劳动工具和全部工业之后，住宅和工厂等生产生活资料至少在过渡时期未必会毫无代价地交给个人或公社使用。因此，恩格斯还提出，住房租赁是一种普通的商品交易过程，"各种商品的使用价值互相差异的地方，就中还在于消费它们所需要的时间的不同……对消耗期限很长的商品，就有可能把使用价值零星出卖，每次有一定的期限，即将使用价值出租"[②]。

(二) 强调国家是社会保障的责任主体

马克思在《共产党在德国的要求》中指出，国家是社会保障的责任主体，要建立"国家工厂"，保证所有工人都能生存，负责照管没有劳动能力的人，并提供普遍、免费的国民教育，从而保证社会公平。[③] 社会保障的对象是全体社会成员，而任何个人和社会团体都没法独立实现利益最大化，只能依靠国家力量、政府权威及立法手段才能达到社会保障的统一性、公平性和实效性。

为突出国家的责任主体地位，建立完善的社会保障体系，包括公民的基本人权、社会福利和教育保障等，马克思认为必须拥有充足的后备基金，即社会保障基金。为此，马克思在1875年论述社会主义社会的分配原则时，提出了社会总产品的"六项扣除学说"，阐明了共产主义社会保障的资金来源：如果把"劳动所得"这个用语首先理解为劳动产品，那么集体劳动所得就是社会总产品。首先，应从里面扣除用来补偿消耗掉的生产资料的部分、用来扩大生产的追加部分、用来应付不幸事故和自然灾害等的后备或保险基金；其次，在进行个人分配之前，应对剩余部分进行消费资料扣除，包括和生产没有关系的一般管理费用、用来满足共同需要的部分、为丧失劳动能力的人等设立的基

---

① 《马克思恩格斯选集》第3卷，人民出版社，1995，第148页。
② 《马克思恩格斯全集》第18卷，人民出版社，1964，第302页。
③ 《马克思恩格斯选集》第4卷，人民出版社，1995，第202页。

金。简而言之，马克思所论述的对社会总产品的两次扣除：第一次扣除相当于国民收入的初次分配；第二次扣除则属于国民收入再分配，主要涉及教育、医疗、养老、住房、社会福利和社会救助等方面的内容。

综上所述，马克思、恩格斯从社会产品分配角度来论述社会福利和社会保障，不仅指出了建立社会保障制度的必要性，同时也论证了社会保障基金筹集的可能性。受社会经济条件限制，当时政府对社会保障进行干预还没有成为历史发展的潮流，所以马克思、恩格斯对该问题的思考也只是初步的。此外，马克思、恩格斯的社会保障思想是为无产阶级革命服务的，作为社会保障的重要组成部分，马克思、恩格斯关于住房保障的思想在苏联及独立后的俄罗斯社会保障理论中占有一席之地。

二　公有化住房保障模式在苏联的确立与发展

十月革命之前，俄国还没有市政住房和社会住房，无产者的住房主要通过福利或宗教组织和慈善家的捐助获得。当时国家财政不参与住房问题的解决，也不提供各类预算补贴和资助。20 世纪初，由于为无产者免费提供的福利住房缺乏稳定可靠的资金来源，政府便开始着手建设少量的市政住房。总体而言，俄国城市存量住房所有制结构中，私人家庭住宅占 50%，用于出租的私人公寓占 40%，而社会住房仅占 10%。一战期间，通货膨胀严重影响了家庭经济发展，私人公寓租金上涨受限，城市住房存量也开始下降。

十月革命后，苏维埃政权进行了大规模的国有化运动，住房所有制结构也从私有转向公有。1917 年，列宁在彼得格勒决议中提出，要剥夺富人的房子，满足穷人的居住需求[1]，自此拉开了城市土地和住房公有化的序幕。同年 11 月，苏维埃政权颁布《居住用房公有化并移交租赁管理法案》[2]，正式确立了苏维埃时期居民住房的保障模式，即住房归国家所有，通过统一调配供公民占有和使用。为保障住房公有化得到彻底贯彻执行，苏维埃政府制定的住房保障

---

[1] См.：Ленин. В. И. О реквизиции квартир богатых для облегчения нужды бедных. Полн. Т. 54. С. 380.

[2] См.：Декреты Советской власти «Тезисы закона о конфискации домов с сдаваемыми внаем квартирами». М., 1957. Т. 1. С. 133.

政策包括：①明文规定废除城市不动产私有制，禁止不动产交易；②成立房屋管理委员会，负责征收房屋并对其进行统计；③规定由地区苏维埃负责将以工人为代表的劳动人民迁居至被征收房屋，并因地制宜地进行管理。

此外，苏维埃政府还以宪法的形式，将向公民提供廉租房和住房公用服务确定为国家义务。苏维埃政府以"交叉补贴"为原则，向国有企业高额征税，作为居民社会保障支出的资金来源。苏维埃时期，政府为居民住房保障提供的支持主要包括住房建设基金，该基金由国家预算直接划拨。

苏联（苏俄）时期，全国住房建设规模及资金来源、居民住房保障水平详见表1-1。

表1-1　1918~1990年苏联（苏俄）住房建设规模、资金来源及居民住房保障水平

年份	住房建设面积（亿平方米）	年均住房建设面积（亿平方米）	非生产部门占国家与预算支出比重（%）	资金来源（%）			住房保障水平（平方米/人）
				国家预算	居民	住房合作社	
1918~1928	1.299	0.118	64	12.3	87.7	—	8.3
1929~1941	1.37	0.101	30	54.2	45.8	—	6.4
1942~1955	3.081	0.212	30	48.7	51.3	—	7.7
1956~1965	5.604	0.56	35	60.3	38.0	1.7	10.3
1966~1975	5.886	0.589	—	77.3	16.0	6.7	12.5
1976~1985	6.038	0.604	27	88.3	7.0	4.7	14.8
1986~1990	3.434	0.687	—	87.3	7.3	5.4	15.7

资料来源：Обеспечение социально-экономической безопасности жилищно-коммунального хозяйства страны. Попова О. С. диссертация, Москва, 2014. г. С. 8。

通过表1-1可以看出，苏维埃政权建立之初，并没有实行大规模的工业化和城市化。1918~1928年，苏联（苏俄）住房建设的国家预算投资规模还很低，但其中非生产部门（包括住房）投资所占比重高达64%。其间，新经济政策的实施极大地解放了农村的劳动生产力，农民开始自己组织住房建设，居住条件得到明显改善。此时，苏维埃政府不再全盘否定个人住房所有制，开始承认个人拥有部分产权。这一时期，城市住房总面积达到0.166亿平方米，增长了13%，其中大部分为私人住房，由居民承建，城市居民的住房条件重

新达到战前水平。

但在其后相当长的一段时期，住房问题在苏联并未得到很好的重视。1929～1941年，年均住房建设面积仅为1000多万平方米，居民的住房保障水平甚至降至人均6.4平方米。1942～1955年，住房建设面积虽有所增长，但住房保障水平的提高依旧缓慢，仅为人均7.7平方米。直至1956年赫鲁晓夫上台，苏联政府逐渐意识到城市的住房条件与居民的生活标准已严重不匹配。自此，苏联政府开始着手解决住房问题：1957年，苏联颁布了政府决议《关于苏联住房建设发展》，明确提出要在10～12年内解决劳动者的住房短缺问题，并提出了"住宅创新理念"，即为每个家庭分配独立住宅，人均居住面积达到9平方米。[1]

为实现该目标，在这一阶段，苏联政府不断加大国家预算对住房建设的支持力度，其对非生产部门的投入比重从30%增长到了35%，住房建设及与之相关的社会基础设施项目（学校、幼儿园、医疗机构、商店）的建设也相应增长了3.4倍。同时，苏联建立了几百家大型装配式房屋建造工厂，在城市周边地区建造了大量预制板结构的五层住房楼，独户居住，从而使几户居民合住一套房的尴尬场景逐渐减少。当时，苏联还提出要"为每一个新婚家庭提供一套设施完善、符合卫生要求和文化习惯的住房"[2]。虽然该目标未能达成，但体现了政府为居民改善住房条件的决心。在这一时期，苏联居民的人均住房保障水平得到极大提高，居住在地下室、半地下室的居民全部搬出，大部分窝棚被拆除，公有住房的居民也开始迁移至独立住房。如今这些住房因其建造特点及其所属时期，被称为"赫鲁晓夫筒子楼"。

在住房条件得到改善的同时，苏联居民的世界观和社会意识也随之产生了改变：他们的日常生活不再时刻受到"全方位监视"，他们成为住宅的主人并获得了一定面积的园地，可以用来种植蔬菜、水果等，住房建设的发展也拉动了居民对于家居和电器等方面的需求。时至今日，这些所谓的"赫鲁晓夫筒子楼"因为面积小、质量差等，经常被人们诋毁，然而当时这些独立的住宅

---

① 见.：СП СССР «О развитии жилищного строительства в СССР» 1957. N 16.

② 见.：Материалы XXII съезда КПСС. М., 1962. С. 390.

却被居民视为"宫殿"。①

1966~1985 年，苏联国家预算投资持续减少，使其对非生产部门的投入比重也不断萎缩，逐渐从 1961~1965 年的 36% 降至 1981~1985 年的 27%。其间，苏联居民运用自有资金建造住房的比重也从 38% 急剧降至 7.0%，而依靠国家预算出资的比重则从 60.3% 增至 88.3%。也就是说，苏联政府不得不用持续减少的预算资金投入来负荷沉重的居民住房保障压力，不仅要维持住房建设规模的增长，还需要承担住房公用事业的维护。由此，20 世纪 70 年代苏联出现了一种"怪现象"：住房建设不断增长，但排队等候获得国家住房的居民数量并未同步减少。与 1955 年相同，居民排队等待的时间约为 20 年，这种状况一直延续到 20 世纪 90 年代。

通过上述分析可以看出，苏联政府已无法承担巨大的住房支出压力，而住房合作社的发展也远不能弥补公有住房建设规模的逐年下降，住房短缺状况在苏联空前严峻，加之居住环境和条件愈发恶劣，导致苏联不得不重新审视公有化住房保障模式的未来发展及其适用情况。

第二节 公有化住房保障模式弊端引致的理论反思

在苏维埃政权成立之初，中央统一调控的政治经济体制曾发挥了一定的优越性，对解决战争遗留问题起到了关键性作用，也部分地解决了当时居民的住房问题。然而，将所有住房全部严格集中管理，统一规定住房标准，强制征用土地建设政府和机关办公用房等，也使苏联住房保障领域蒙上了极其浓厚的政治色彩：大家都需要按照国家的分配居住在公有住房里。由于不拥有房屋的产权，且只需支付低廉的房费，居民对自己居住的公有住房的管理毫不热心，对于修缮维护也不甚关心……但这些只是公有制下诸多住房问题的"冰山一角"。其实，度过战争恢复期后，列宁便认识到了严格的公有制下隐藏着诸多

---

① Попова О. С. Обеспечение социально-экономической безопасности жилищно-коммунального хозяйства страны. Федеральное государственное бюджетное учреждение науки институт экономики РАН, диссертация, Москва, 2014 г. .

问题，并提出了向"新经济政策"过渡的构想。虽然由于受到各方面的限制，该构想未能得到充分实现，但这也客观地证明了理顺所有制关系、发展市场经济对于苏联住房领域乃至整个国民经济的重要意义。

只有在极端情况下实行中央集权式管理制度才能取得预期效果，如在艰苦的战前时期、战争时期和战后初期，需要依靠国家政权来缓解住房领域的危机状态。但在和平年代，向新的住房政策过渡就变得极为重要。在赫鲁晓夫时期，苏联政府通过对住房政策进行重新定位而引入的公民自主机制，在解决居民住房问题方面就取得了很好的效果。在这一时期，苏联公有制住房体系与私人经营方式的共存，使建筑业得到高速发展，居民的住房需求也得到较好的满足，不仅实现了预期的公民住房标准，房间数量甚至开始多于家庭成员数量（+1）。然而，该政策的实施却又带来了另一层风险，由于住房问题不再那么尖锐，对住房的绝对需求也有所缓解，这使政府在住房领域的垄断地位受到了挑战。

20世纪70年代初期，苏联合作社建房的数量明显减少，国家对住房的预算拨款也逐渐减少。政府逐步将建设的重心转移到宿舍楼和机关住房方面（其建筑规模达到居民普通住宅的5倍甚至还多），苏联"杰出人才"可以无偿分配到"豪华住宅"。这样一种官僚化的住房建设政策和住房分配政策，又使政府在住房领域的垄断地位得到空前强化，致使住房建设领域出现了"停滞"趋势。

苏联中后期的住房建设开始以舒适性和经济性为原则，住宅施工造价高昂，建设数量显著减少，同时，利用行政权力谋取私利、贪污腐败的现象也明显增加。当时苏联住房政策的特点主要有以下几点。

其一，从有针对性地切实满足社会住房需求逐渐过渡到了只发表政治宣言和口号。例如苏联第三个五年计划规定，要为每个家庭建设"功能完善且满足卫生和文化要求"的住房，然而政府并未提出任何相关的实施方案和具体规划，使"每个家庭——独立住宅"成为"停滞"时期最著名的政治口号之一。

其二，建造和保障住房的所有"负荷"均由财政承担。一方面，由于工业生产能力不足、预算资金短缺等，国家财政已无法保证所有公民都能获得住房，住房改善成为最为尖锐的社会问题；另一方面，"家长式"的住房政策又使得居民无法参与住房建设和管理，居民对其占用的住房逐渐形成了冷漠的态度，"既然是国家提供住房，那就让国家去关心住房问题吧"。这种坐享其成的社会风气，给住房建设带来了不利影响，也使居民在房屋建设和管理方面的主人翁意识消失殆尽。

其三，政府机关中滥用职权现象普遍，贪污犯罪频发，住房建设和分配不再以劳动为标准。基于"上级任命的工作人员享有特权"，导致民众对"上级"的优先权和决定权极端敌视。

20 世纪 80 年代初，苏联几乎所有物品在供给方面都出现了短缺，公民长期以来累积的对社会和政权的不满在住房问题上也有所体现。"排队等候者""享受优待者""老兵"的数量不断增多，政府不得不选取一条最为快捷的方式来解决住房问题：建造临时住宅。但排队等候住房的家庭仍达到了 1400 万户（约 4000 万人），公有住房中有 17% 为危旧房屋，其中 14% 以上的房屋需要紧急维修，但财政补贴已不能保证住房再生产过程。住房领域存在的上述问题引发了民众一系列的负面情绪，政治虚无主义、淡漠、对带有政治色彩的国家承诺不信任等现象在全社会普遍存在。

20 世纪 80 年代之前，苏联实行"国家所有制经济"。苏联国家领导层普遍认为，实行市场经济就会冲垮国有制经济，正如苏联《政治经济学教科书》提到的，"国有企业是社会主义最成熟、最彻底的经济关系"[1]，任何对这种所有制形式的改革必然是一种倒退。然而到了 20 世纪 80 年代初，以市场机制为主要内容的西方经济学日趋成熟，领导层对于需要处理政府和市场关系也有了较为广泛的认同。此时，虽然苏联各政治派别与经济学界在不少问题上还存在纷争，但都普遍认识到"人类还没有创造出比市场经济更有效的东西"，不能把它拒之门外。戈尔巴乔夫曾提出："在向市场过渡时，需要制定一些首要措施。搞国有企业股份化，创造现实的经济自由，将小企业和商店出租，把住房、股票和其他有价证券及一部分生产资料纳入买卖领域。"[2] 他认为，竞争

---

① 苏联科学院经济研究所编《政治经济学教科书》，人民出版社，1955，第 428 页。
② 《苏联共产党第二十八次代表大会主要文件资料汇编》，人民出版社，1991，第 12~13 页。

在促进科技发展、提高产品质量方面起着积极的作用，因此在限制垄断的基础上，要大力发展竞争，将其拓展至苏联的整个国民经济领域。在住房保障领域，戈尔巴乔夫出台了两个决议：一是《引导居民用自有资金建造独栋住房，加速解决住房问题》；二是《国家加速解决住房问题的主要方向》。还开展了全苏优秀建设者竞赛，实行流动红旗制，增加新建住房的层级。但最终结果并不理想，反而导致建筑工期延长和建设费用的增加。[①]

苏联住房领域出现的诸多问题（例如公有住房严重短缺、住房分配不均、漫长的轮候时间、居民对所居住房的冷漠和对国家的不信任等），使公有化的住房保障模式不能满足苏联居民的住房需求，也无法缓解并从根本上解决居民的住房问题。与此同时，西方市场经济理论实践经验的日渐丰富，使得苏联解体前后的政府和经济学界都将住房制度改革的希望寄托在与市场经济相关理论的引入与发展之上。

第三节　市场经济导向下俄罗斯
住房保障模式的演变

苏联解体后，俄罗斯全面引入了市场经济理论，对所有社会经济领域都进行市场化改革。在市场经济理论的探索和发展过程中，逐步形成了"过渡经济理论"，该理论对俄罗斯住房保障政策取向的转变产生了重要影响。在向市场经济过渡过程中，公民居住权利的实现以及保证住房市场的健康发展成为俄罗斯联邦住房政策的优先发展方向。通过住房制度改革，俄罗斯实现了由行政计划体制向市场竞争机制的转变，形成了新的住房所有者阶层，为俄罗斯住房改革提供了广泛的社会基础，私营及个体开发商开始在住房建设中发挥主要作用。在新建住房结构中，私有住房比重开始提高，公有住房建设日益减少。

然而市场机制不是万能的，也会出现失灵。随着过度私有化和市场化带来的诸多弊端日益显现，俄罗斯开始尝试通过完善"社会保障理论"、发展"公共财政理论"来构建对社会弱势群体的住房保障政策，这在一定程度上缓解

---

① 高际香：《俄罗斯民生制度：重构与完善》，社会科学文献出版社，2014，第139页。

了住房供给和配置中的不公平现象，较好地改善了民众的整体居住水平。

一 过渡经济理论

向市场经济转轨的俄罗斯，其发展模式与以往任何时期相比都更具有特殊性，没有任何一种经济理论能全面阐释其转轨的特点、规律和运行机制。就此问题，俄罗斯学者提出了若干新的经济理论，为经济转轨提供理论支撑，这些理论也因此被称为"过渡经济理论"。其中，经济自由化和私有化既是经济转轨的核心，也是经济转轨理论研究的重点。[①]

（一）改造所有制关系，发展市场竞争

苏联时期实行高度集中的计划经济体制，几乎单一的全民所有制占据绝对优势地位，集体所有制形式则受到严格监督。随着经济发展，这种体制的弊端日益显现，自20世纪50年代开始苏联进行过多次经济改革，但都未能触及计划体制的根本，即高度垄断的国家所有制结构。

苏联解体后，俄罗斯迅速实施了以"稳定化、自由化、私有化"为主要内容的"休克疗法"。经济自由化奠定了市场自由调节的基础，使经济和企业活动摆脱了计划经济体制固有的限制，为竞争环境的形成创造了条件。而私有化则成为俄罗斯经济体制转型的核心，是俄罗斯改造所有制关系、建立市场经济的重要途径和手段。

20世纪90年代初期，俄罗斯试图通过向公民发放私有化证券的方式，大规模地迅速将苏联时期的国有企业改造成高效率、具有竞争力的私有企业。1992年1月1日，《俄罗斯联邦国有企业和市政企业私有化规划的基本原则》开始实施，这一原则的颁布拉开了俄罗斯所有制结构改革的序幕。在此背景下，俄罗斯所有领域均开始了私有化和市场化改革，其中无疑也包括具有重要社会经济意义的住房和住房公用事业部门。

俄罗斯的私有化构想是根据西方产权理论设计的，其基本出发点是：①市场经济的本质是一种以私人占有为基础实现产权交易与重组的机制；②私人产权是最有效的产权，私有产权制度是最具效率的产权制度形式；③只有私有产

---

① 郭连成、唐朱昌：《俄罗斯经济转轨路径与效应》，东北财经大学出版社，2009，第21页。

权能保证为个人行动提供最大的激励与必要的成本约束。

由此，俄罗斯的私有化改革具有如下特征：①速度快，俄罗斯仅用了近两年的时间就彻底推翻了国有制的统治地位，建立起以私有制为主体、多种所有制经济并存的混合型经济；②所有制变革方向与西方国家相反，西方国家为弥补市场调节经济的缺陷，在私有制基础上逐渐加强政府对经济的调控能力，从而形成多种所有制并存的混合型经济，而俄罗斯的混合型经济却是在单一公有制的基础上通过私有化形成的；③靠强制性制度变迁推动，而不是为适应生产力发展而产生的生产关系的自发性变革；④具有明显的政治意义，私有化既是俄罗斯建立资本主义生产方式的基本国策之一，又是俄罗斯"使改革进程具有不可逆转性"的政治保证；⑤国有经济成分依然占据举足轻重的地位，尽管在俄罗斯参与私有化的行业范围广，不仅包括公共事业部门和战略性行业，甚至还涉及一些重要的竞争性行业。①

通过私有化改革，俄罗斯打破了传统计划经济体制的束缚，促进了所有制形式的多样化，为深入发展市场经济创造了条件。从最初的盲目崇拜到逐步了解市场运行原理，俄罗斯基本建立起市场经济框架，经济机制也开始转向以市场为主导。此时的俄罗斯，商品价格不再由政府统一规定，这在一定程度上缓解了商品短缺现象，资本市场也初具规模。

然而，俄罗斯的私有化改革是与寡头产生、经济大幅下降、工业崩溃紧密联系在一起的，其公正性与合法性至今仍遭到民众和专家的批评和质疑。② 俄联邦审计署曾对私有化进行过专门审计，其审计报告指出，私有化结果与其战略目标相去甚远：不仅未能形成广泛有效的私人所有者阶层，未能提高企业效益，而且为企业生产、技术现代化和社会发展吸引的私人投资也远远不够，诸多部门都未能保持住其在国内外市场的竞争优势。此外，在私有化进程中，俄罗斯还存在法律不健全、政府机构腐败、执法机构违规越权、国有资产被贱卖等问题。对于应该通过何种方式解决这些问题，俄罗斯社会各界至今也远未达成共识。③

---

① 郭晓琼：《俄罗斯所有制结构演变及近期私有化进展》，《俄罗斯学刊》2013 年第 3 期。
② 李建民：《俄罗斯新一轮私有化评析》，《俄罗斯学刊》2013 年第 2 期。
③ Счетная палата Российской Федерации：«Анализ процессов приватизации государственной собственности в российской федерации за период 1993-2003 годы»，Москва，2004.

（二）　以市场机制为主导，转变政府职能

从经济转轨的形式来看，经济市场化首先表现为资源配置方式的转变，即由计划经济体制下的以行政命令方式为主，向以价格机制为核心的资源配置方式的转变。从计划经济转入市场经济是复杂的制度变迁过程，俄罗斯用了七年时间，以强迫的方式让俄罗斯民众接受了市场经济，形成了市场经济基本框架，市场机制的调节作用逐步得到发挥，产品价格也开始由市场的供求关系、成本状况来决定，资本、劳动、资金、技术、土地等要素的配置也从计划经济体制下由国家直接管理，转变为由市场来完成。一些中小企业开始靠近市场，以市场为导向来安排企业的生产和经营，初步改变了服务业长期落后的局面。

在俄罗斯的经济市场化过程中，论证市场经济条件下的政府职能是"过渡经济理论"的重要任务之一。在经济转轨之初，盖达尔政府遵循以货币主义为核心的新自由主义学说，对市场机制的自发性资源配置功能深信不疑，认为国家应最大限度地离开市场经济，力图将政府在经济发展中的作用控制在最小范围内。

然而，市场化是经济、社会全方位转化的过程，经济自由化只是其中的一个方面。俄罗斯经济自由化程度的提高是以牺牲国家对经济的干预能力为代价的，曾有学者指出，"华盛顿共识"强加给俄罗斯的"休克疗法"，使政府自动放弃了对经济的宏观调控，从而导致联邦政府控制力减弱、政治混乱、经济急剧衰退、人民生活水平大幅下降、国家财产被寡头独占等。

直至目前，俄罗斯理论界对于政府在社会经济发展中的地位和作用，以及政府职能边界的理解依然各有不同。[①] Л. И. 阿巴尔金和 Л. А. 莫洛佐娃认为，政府具有"补充职能"：政府和市场在协调经济发展方面互相补充，政府可以弥补市场失灵，而市场机制可以弥补政府部门的低效率[②]；Л. И. 阿巴尔金指

---

① 丁超：《俄罗斯公私合作及其在保障性住房领域的实践探索》，《俄罗斯东欧中亚研究》2016年第 1 期。

② Морозова Л. А. Функции Российского государства на современном этапе//Государство и право. –1993. C. 98–108.

出，在市场经济条件下，科技发展取得的积极成果离不开政府的有效参与①；A. A. 巴罗霍夫斯基认为，在促进经济发展方面，市场竞争是首要的，国家的职能在于维护市场机制的发展，并在市场原则与社会整体利益相悖的环节发挥关键作用，弥补市场不足②；A. C. 涅希托伊认为，俄罗斯联邦及各联邦主体政府部门必须积极制定和实施经济政策，监督财政政策和货币信贷政策的执行情况，以期实现经济增长，维护社会公正③。

俄罗斯理论界对于政府在社会经济发展中地位和作用的认识，也充分反映到了俄在住房领域的政策中。在市场化过程中，俄罗斯政府基于住房所有者必然会更加精心地维护其私有化资产的理解，试图降低对住房领域的干预度，从而将解决住房问题的任务转移到公民身上。然而，由于此时俄罗斯居民的收入水平普遍较低，无力对通过私有化获得的住宅进行修复和改造，使政府的这一住房政策未能取得很好的结果。

波兰经济学家科勒德克认为，转轨不意味着让自由市场的盲目力量独自主宰国家命运，只有当市场完全成熟并能够有效地为政策所控制时，它才能完全自由。因此，政府必须干预市场的运作，使之服从于社会需要。在转轨过程中，政府不应从经济活动中退出，而是应当重新定位，在适度管理、基础设施和人力资本投资方面发挥作用。④

由此可以看出，俄罗斯住房政策主要受到两个因素制约。一是经济转轨过程中，俄罗斯遇到了严重的社会分化问题，财富集中到一小部分人手中，而广大人民群众依然处于贫困状态。此时虽然私营建筑业迅速发展，但由于新建房屋的市场价格及老旧房屋的维护费用都很高昂，大部分居民无法支付维修费用，使绝大部分居民的住房问题未能得到很好的解决。二是当时俄罗斯政府更多地偏向于将住房建设的责任转嫁给居民及其家庭，表明在社会公共服务供给

---

① Абалкин Л. И. Роль государства в становлении и регулировании рыночной экономики// Экономист. -1997. -№6. C. 5-10.

② Пороховский А. А. Феномен новой экономики и функции государства（материалы к лекциям и семинар）//Российской экономический журнал. -2002. -№9. C. 72-76.

③ Нешитой А. С. Кризис 2008 года в России-следствие экономических реформ//Бизнес и Банки. -2009. № 3.

④ 程恩富、李新：《经济改革思维——东欧俄罗斯经济学》，当代中国出版社，2002。

方面，私人和政府的角色发生了相对变化，市场化原则成为俄罗斯住房领域发展的主导因素。

加强国家对经济的调节，为生产效益最大化提供竞争环境，对转型中的俄罗斯住房政策发展尤为重要。从广义上说，国家调节至少应包括下列基本内容：①制定经济活动规则；②形成经济组织结构体系，监督市场主体经营活动；③制定社会经济政策，并确立能有效运用和实现该政策的组织和经济机制。

据此，俄罗斯将住房保障的基本手段确定为：①形成法律框架和监管机制，通过立法协调和规范住房领域国家政权机关的职能和权限；②确保住房制度改革与其他领域的社会改革相协调，保障俄联邦、各联邦主体和自治机关相关政策的一致性；③协调住房领域私人企业的发展，通过税收优惠系统，最大限度地吸引私人投资参与保障性住房建设和住房公用服务的供给等。

二　社会保障理论

市场经济是当今世界各国普遍采用的一种基本经济制度。市场经济能有效配置社会资源，促进生产者利润和消费者效用的最大化，从而克服计划经济条件下信息不对称导致的诸多问题。但市场并不是万能的，也会出现失灵，尤其是在与群众利益密切相关的民生领域，个人最优和社会最优之间往往会发生冲突，而调节这种冲突的最有效办法便是构建一种制度，以此来克服市场失灵。社会保障制度就是这样一种制度安排，作为市场经济的"减震器"和"安全网"，它可以保证社会持续健康地运转。

所谓社会保障，是指社会通过一系列公共措施（包括提供各种形式的保险和补贴等），帮助其社会成员抵御因生育、疾病、失业、年老和死亡等丧失收入或收入锐减而引起的经济和社会灾难。俄罗斯社会保障思想的萌芽最早出现于沙皇俄国时期（16世纪便有政府为无家可归者建造庇护措施的相关记载），苏联时期形成了国家包揽一切的社会保障制度，而向市场经济转轨中的俄罗斯，其社会保障制度的改革无疑受到西方福利性社会保障制度的影响，其基本思路是从全民福利型保障模式转向发达国家已普遍接受的救助模式，即政府只负责对低收入群体的保障，加强社会保障作为再分配手段的重要作用，通过削减对高收入家庭的援助水平，将社会支出用于为弱势群体提供有针对性的帮助。与此同时，社会保障的资金来源从主要依靠国家预算拨款现收现付制转向由国家、企业和个人合理分担，并建立个人储备账户。①

（一）"旧福利经济学"时期的全民福利型国家属性

20世纪70年代之前，西方福利经济学的构建和发展是基于基数效用理论，这被称为"旧福利经济学"时期。德国新历史学派首次提出了建立社会保障的必要性，并较为系统地论述了社会保障的经济思想。英国经济学家庇古在其《福利经济学》（1920年）一书中，规范地提出了福利经济学理论，并通过效用分析认为，对穷人和富人而言，同一货币单位的效用水平是不同的，如果运用再分配手段将富人收入配置给穷人，穷人效用水平的增加大于富人效用水平的降低，从而有利于提高整个社会的效用水平。由此，庇古主张政府通过向富人征税、再补贴给穷人的方法来增加社会总效用。其中，对穷人的补贴方式主要包括医疗保险、养老保险、失业保险、教育补贴和住房保障等。在这些理论的影响下，西方福利国家逐步创建了比较完善的社会保障制度。

从保障水平和政府责任的角度来看，这一时期的社会保障模式可分为全民福利型和社会共济型。全民福利型是指国家对所有居民提供普遍平等的社会保障，如医疗、养老、教育和住房保障等，资金主要来自公共财政，个人出资较少；而社会共济型模式下的保障资金主要来自雇主和个人，政府只是进行适当补贴。

苏联是完全意义上的全民福利型国家。为显示社会主义国家的优越性，在苏联逐渐形成并发展的社会保障制度，其保障内容多样，涵盖范围广，且所有社会保障资金都由国家和单位承担，在理论上基本实现了社会公平和正义。由国家包揽一切的社会保障制度，极大地适应了当时高度集中的公有制经济发展，也为居民提供了较为全面的生活保障。

然而，20世纪70年代后，与其他全民福利型国家一样，苏联也陷入了福利支出负担沉重的困境，其社会保障制度和发展模式不可避免地遭到了质疑。

① 马蔚云：《改革之中的俄罗斯社会保障制度》，《国外理论动态》2004年第6期。

到了苏联后期，由于僵化的生产关系无法适应生产力的发展，业已形成的社会保障体制更是遭遇到空前的挑战，面临着严峻的考验。

（二）由全民福利模式向救助模式的转变

建立在基数效用理论基础上的"旧福利经济学"导致的国家福利支出负担沉重等问题，推动了20世纪70年代以来社会保障理论的新发展：①以罗宾逊夫人等为代表的新剑桥学派的社会保障理论认为，资本主义制度具有内生性的收入分配失调特征，即在资本主义发展过程中，收入更多向少数人集中，这种收入不平等现象会愈发突出和严重，因此，应征收累进税，并通过社会保障制度分配给低收入人群，从而优化收入分配结构①；②以弗里德曼为代表的货币主义的社会保障理论认为，"劫富济贫"式的社会保障制度有悖于自由市场竞争原则，会损害市场效率，挫伤劳动者的生产积极性，因此，政府应采用负所得税的方式帮助贫困人口维持最基本的生活水准，同时保持劳动者的工作积极性②；③以罗伯茨为代表的供应学派的社会保障理论认为，社会保障制度会抑制劳动者的工作积极性，减少个人或家庭进行储蓄的动力，因此，政府应逐步削减社会保障计划，鼓励就业，提高生产效率，并减少政府公共财政开支③。

从20世纪80年代开始，苏联政治、经济和社会形势均发生了剧烈的变化，公有制的主导地位开始有所松动。苏联解体后，俄罗斯在向市场经济转轨过程中，由于国家财政收入大幅缩减，社会领域的支出无法得到保障，大部分津贴被取消，民众的生活境况骤然恶化。按照计划经济体制模式建立的由国家统揽的全民福利型社会保障制度，已经不能适应新形势的变化，俄罗斯政府不得不对其进行改革。

首先，从宪法层面对所有公民获得社会保障的权利予以确定和规范。根据1993年通过的《俄罗斯联邦宪法》（简称《宪法》）第7条规定，国家为公民的正常生活和自由发展创造条件，保护父母、儿童、老年人、残疾人

---

① 〔英〕琼·罗宾逊：《资本积累论》，于树生译，商务印书馆，2017。
② 〔美〕米尔顿·弗里德曼：《资本主义与自由》，张瑞玉译，商务印书馆，2009。
③ 〔美〕罗伯茨：《供应学派革命》，上海译文出版社，1987。

和家庭的合法权益；《宪法》第 39 条规定，每个公民在生病、残疾、丧失抚养人、教育子女等情况下均能享受国家提供的社会保障。国家为公民提供养老金和社会福利津贴，鼓励公民自愿进行社会保险，创造条件发展社会保险的辅助形式。这为市场经济条件下俄罗斯社会保障制度的改革奠定了法律基础。

其次，在转轨过程中，俄罗斯社会保障制度随着政治、经济和社会形势的变化得到不断的充实和完善，逐渐形成了西方国家已普遍存在的包括社会救助、社会保障和社会福利三个层次在内的社会保障体系。俄罗斯社会保障的主要内容包括：以养老金制度改革为重点，推行强制性的医疗保险制度，完善社会福利和社会救济制度，以建立由国家、企业和个人共同担负保险费用的多层次社会保障体系。[①] 然而，由于当时俄罗斯的市场机制和法制还很不健全，各级政府的支出责任也缺乏相应的法律规范，联邦制定的各项社会保障制度依然没能完全脱离苏联时期的框架，导致新的社会保障体系虽得以形成，却并未实现重大改革。

最后，普京上台后，对社会经济领域进行大刀阔斧的改革，加之国际原油价格的一路飙升，逐渐扭转了经济形势，为俄罗斯社会保障改革提供了充足的资金。此外，普京政府意识到加强和巩固社会保障体系的迫切性，将教育、医疗和住房保障作为国家优先发展的方向，并通过颁布联邦专项规划的方式加强对这些领域的政策和资金支持。经过十余年的改革与发展，居民生活渐趋稳定，各项社会保障政策也渐趋落实并不断得到改善。

（三）社会保障体系框架下的住房保障制度改革

社会保障制度的改革与社会经济的发展是紧密相连、相互适应的。作为较低层次的保障，社会救济能满足少数赤贫者的生存需求，社会保险则是为大多数民众提供的基本生活保障，而社会福利作为社会保障的最高形式，只能在经济比较发达的社会才能得到充分实现。

经历了苏联解体的阵痛后，俄罗斯基本建立了有针对性的多元化社会保障模式，使福利津贴发挥了最大的边际效用，同时，还通过发展经济和加强制度

---

① 冯绍雷、相蓝欣：《转型中的俄罗斯社会与文化》，上海人民出版社，2005，第 197 页。

建设，进一步朝着福利社会迈进。但不可否认的是，原材料依赖型的经济发展模式使俄罗斯受国内外形势的影响很大，其社会保障制度改革和贯彻执行也无疑会受到波及，全球金融危机和西方经济制裁便是很好的例证。由此看来，俄罗斯社会保障制度的完善依然任重而道远。

住房保障制度既是社会保障在住房领域的延伸和拓展，也是社会保障制度的具体体现。显然，社会保障理论是住房保障制度产生与存在的重要理论依据。俄罗斯住房保障制度的改革便是在遵循社会保障体系发展一般方向的基础上，结合了住房市场及居民住房需求的具体特征，以期从根本上解决市场经济条件下居民日益尖锐的住房问题。

在向市场经济转轨过程中，俄罗斯政府通过履行公共职能，在低收入群体住房保障中承担主要责任；与此同时，俄政府对市场机制的决定性作用予以充分肯定与重视，在强调公平的基础上，通过市场机制配置住房资源。此外，值得一提的是，俄罗斯住房保障制度改革的目标始终是实现社会利益，并没有规定明确的经济目标，换句话说，住房保障的主要功能是社会功能，经济功能是派生的，处于次要地位。俄罗斯的住房保障制度改革，一方面随着经济水平提高而不断做出适应性调整，使得居民通过住房保障制度分享经济发展成果；另一方面，又时刻避免由于住房保障水平过高引致的福利依赖问题（如苏联时期居民对住房的严重依赖）。

三　公共产品理论

与私人产品相对应，公共产品在使用和消费上具有非竞争性，在受益上具有非排他性，根据这两个特征，社会总产品可分为私人产品、纯公共产品和准公共产品三种类型。其中，纯公共产品同时具有非排他性和非竞争性，在一定的生产水平下，增加一位社会成员的边际成本为零，也就是说，每个人消费这种物品或劳务不会导致别人对该种产品或劳务消费的减少；私人产品既具有排他性又具有竞争性；准公共产品介于纯公共产品和私人产品之间，或具有非竞争性，或具有非排他性（见表1-2）。

表1-2　社会总产品的分类及基本特征

产品分类	性质	提供方式	基本特征
私人产品	竞争或排他	市场提供或消费者缴费	单独消费或无外部性
纯公共产品	非竞争和非排他	政府提供或政府投资	共同消费或外部性很强
准公共产品	非竞争或非排他	政府提供或政府资助市场提供	单独消费或外部性较强

（一）住房和住房公用服务的公共产品属性界定

在俄罗斯，保障性住房属于准公共产品。一方面，保障性住房有明确的供给标准设定，只能由依靠自身收入无法购得住房的公民及其家庭居住，具有不充分排他性。根据俄联邦的《宪法》《住房法》及其他相关法律规定，由各联邦主体和自治机关对存量房进行清算，对保障房建设规模进行规划，为低收入群体和特殊职业群体公民及其家庭提供保障房。保障性住房利润过低，对私人企业的吸引力很弱，不具有竞争性。从微观层面来看，某些类型的保障性住房又存在一定意义的竞争性或排他性，例如俄罗斯目前着力建设的经济型住房，具有社会保障房和商品房的双重性质，有能力购买的公民均可获得其所有权，具有较强的排他性和竞争性。住房保障的另一个重要领域——住房公用服务也具有准公共产品的性质（见表1-3）。

表1-3　俄罗斯住房公用服务类型

特征	I 类	II 类	III 类
需求形式	公众需求	集体需求	个人需求
偿付形式	税收	公共缴费	个人支付
所有制形式	国家和市政机关所有	市政所有、私有、混合所有	市政所有、私有
服务种类	绿化、路灯、桥梁、道路、工程设施等	住房、电梯服务、固体废物清理、公共场所照明等	供排水系统、供气、供电、供暖、电话
经济组织形式	国家（市政）独资企业、开放性股份公司、私人和小型企业、私人房主联盟		

资料来源：Ряховская А. Н. Антикризисное управление жилищно-коммунальных муниципальных образований（вопросы теории, методологии и практики）//ИПК госслужбы РАГС при Президенте РФ. М., 2003. С. 134; Таги-Заде Ф. Г., Ряховская А. Н. Теоретические основы экономики городского хозяйства（на примере коммунальной деятельности）: учеб. Пособие. М., 2004. С. 36。

作为准公共产品，各类保障性住房和住房公用服务的运营应由不同的供给主体来提供，选择适当的财政机制来保障。

首先，公共产品理论的产生和发展要求明确界定政府和市场的责任范围：在市场经济条件下，资源配置效率得到提高的同时，产品和服务的价格均由供求机制来确定。因此，在私人物品的供给方面，市场机制往往比政府更有效率。然而，市场这只"看不见的手"并非万能的，由于"搭便车"等现象普遍存在，必须借助政府调控来进行纠正，需要逐步建立公平合理的制度安排。

其次，从公共产品和服务的基本特征来看，非竞争性表明其社会需求量巨大，非排他性说明收费机制很难确定，仅仅依靠市场机制很难达到最优配置所要求的供给数量，这就要求政府对市场进行适度干预。在这种情况下，公共产品和服务或由政府直接提供，或通过招标程序甄选私人部门参与供给。对于保障性住房等准公共产品，可以通过公私合作机制由政府和市场共同提供，并根据其公共产品属性的强弱有针对性地进行安排。

准公共产品供给主体的确定主要取决于资金来源的选择，即由市场投资还是由政府出资。保障性住房及住房公用服务拥有私人物品和公共产品双重性质，因此，无论是完全用市场来生产还是完全靠政府部门提供都是不恰当的。一方面，单纯由市场提供和生产虽可以提高运营效率，更好地解决经济中的激励问题，但有可能产生新的市场垄断，从而导致福利损失；另一方面，由政府部门供给可以实现其社会服务的供给职能，但同时也不可避免地会产生行政垄断现象，以及财政资金短缺造成的运营低效率。

俄罗斯在向市场经济转型过程中，由于存在居民实际收入水平下降、贫富差距巨大、低收入家庭数量增多、对保障性住房的需求量大等因素，使政府不仅要承担起为低收入群体提供购房和建房补贴，还需要通过提供投资和税收优惠来加大保障房和住房公用基础设施项目对私人部门的吸引力，即通过保证私人部门一定程度的获利来提高保障性住房的建设和充足供给，从而解决经济社会转型期居民的住房问题。

（二）公共产品理论的引入及其对住房财政保障机制的影响

无论在计划经济体制还是在市场经济体制条件下，就财政作为分配与再分配社会产品和国民收入这一职能而言，并没有多大区别，即国家都凭借政治权力取得财政收入，以此来为保证国家职能顺利实现提供财政基础。但财政在实现分配职能的过程中，采取的财政政策、政策目标、途径与作用，在不同经济体制条件下，则有很大的区别。在高度集中的计划经济体制下，作为国家经济管理的一部分，财政的特点可以简单归结为统收统支、包揽一切，即所谓的"生产建设型"财政。在市场经济条件下，政府则要建立起一整套相对完善的财政制度，承担起提供公共物品和服务、调节收入分配、促进经济稳定增长等任务，以完成公共财政职能。

转型国家财政面临的根本任务是建立适应市场经济体制的财政模式，即公共财政模式。俄罗斯在实行以建立市场经济为目标的经济体制转型后，对在传统的计划经济条件下形成的财税体制做了重大改革，力图使其适应市场经济发展的要求。总体来说，俄罗斯财税体制改革的基本方向是：根据市场与财政所满足的不同的社会需要来界定财政的职能范围，在合理划分中央与地方政府事权范围的基础上，实行分税制，以确立中央财政与地方财政之间的收入范围，根据事权范围划分支出范围。

与苏联时期相比，俄罗斯财政制度在各个方面均发生了巨大变化：其一，履行社会职能成为俄罗斯国家财政的核心，经济职能则被大大缩小，财政不再安排和从事经营性的投资支出，其范围仅限于工业能源、建筑和住房公用基础设施、交通和通信、农业和渔业等重点领域。其二，税收成为财政收入的主要形式，非税收入极大减少。苏联时期，国有企业利润缴款和周转税是国家预算收入的主要来源；苏联解体后，除部分国有企业上缴的利润外，俄罗斯财政收入的主要来源为税收收入。其三，财政收支规模明显缩小，"大政府、大财政"的局面不复存在。

1. 确立预算联邦制，合理划分中央和地方的财政关系

财政关系的核心是利益分配，合理划分各财政主体的职能范围和权责关系，是财政体制有效运行的基本前提。苏联解体之初，摆在俄联邦政府面前的首要任务是稳定宏观经济、抑制通货膨胀、控制飞速增长的财政赤字。当时财力紧张的中央政府为实现其稳定经济、控制赤字的施政目标，极力将财政收入集中于联邦中央，而将没有资金对应的支出责任转移给地方政府。这虽有助于减轻联邦政府的支出压力，但实际上，这是将联邦中央减少的财政赤字转嫁给了地方，使得地方政府面临的财权与事权矛盾更大。与此同时，由于俄罗斯各地方政府财源普遍不足，财政收入有限，且被不具透明度的收入补贴制度所困扰，导致各地方政府产生了不公平感。

为缓解联邦中央和地方政府之间的这种紧张关系，协调联邦中央与地方政府之间的财政收支，建立透明、公正的财政关系，俄罗斯在1993年颁布的宪法中对联邦中央和地方管辖权进行了原则性划分。其中，联邦中央政府负责全国性公共服务事业，如颁布联邦宪法和法律；发展国防和对外经济关系；制定经济、社会、文化和民族等方面的联邦政策；编制联邦预算，协调联邦主要经济部门的发展，如能源、原子能、交通运输等领域。与地方政府密切相关但地方政府无力独立承担或跨地区事务划归联邦中央和地方政府共同管辖，这类事务主要有：确保联邦主体法律与联邦法律的一致性；保障俄罗斯公民的权利和自由，保障法治和社会秩序；划分国家财产；统筹自然资源的占有、使用和支配；协调教育、科学、文化和体育、卫生保健及其他与居民生活密切相关的领域；制定国家政权机关和地方自治机关共同原则；协调各联邦主体间和对外（经济）关系。

然而，共同管辖权的存在也为俄联邦中央和地方之间事权的划分带来了新的矛盾：宪法并没有细分这些事权应由联邦和地方政府分摊的具体份额，导致联邦政府在将相应职能分派给地方的同时，却往往没有提供相应的资金保障。为此，在2003年颁布的《俄罗斯联邦自治机关基本原则法》中将共同管辖的对象逐一划归各级政府，不仅明确了相应的具体支出权限，还为每项职能都规定了资金来源。在依法划分事权的基础上，俄罗斯还通过《2005年前俄罗斯联邦财政联邦制发展规划》明确提出了划分中央与地方支出权限的五项基本原则：①从属原则，即负有某一支出责任的政府应尽可能接近预算服务的受益者；②区域一致原则，即对于履行支出责任的政府，其司法权力的有效范围和预算服务的收益范围应尽可能一致；③外部效用原则，即一项支出责任的社会相关性越广，则通常越应该由更高层级的政府负责；④区域差别原则，即在预算服务的提供与需求中，一项支出责任在地区之间的差异越大，越应由较低层级的政府负责；⑤规模效用原则，即通常预算支出的集中化有利于节约预算资金。①

通过对各级预算支出范围的划分，可以看出：俄罗斯将与国家整体利益相关、具有较强外部性特征的全国性公共产品和服务支出划为联邦支出，主要包括外交、国防、立法、司法以及能源、交通运输等联邦主要经济部门；而将与区域或地区关系密切的基础设施、地区专项规划、社会保障和服务、社会文化等领域的支出，划归为联邦主体支出范围。此外，向地方预算提供财政援助也成为联邦中央的一笔重要支出。② 显然，住房和公用基础设施建设主要属于地方政府的职责范围，其资金除来自本级预算支出外，更多的是依靠联邦预算的财政转移。

与此同时，预算联邦制的实现还要求合理划分税收职能、配置税收来源，使各级政府都能获得与其支出权限相对应的收入保障。为此，俄罗斯根据《俄罗斯联邦税收体制基本法》和《税法典》对各级政府的收入范围和税收权能进行了明确划分。所谓税收权能，主要是指各级政府在开征新税种、确定税率和提供税收优惠等方面的职责和权力。随着俄罗斯一系列财政、预算、税收法律法规的颁布，俄罗斯的税收权能划分也处在不断完善之中。

2. 政府间财政转移支付制度的建立及其基本形式

在公共财政改革过程中，为保障预算联邦制的顺利实施，俄罗斯制定了相应的政府间财政转移支付（трансферты）予以支撑。在俄罗斯，国家对地区进行的纵向经济调节主要是通过财政资金的转移支付来实现的，它体现了政府求取纵向财政平衡的意愿，即保证各级政府的收支大致均等。

根据《俄罗斯联邦预算法典》第 132 条，俄各联邦主体预算与联邦预算享有平等地位，其提供公共服务的财政耗费标准和最低预算保障标准，是联邦预算为各联邦主体提供财政援助，即实施转移支付的基础。俄罗斯财政援助的形式主要有：① 提供一般补助（дотация），用以实现联邦主体最低预算保障水平均等化；② 对某些支出提供专项补助（субвенция）和特殊补贴

---

① 童伟：《俄罗斯政府预算制度》，经济科学出版社，2013，第 89 页。
② 郭连成、车丽娟：《俄罗斯预算联邦制的改革与发展》，《俄罗斯中亚东欧研究》2009 年第 3 期。

（субсидия）；③提供预算贷款（кредит）；④提供短期预算借款（ссуда），弥补联邦主体预算执行中的临时性资金缺口。其中，一般补助、专项补助和特殊补贴是俄联邦转移支付的主要类型（见表1-4）。

表1-4　俄联邦转移支付主要类型

类型	定义	调节方式
一般补助	无偿地、不须返还地提供给其他级次预算，没有规定方向和限制条件，弥补经常性预算支出不足，拉平联邦主体间预算保障水平	联邦对联邦主体财政支持基金
专项补助	在联邦主体国家机关完成联邦或共同支出责任时，联邦预算对联邦主体预算的配套拨款	联邦社会支出共同拨款基金
特殊补贴	无偿地、不须返还地提供给其他级次预算或法人，用于保障按法律规定转移给联邦主体和地方预算的联邦支出责任的完成	联邦补偿基金

资料来源：童伟：《俄罗斯政府预算制度》，经济科学出版社，2013，第89页。

　　基于公共产品理论的财政制度改革，俄罗斯对于住房问题解决的政府责任及途径有了较为明确的区分与界定，联邦政府负责制定具有全国意义的联邦级住房发展规划，并通过联邦预算为规划拨款，而地方政府负责各项规划的具体实施，同时，还相应地制定本地区住房和公用基础设施发展规划并为其拨款。鉴于俄罗斯的住房问题不仅在某些区域较为严峻，而且在整个联邦境内都是亟待解决的重要问题，当前俄罗斯对于住房问题的财政解决模式主要是：住房保障财政资金主要来自联邦预算，根据国家优先项目和联邦住房发展规划，俄联邦财政部、地区发展部及建设和住房公用事业部都有义务对低级次预算提供财政援助。俄罗斯联邦政府通过专项补助和特殊补贴为地方住房及住房公用事业部门提供补充资金。

第二章 俄罗斯住房保障制度
改革的道路选择

独立之初，俄罗斯在住房领域继续沿用苏联时期的"剩余拨款"原则，将政府预算优先应用于生产领域，结余部分转给住房部门，帮助居民改善住房条件。然而，由于经济衰退、财政拨款急剧紧缩，居民住房建设得不到财政资金的有效保障，使俄罗斯住房公用事业的发展状况不断恶化，公用服务质量严重下降。因此，无论是改革者还是学者都认为，由国家直接分配住房和由国家直接投资、国有企业垄断经营住房公用事业的传统理念，与市场经济发展不相适应，必须对其进行改革。

从历史发展的角度来看，住房短缺问题的解决主要通过三种途径：自给自足、市场作用和国家保障。与苏联时期相比，俄罗斯的住房保障制度改革以私有化和市场化为特征。在转轨过程中，俄政府对居民的住房问题给予了充分重视，构建起多层次法律保障体系，在保障居民住房权实现的基础上，又明确划分了联邦中央及各联邦主体、地方自治政府应履行的职责。在改革路径的选择上，与社会经济转型相适应，俄罗斯首先进行了大规模的住房私有化，将公有住房无偿地划给居住在那里的居民所有；其次，对住房公用事业进行了市场化改造，为企业发展创造了良好的竞争环境。

第一节 以法律规范住房保障的制度基础

住房保障制度改革二十多年来，为居民提供住房保障一直是俄罗斯社会经济的优先发展方向。居住权保障作为当代民主法治国家社会保障体系中必不可少的一环，对俄罗斯促进住房经济发展、维护社会稳定、调节社会公平发挥了重要作用。

一　居民住房权保障的法律规范框架

《俄罗斯联邦宪法》（以下简称《宪法》）指出，俄罗斯联邦是社会福利国家，其政策目的在于创造保证人的体面生活与自由发展的条件。在俄罗斯联邦，人的劳动与健康受到保护，规定有保障最低限度的劳动报酬，保证国家对家庭、母亲、父亲、儿童、残疾人和老年公民的支持，发展社会服务系统，规定国家退休金、补助金和社会保护的其他保障措施。[①] 而住房保障作为社会保障的组成部分，也是俄罗斯社会政策发展的重要内容，公民的住房权理应受到宪法的规范和保护。

《宪法》第40条规定："①每个人都有获得住宅的权利，任何人不得被任意剥夺住宅；②国家权力机关和地方自治机关鼓励住宅建设，为实现住房权创造条件；③向贫困者或法律指明的其他需要住房的公民无偿提供住宅，或者根据法律规定的条例由国家的、市政的和其他住宅基金廉价支付。"也就是说，在俄罗斯，住房权属于公民的基本权利，即使在紧急状况下也不能受到限制或制约；俄联邦、各联邦主体政府和自治机关在住房领域的职能在于，从法律上协调并满足公民的住房需求，明确社会弱势群体所需的社会住房数量，鼓励并促进住宅建设发展。

《住房法》第3条规定："公民住宅不受侵犯，住房权不可被随意剥夺。""任何人未经允许无权擅自进入他人住宅，特殊情况除外（解救公民生命和财产，发生事故、自然灾害、民众骚乱或在其他紧急状况时为保障个人或社会安全等），任何人不得限制公民享受住房及公用服务的权利。"

综上可见，俄罗斯通过《宪法》和《住房法》构建了公民住房权保障的法律框架，有利于解决弱势群体的安居问题，缓解社会矛盾。此外，2004年通过的《城市建设法典》，对于推行城市建设规划、规范住房用地和住房建

---

① 　Конституция Российской Федерации, официальное издание, М.：Юрид. лит.，2005. C. 6.

设、实现住房用地公开拍卖、简化规划文件的审批和鉴定程序、为建筑商和市政公用设施建设项目提供贷款并设定专门的收费标准等都予以了明确规定。[①]俄罗斯还采取了诸多措施,特别是住房保障基金的有效利用和投资,对于国家宏观经济形势的调控具有良好的作用,同时也在一定程度上弥补了"市场失灵"。

二 基于法律规范的各级政府住房保障职责划分

根据俄罗斯《住房法》规定,俄联邦及各联邦主体、自治机关应在其权限范围内保障公民的住房权:①促进住房不动产市场的发展,为满足居民住房需求创造必要条件;②运用预算基金及其他合法货币基金改善居民住房条件,按规定程序提供购房和建房补贴;③通过廉价出租国家及地区、地方政府所属的住房,为满足条件的居民提供社会住房;④刺激住宅建设;⑤建立和保障住宅基金使用和监督机制;⑥及时在国家住房公用事业信息系统中发布相关法律消息等。

《住房法》明确划分了联邦中央和地方政府的住房保障权限。其中,俄联邦中央权力机关的职权可以归结为:

——制定和完善各类型住房建设制度,包括公民住房合作社和"俄联邦·住房"集团等的组织和经营制度;

——对不同社会群体实行差别化的住房政策,特别要制定对贫困居民和特殊职业群体的住房保障政策;

——制定俄联邦住房清算制度,包括不适宜居住的住房赎回、相关公民的住房安置、确定住房改造和重新设计的条件等;

——制定住宅和市政服务登记、支付和结算制度,明确公寓楼使用规范;

——对联邦主体和自治机关所属住房使用和安全性进行监督,确定资本维修的最小额度,建立公寓楼大修公用基金等,同时,制定社会住房监督机制及对各联邦主体相关执行机关监督人员的职位任免制度。

而俄联邦主体和自治机关的职权主要包括:

——制定联邦主体和自治机关的住房保障制度和地区发展规划;

---

① 高际香:《俄罗斯民生制度:重构与完善》,社会科学文献出版社,2014,第 143 页。

——确定符合家庭成员收入和资产的房产税征收规模，根据社会住房租赁合同为弱势群体提供住房；

——确定符合俄联邦法律规定的应获得住房保障的公民，并根据社会住房租赁合同为其提供住房；

——制定联邦主体和自治机关住房清算制度，包括不适宜居住的住房赎回、相关公民的住房安置、确定住房改造和重新设计的条件等；

——对联邦主体和自治机关所属住房使用和安全性进行监督，确定资本维修的最小额度，建立公寓楼大修公用基金等。

可以发现，联邦政府负有的责任主要在于：制定和完善住房保障制度，为不同社会群体设计有针对性、差异化的保障政策和保障房供给模式；对全俄范围内的存量住房进行清算，并对各联邦主体和自治机关住房保障义务的履行进行监督。而地方政府的责任主要在于：住房保障政策的具体执行，包括制定联邦主体和自治机关的住房发展规划；确定符合家庭收入和资产状况的房产税征收规模，遴选符合联邦法律规定应获得住房保障的居民家庭；对辖区内存量住房进行清算，等等。

第二节　以私有化改革提高住房保障的总体水平

20 世纪 90 年代以来，俄罗斯的所有制结构发生了巨大变化：通过大规模的"证券私有化""货币私有化""个案私有化"，计划经济体制的所有制格局被彻底打破，国有经济不再具有绝对的统治地位。为配合产权制度的私有化进程，俄罗斯对住房体系也进行了根本性的私有化改革。俄罗斯住房私有化改革是在《宪法》框架下有序推进的，具有"法治意识强、改革起点高，但落实不得力、立法需要不断更新"等特点。[①]

一　住房私有化的方式选择及其本质属性

在苏联时期，整个国家是没有私有财产概念的，尤其在不动产方面。苏联

---

① 余南平：《俄罗斯与中国社会经济体系改革进程与模式比较研究——以俄中住房体系改革为视角》，《俄罗斯研究》2010 年第 2 期。

解体后，市场经济关系的确立不可避免地要引入私人财产所有制，以合理的方式将住房从国家所有转变为私有财产的过程，被称为住房私有化，其理论出发点是每个公民均具有获得和自由处置自有住房的权利。

住房私有化在国际上没有可以借鉴的经验。因此，对于住房所有权以何种形式转让的问题，俄罗斯经历了一个从有偿到无偿的转化过程，也先后出台了一系列法律法规，对住房转让的原则做出了明确规定。

在住房私有化改革初期，为最大限度保障国家利益，俄罗斯以当时的市场房价作为国有住房出售的标准。但由于其时房价与居民收入相比较高，住房有偿转让意味着民众需要支付很大一笔钱才能把房子买下来，因此，有能力买房的只有为数不多的一部分人，这使得公房出售难以进行。随后，俄罗斯政府又提出了"补偿性"原则，通过综合考虑两个因素来确定所有权转让的形式：一是确定每平方米房屋的标准价和实际价；二是落实到居民头上的人均标准面积和实际面积。若实际面积低于标准面积，居民不仅可免费获得现有住房，还可获得适当的补偿，相反，若超过标准面积，公民则应在缴纳一定的费用后才可获得现有房屋，这种为居民提供的补偿以及居民缴纳的费用均纳入地区政府预算。为避免国有资产的更大流失，1991 年 7 月 4 日出台的《俄罗斯联邦住宅私有化法》摒弃了"补偿原则"，只规定要对超出标准面积的部分进行付款，但这种"付款原则"在一定程度上又阻碍了住房私有化进程。[①] 1992 年12 月 23 日，俄罗斯进一步颁布了《关于对〈俄罗斯联邦住宅私有化法〉的实施修改和补充法》（以下简称《住宅私有化法》），该法取消了所有的付款，使住房无偿性私有化的原则得以最终确立。

俄罗斯《住宅私有化法》的颁布为住房私有化改革奠定了法律基础。应该说，"住房私有化"不仅对俄罗斯法律体系来说是新的概念，对世界法学界亦是如此。该法将"住房私有化"定义为：在自愿的基础上，根据居民的实际居住地将国家所属住房无偿转移到居民手中。居民在国家不动产权利统一名册中登记后，即获得了该住宅的所有权。此外，《住宅私有化法》对改革需要

---

① Постановление ВС РСФСР от 04.07.1991 г. № 1542-1，О введении в действие Закона РСФСР «О приватизации жилищного фонда в РСФСР» // Ведомости СНД и ВС РСФСР. 1991. 11 июля. № 28.

遵循的原则也有较为详尽的阐述，其中最重要的原则是自愿性、无偿性和一次性原则①，俄罗斯此后与住房私有化相关的一切社会关系均在此基础上产生和实现。

俄罗斯学界对住房私有化的定义则较为宽泛。由于住房私有化与俄罗斯经济转轨、所有权制度变更以及国家全方位改革密切相关，因此，一些学者将住房私有化定义为所有权的转移过程，或者说产权从国家和市政机关转移给私人的过程。一些学者认为，国家或市政机关对其所属住房的任何割让行为均可视为住房私有化的进程，它可以包括无偿和有偿两种形式。② E.A. 切夫拉诺娃将住房私有化理解为"住房所有权由国家或市政机关向个人或法人转移"③。K.A. 戈卢霍夫也持有相同观点，他将住房私有化过程分为以下四种形式：一是居民根据私有化法案的规章获得住房；二是居民在付全款的条件下获得自有住房；三是居民或法人通过拍卖获得自有住房；四是住房合作社以居住或开发为目的获得住房。④ T.B. 阿斯托娃和 И.C. 维克多罗夫将住房私有化看作"转轨时期国家社会政策的主要方向之一"；⑤ И.K. 谢马科夫指出："住房私有化无疑是所有权制度改革的重要组成部分，同时也是国民经济向市场关系转变的必然过程。"⑥ E.И. 涅梅舍娃认为，住房私有化的目的是深化所有制关

---

① 俄罗斯住房私有化遵循以下原则。（1）自愿性，即任何有意愿进行住房私有化的俄联邦公民和法人，均可根据《住宅私有化法》及其他相关法律规定，签订私有化合同，任何人也无权强迫其他人进行住房私有化。当家庭中任何一个成年公民或14~18岁的未成年公民拒绝私有化时，其共同居住者均无法获得该住房的所有权。此外还需要征求虽目前未居住于该住房但对其拥有使用权利的公民同意；无意参加住房私有化的公民需要向各市政单位财产管理委员会递交书面申请。（2）无偿性，即公民具有免费私有化权利，只需要支付相关的文件费用及进行所有权登记时产生的相关税费。（3）一次性，即每个俄罗斯公民有且仅有一次住房私有化的权利（《住宅私有化法》规定未满14岁的公民具有两次无偿私有化的机会，作为家庭成员他可以随父母一起享有私有化权利，此外，成年之后仍可以进行一次免费私有化）。

② Крашеников В. П. Приватизация жилья. Права граждан до и после приватизации / В. П. Крашенинников. М. : Статус, 2006.

③ Чефранова Е. А. Приватизация жилищного фонда / Е. А. Чефранова. М. : Изд-во Российской правовой академии МЮРФ, 1994.

④ Глухов К. А. Вопросы приватизации жилых помещений// Государство и право. 1992. № 9.

⑤ Ашиткова Т. В. Правовое регулирование и практика применения законодательства о приватизации жилых помещений / Т. В. Ашиткова, И. С. Викторов // Жилищное право. 2006. № 7.

⑥ Семаков И. К. Ещё раз о приватизации жилья// Жилищное право. 2006. № 10.

系，加强住房管理中个人的作用。[①]

二 住房私有化改革与居民住房权的实现

住房私有化的核心，是把国家的住房所有权无偿转让给居住在那里的私人所有，以实现公有住房的所有权转换，为住房市场的形成和发展奠定法律基础。俄罗斯重视住房私有化的推进，因为它不仅牵涉广大民众的切身利益，同时也是振兴国家经济的重大举措。为此，俄罗斯在住房私有化改革方面采取了多种方法与手段，也取得了一定的成效。

首先，住房私有化改革帮助俄联邦居民（特别是低收入群体）获得了住房所有权。1990 年 12 月 24 日颁布的《俄罗斯苏维埃社会主义共和国所有制法》规定，国家所属住房的承租人有获得住房所有权和出售房屋的权利。《俄罗斯联邦住宅私有化法》则正式确定了俄联邦居民有将其占用的住宅转为私人所有的合法权利。为明确居民住房面积标准并完善拨划体系，俄罗斯发布了政府决议《向新的住房及住房公用服务支付体系过渡》，规定了住房私有化的四个联邦标准：①住房面积的社会标准；②与房价、房屋修缮费以及城市服务标准相适应的公民购房付款标准；③居民用于购买住房和支付城市服务费的承受力标准；④每平方米住房的城市服务收费标准。

对于住房面积的社会标准，俄罗斯比较务实地采用双轨制，由政府规定联邦标准（无偿转归居民所有的住房面积按人均住房面积确定，对于一人家庭，人均标准为 33 平方米；对于两人家庭，人均标准为 22 平方米；对于三人或三人以上家庭，人均标准为 18 平方米，特殊条件下，可按住房性能再额外向每户提供 9 平方米），地方一级可自主规定地方标准。公有住房按统一标准无偿转归居民所有，超标部分由居民自己购买，按一次性付款或分期付款方式解决。这些政策与法规的出台，为住房私有化政策的推行和居民住房所有权的获得奠定了良好的基础。

其次，住房私有化改革促进了俄罗斯居民住房观念的转变。独立伊始，俄

---

① Немышева Е. И. Законодательство Российской Федерации о приватизации жилищного фонда. Журнал правовых и экономических исследований，2011，4：59-64.

罗斯沿袭了苏联时期的住房制度，居民的住房观念也表现出较强的依赖性，大多数人不愿意自己出钱买房，而是习惯性地将获得住房、改善居住条件的希望寄托在政府身上，从而对住房制度改革带来一种压力。通过住房无偿私有化，俄罗斯居民不仅免费获得了现有住房，而且可以自由流通的住房还相当于一笔可观的资产，使居民的切身利益得到显著提高。居民不再消极地等待国家分房，而是积极投入住房私有化过程，有效地促进了俄罗斯住房私有化的推进和发展。

与此同时，住房私有化改革也改变了居民对住房的从属地位。住房产权转换之后，居民成了住房的主人，他们可以根据自己的意愿将房屋出租、转让或赠予他人，为住宅资源的自由流通创造了条件，也给居民的生活带来更加便利的条件，例如出售住房获得的资金可用来购买更为舒适、地理位置更优越的新建或存量住房，还有可能获得新旧住房之间的差价；若房主将住房出租，租金可以成为其稳定的收入来源，通过签订租约，租户除定时缴纳租金外，还负责将住房维持在良好的状态；若政府将应私有化的住房列入危旧住房名单，房主还可以获得不小于当前居住面积的新公寓；按规定，未缴纳公用服务费（水电费等）的居民无法从私有化住房中迁出，若债务金额接近该公寓的市场价格，法院会将其挂牌出售，抵偿欠款之后可以将余额还给房屋所有者，也可为其提供相应面积的住房；在申请出国签证时，私有化住房还是很好的资产凭证，以降低拒签的可能性等。

上述种种优势，对于俄罗斯住房私有化改革都起到了巨大的推动作用。根据俄联邦国家统计局数据，1990 年，俄罗斯公房所占比例约为 67%，其中联邦所属住房占 41.7%，地区政府和市政所属住房占 25.2%；到 2014 年，公有住房比重仅占到了 11.1%，联邦所有住房从 1990 年的 41.7% 降至 3.4%，地区政府和市政所有住房比重也从 25.2% 降到了 7.7%。[①]

表 2-1 显示了 1990~2018 年俄罗斯住房私有化改革的完成情况。如表所示，1990~2018 年，俄罗斯私有化住房数量已从 5.3 万个增加至 3098 万个，

---

① Людмила Г. Р. Анализ состояния жилищно-коммунального хозяйства России в современных условиях. Вестник Московского университета имени С. Ю. Витте. Серия 1: Экономика и управление · 2015' 2 (13).

然而私有化目标的完成度近年来推进缓慢，尤其是在 2015 年甚至出现了负增长的情况。这表明依然有不少居住在危旧住房中的民众在等待搬迁，大量低收入居民尚未获得私有化住房。俄罗斯政府曾多次延迟住房私有化结束期限：从起初规定的 2007 年前，至 2010 年、2013 年、2015 年和 2018 年 3 月。通过延迟住房私有化期限，可以保障更多的居民能够获得私有化住房。当时的想法是，2018 年 3 月后，俄联邦普通公民的住房私有化结束，仅保留三类居民的私有化权利：孤儿；克里米亚和塞瓦斯托波尔的公民；2012 年认定的居住在危旧房屋中的公民。2017 年 2 月 22 日，俄罗斯通过了第 14 号联邦法，取消了对住房私有化期限的限定，从而实现了住房的长期私有化。① 俄罗斯政府此举可能基于以下几点考虑。一是居住在要拆除的破旧房屋中的大部分居民，在搬迁到新公寓之前，不可能行使住房私有化的权利。比如，一个五口之家住在 40 平方米的已认定为危房的市政公寓之中，若将其现有住房私有化，搬迁后只能为他们提供相同面积的公寓。如果推迟私有化，那么分给他们的新住房面积可达到 80 平方米。二是根据社会租赁协议排队等候社会住房的公民，由

表 2-1　1990~2018 年俄罗斯住房私有化改革完成情况

年份	1990	1995	2000	2005	2006	2007	2008	2009	2010
私有化住房数量（万个）	5.3	1248	1735	2367	2515	2584	2644	2767	2846
住房私有化目标完成度（%）	0.2	36	47	63	66	69	70	73	75

年份	2011	2012	2013	2014	2015	2016	2017	2018	
私有化住房数量（万个）	2875	2916	2984	3016	3056	3076	3090	3098	
住房私有化目标完成度（%）	76	77	78	79	77	81	81	82	

资料来源：俄联邦国家统计局网站，http：//www.gks.ru/wps/wcm/connect/rosstat_main/rosstat/ru/statistics/population/housing/#。

---

① Президент России подписал Федеральный закон о бессрочной бесплатной приватизации жилья. http：//www.kremlin.ru/d/53925.

于在 2025 年前很难将排队等候的公民住房全部解决，住房私有化结束可能会剥夺这些公民获得住房私有化的机会。三是克里米亚和塞瓦斯托波尔的公民，无法在其广袤的领土上进行快速、大规模的住房私有化，同时可能滋生腐败。四是取消免费私有化可能会引起俄联邦社会局势紧张，尤其是社会弱势群体的利益将受到巨大冲击。[①]

应该说，俄罗斯住房制度改革的主要成果得益于大规模的住房私有化。从住房私有化的规模、数量、速度、面积、政府职责履行和民众满意程度等角度来看，俄罗斯的住房私有化取得了较为显著的成效。私有化在很短的时间内成功推进，首先在于它符合了政府的利益。政府通过住房私有化履行了为居民提供住房的义务和责任，又使自身从住房财政保障的重担中解脱出来。其次，将国家和地方政府所属资产转移到住房公用服务企业手中，意味着企业获得了实现自身经济利益的自由，也增强了这些市场经济主体投资建设和服务供给的积极性。然而，说俄罗斯的住房私有化改革已取得了最终的成功，还为时尚早，因为俄罗斯在通过住房私有化保障居民获得自有住房的同时，也带来了诸多其他方面更为严重而复杂的问题，这些问题的解决更要费时费力。

三 过度私有化引起的社会不公和住房负担沉重

由于俄罗斯的私有化进行得十分仓促，无视法治的现象也非常普遍，使其成为犯罪行为滋生和增长的主要诱因。也正因此，不少俄罗斯人认为"私有化是一种犯罪行为"。

在俄罗斯的住房私有化进程中，也暴露出一些问题，主要体现在以下几个方面。（1）俄罗斯实行大规模的住房私有化改革后，可供无偿分配或以优惠价出售的住房日益减少，导致低收入无房户增加。1990 年就已排队等待住房保障的家庭中，能够获得新住房的家庭仅占到 14%，平均等待时间为 7 年，到了 1999 年，仅有 5% 的家庭能分到住房，即平均等待的时间变为 20 年。（2）俄罗斯各大城市房价持续上涨，使得低收入家庭乃至相当一部分中等收

---

① Сроки приватизации жилья: до какого года продлена бесплатная приватизация квартир. https://ros-nasledstvo.ru/sroki-privatizatsii-zhilya-do-kakogo-goda-prodlena-besplatnaya-privatizatsiya-kvartir/.

入家庭无力购买住房。1999 年俄罗斯平均房价收入比①达到了 6.2，而国际公认的"合理的房价比"为 3~6；公民对住宅的购买能力低下，不仅造成了大量空置楼房的积压，同时也进一步影响到住房市场的发展。（3）从全俄范围来看，住房市场发展很不平衡，一些地区发展较快，而另一些地区发展较慢，甚至仍停留在原有的运行机制水平之上，仍在推行无偿分房制度。（4）住房私有化改革导致国家、地区和市政住房所有权的实质性减少，但这并不代表民众生活水平和居住条件得到改善，这一点或可通过国际比较来证明：后苏联空间的中亚大部分国家私有住房都已达到 90% 以上，俄罗斯、白俄罗斯、西班牙占到 80% 以上，希腊、拉脱维亚、挪威等国私有住房比例为 70% 以上，而奥地利、丹麦、荷兰、芬兰、法国和捷克等这一比例仅占到 60% 左右，因此有专家认为，在生活水平较高的国家，其私有化住房所占比重大多低于俄罗斯。②（5）住房私有化后房主虽获得了所有权，但同时也承担起一系列责任。由于国家不再提供任何住房费用补贴，业主需要对住房进行及时养护和维修，即使由于不可控因素导致了住房受损，国家也不会为其更换新房，住房保险成为避免流落街头的最可靠保障；此外，业主须缴纳房产税（2015 年起，俄罗斯房产税税率根据住房的地籍价值来核算），这在很大程度上加重了房地产所有者的税收负担。

俄联邦《住房法》规定，公民自愿行使私有化权利。公民有权决定自己追求的目标，但也应清楚这将对其本人及共同居住者带来什么样的法律后果和物质损失。目前，仍有 12.7% 左右的俄联邦公民没有依法进行住房私有化。其中的原因有很多，主要包括需要排队等候的时间太长、登记文件过于烦琐、居民对相关法律规定不理解等。有时也会因为共同居住者不同意，或认为居住在非私有化公寓中对自己更为有利，等等。

由此可见，俄罗斯住房私有化虽在一定程度上保障了居民住房可获得性的

---

① 该指标是指一个国家一套标准住房面积乘以当年的住房平均价格再除以家庭年收入，它反映了居民家庭对住房的支付能力，比值越高，支付能力就越低。目前国际上公认的"合理的房价收入比"是 3~6。

② ЛюдмилаГ. Р. Анализсостоянияжилищно - коммунальногохозяйстваРоссиивсовременныхусловиях. ВестникМосковскогоуниверситетаимениС. Ю. Витте. Серия 1: Экономикаиуправление · 2015' 2 (13).

提高，但居民的生活质量并没有得到实质性的改善，反而获得房屋产权后应承担的责任还给普通居民带来了较大的压力。

第三节　以竞争机制促进住房公用事业的市场化改革

在俄罗斯，住房公用事业（жилищно-коммунальное хозяйство，ЖКХ）从广义上讲指整个住房事业，狭义是指与居民住房舒适性密切相关的公用服务事业，是保证住房基础设施工程正常运行的经济领域，它包括住房经济和公用事业经济两个主要分支。住房经济并不包括住宅建设周期内的所有问题（规划—建设—运营和清算），而只考虑与运营相关的问题，即公用服务的供给，包括房屋维修、技术服务和电梯业务等；公用事业经济包括供电、供暖、供气、给排水和垃圾处理等与居民住房舒适性相关的基础设施服务业务。[①] 值得注意的是，住房经济和公用事业经济的法律和经济性质完全不同：住宅房地产行业是一个潜在的竞争关系领域，每个公寓楼的房主都是公用服务的客户，在理想情况下，他们可以提供一些管理和维护房屋的建议；由公共机构建立监管法律框架，即"游戏规则"，保证房主和为其提供服务的商业主体之间的关系是清晰、诚实和互利的。而公用事业经济部门通常涉及供热、供水等自然垄断部门，需要地方政府来组织和协调，这其中隐藏着价格监管工具，即行政影响力的衡量标准。优化这些主体之间的关系影响到俄罗斯住房公用事业改革的成败。

住房公用事业已成为俄罗斯主要的基础设施部门之一，或多或少地存在于国民经济的各个领域。在俄罗斯，住房公用事业综合体的年均营业额超过4万亿卢布，超过俄罗斯GDP的3%。其中居民缴纳的公用服务费达到2万亿卢布（其余部分为商业实体和预算机构支付）。总体而言，向居民全额支付的过渡已经完成，资金筹集度也较高。大量住房公用基础设施系统的管理已经转移到私人运营商手中。此外，确定了住房领域公私合作的主要形式——特许协议。

与此同时，住房公用服务的成本和质量依旧是俄罗斯居民关注的焦点之

---

① 叶召霞：《试析当代俄罗斯住房公用事业改革》，《俄罗斯研究》2013年第4期。

一。根据 2017 年底俄罗斯战略制定中心对地方自治政府代表的调查，84%的受访者认为，"住房和公用基础设施严重老化"是俄罗斯城市发展最重要的问题。居民对城市问题的看法虽有别于政府代表，但就住房公用综合体而言，基本上得出了一致的结论。① 也正因此，俄罗斯联邦提出了政府优先项目——"舒适的城市环境"和"保障住房公用服务质量"。2018 年，联邦预算拨款 205 亿卢布对此予以支持。根据 2018 年 5 月 7 日第 204 号"新五月法令"，"住房和城市环境"已被列为国家项目（第三章将详细论述），也就是说，在住房公用服务议题中加入了与城市垃圾填埋场的安置和运行相关的环境主题。

一　竞争机制的引入与发展

住房公用事业改革是俄联邦政府为提高居民生活质量而采取的综合性措施，是住房改革的主要组成部分。创造可靠的竞争环境是俄罗斯住房公用事业改革的中心思想，也是俄住房改革的概念框架之一。俄罗斯改革者和学者均认为，只有创造出竞争环境才能有效解决居民住房领域存在的问题。相对于其他领域的改革，俄罗斯在住房公用事业领域的改革起步较晚，进程也较为缓慢，大致可以分为竞争环境初步形成、竞争机制的最终确立两个主要阶段。

在俄罗斯改革初期流行一种观念，认为住房公用事业是具有潜在吸引力的部门，而竞争环境的缺失严重阻碍了这种吸引力的实现。基于此，俄罗斯政府逐步确定了住房公用事业的发展目标：①打破对住房公用服务体系的垄断，发展竞争关系，以适应市场经济的运作规律；②居民根据物业维护和公用服务的市场价格缴费，企业逐步实现自负盈亏。改革方案的制定者们坚信，这些目标可以在短期内快速实现，从而使政府从住房领域的财政重负中解脱出来。

为实现上述改革目标，俄罗斯政府出台了若干法律法规，明确规定住房公用事业的改革方向，并设定了具体期限。1993 年 9 月 22 日，俄联邦通过第 935 号政府决议《向新的住房及住房公用服务支付体系过渡》，规定 1998 年前

---

① Жилищно-коммунальный комплекс: между политикой и экономикой. Экспертно-аналитический доклад. Центр стратегических разработок. https://www.csr.ru/wp-content/uploads/2018/10/Report-ZH-KH-H-internet-fin-1.pdf.

要实现公民全额缴纳住房公用服务费,同时,有针对性地为低收入群体提供预算补贴,确立社会弱势群体保护机制。1997 年 4 月 28 日,俄政府又出台了《俄联邦住房公用事业改革构想》,该构想成为此后俄住房公用事业改革的基础性文件。构想中指出,俄罗斯住房公用事业正处于危机状态,而摆脱这种状态需要改变公用服务支付体系,由主要依靠财政预算拨款变为由用户全额承担。同年 5 月通过了第 621 号政府决议《住房和公用服务缴费新体系的联邦标准》,引入了居民支付住房公用服务的新联邦标准,并规定 2001 年前应将居民平均支付率提高到 62.3%。

通过分析上述法律文件可以看出,该阶段俄罗斯住房改革的基本方向是:改变住房公用服务费的支付方式,实现住房公用服务企业自负盈亏并消除行业垄断,履行国家对低收入群体的社会义务等。在改革过程中,俄联邦各级行政机关根据具体情况,对未完全落实的政策进行必要的修订和补充,为其后续发展提供了法律依据和稳定的社会基础。

然而,这些法律文件中规定的目标和任务是超前的,并不十分切合实际。在《向新的住房及住房公用服务支付体系过渡》出台之后的 1994 年,俄罗斯的住房公用服务价格飞涨了 14 倍,财政收入降低导致对住房公用事业的拨款减少了 1/3,仅占到该行业所需资金的 60%~65%,实际能够获得住房公用服务补贴的居民占比也随之降至 28%。面对住房公用服务价格飞涨和政府补贴锐减的双重打击,居民根本无力全额缴纳住房公用服务费,因此,俄罗斯政府不得不取消预先设定的期限,并通过修正案,将任务完成期延至 2003 年。[①]1997 年,俄罗斯居民的公用服务支付率仅达到 39%,其余部分仍需要地方财政补贴,给地方政府造成了沉重的负担。从总体上讲,这一阶段俄罗斯住房公用事业的发展依然需要大量财政拨款,住房公用事业的管理机制效率依然较为低下,住房和工程状况逐年恶化。

进入 21 世纪以来,俄罗斯政府高度重视住房问题,提出要加快发展市场竞争关系,打破住房公用事业的垄断,在提高服务质量的同时降低服务费用,

---

① Постановление Правительства РФ от 18 июня 1996 г. № 707 "Об упорядочении системы оплаты жилья и коммунальных услуг" вместе с Положением о порядке предоставления гражданам компенсации (субсидий) на оплату жилья и коммунальных услуг.

并加强对公用事业企业支出的监管。

2001 年，俄罗斯总统普京在国务委员会会议上承认："在住房公用事业改革的事情上，我们睡过头了，醒来时，开始为住房公用事业的状况感到恐惧。"[1] 由此，俄联邦出台了《住房公用事业综合体的改革和现代化》文件，开启了俄罗斯住房公用事业改革的新阶段。为配合改革和现代化发展规划，俄罗斯还颁布了《俄联邦住房公用事业价格和税费政策构想》及其他一系列法律规范文件，并建立了联邦定价中心，在各联邦主体和自治机关还成立了公用服务价格和税费协调机构。

为更好地促进住房公用事业改革，俄罗斯进行了较大规模的法律体系建设。(1) 2004 年《住房法》的颁布，使住房的养护及维修、住房公用服务的提供、公用事业服务费的缴纳等成为法律的主要调节对象。该法将公民支付住房公用服务费的标准上限设定为其家庭收入的 22%，超过此标准的家庭有权申请国家补贴，国家据此承担对低收入群体的住房保障义务。(2) 制定《公用综合体费率调节基本法》[2]，明确了住房公用事业服务费的定价原则和基础，并划分了联邦中央、各联邦主体和地方自治机关在制定服务费率方面的权限。(3) 2007 年，俄罗斯成立了"住房公用事业改革基金"，为住房私有化程度达标地区拨付资金，用于危旧房改造和居民的搬迁安置工作，同时联邦政府还要求地方当局提供相应数额的配套资金。该基金在推动住房公用事业改革、形成高效的住房管理机制、引入和推广节能技术等方面发挥了积极作用。此外，俄罗斯各级政府还鼓励消费者节约用电，鼓励生产者采用节能设备、安装计量仪表等。

这一阶段，俄罗斯的私人企业开始展示出对住房公用事业的积极性。私人房主联盟（ТСЖ）的出现打破了俄罗斯住房公用服务行业的政府垄断，随着有针对性的补贴体系的实质发展，俄私人资本也开始逐渐参与住房公用服务的供给中来。在住房和住房公用事业领域，真正的市场环境正缓慢地形成。时任俄联邦地区发展部部长 В. Ф. 巴萨尔京在全俄住房公用事业工作会议中指出，

---

[1] http：//maxpark. com/community/1574/content/3606277.

[2] Российский закон 《 Об основах регулирования тарифов организаций коммунального комплекса》, принят государственной думой 22 декабря 2004 г. No.210// Российская Газета. No. 3669. 31 декабря 2004 г. .

俄罗斯已经为住房公用事业的高效发展奠定了基础，无论是在法律规范、管理组织机构改革，还是在财政保障方面，国家知道如何使该行业稳定发展，尽管目前这些预期目标还没有实现。[①] 俄地区发展部认为，改革保障了俄住房公用事业向市场化的过渡，企业因此获得的经济自主性和独立性，使其有能力满足自身利益的实现。

此外，由于民众还不理解市场经济的法则，在各种市场主体冲突和对抗的条件下还不善于捍卫自己的权利，2010 年初，俄联邦批准并组织实施了"住宅管理"（управдом）项目，在为居民建造公寓楼的同时，致力于培养专业管理人员，以逐步降低住房公用事业领域的社会紧张程度。在该项目的实施过程中，俄罗斯政府还通过广泛应用节能技术和能耗监测工具，逐步降低了住房公用服务的开支，确保了私人经济效率与居民住房保障之间的平衡。私有房主虽需要为专家支付工资，但这类支付并未成为其额外的经济负担，因为公寓管理效率的提高使住房公用服务费有了大幅度下降。居民在获得管理住宅必要的信息、知识和技能的同时，管理公有财产的责任意识也有所加强，从而促进了财政资金和资源的合理利用。在"住宅管理"项目框架下，成立了居民住宅管理公司的自我调节机构（СРО УК），使其能够联合起来共同捍卫自身的权利，保证了居民住宅管理公司在激烈的市场竞争条件下的有效运作。[②]

2011 年 12 月，俄联邦第六届国家杜马组建了"住房政策和住房公用事业委员会"，使住房公用事业改革的组织保障更加完善。通过委员会讨论，俄罗斯开始运用节能新技术和可更新燃料动力资源对住房公用事业进行现代化改造；通过发展住房管理和服务领域的竞争关系，改善服务质量；通过完善费率政策，保证居民交得起住房和公用服务费用；通过吸引私营企业投资住房公用事业，发展公私合营机制，提高住房舒适性，这些已成为俄住房公用事业改革的优先发展方向。

[①] Тезисы доклада министра регионального развития Российской Федерации Басаргин В. Ф. на X Всероссийском форуме жилищно-коммунального хозяйства, 2009 г. .

[②] Ряховская А. Н. Условия и факторы развития института саморегулирования в России. Эффективное антикризисное управление. 2010. № 4. С. 64—69.

二 竞争机制对住房公用事业的影响

通过对俄罗斯住房公用事业改革进程的分析可以看出，俄政府制定了一系列法律法规并不断对其进行完善，通过去垄断化、发展商品关系和市场竞争使住房公用事业日益摆脱困境，努力为居民提供优质的公用服务。可以说，自苏联解体以来，俄罗斯住房公用事业的市场化改革虽相对滞后，却扮演了"缓冲区"的角色，有效地缓和了转型期的社会矛盾。

首先，俄罗斯通过总统令和政府决议等形式，制定了多项相关法律法规，为住房公用事业改革提供了法律依据，并在实施过程中根据实际情况适时进行补充和修订。其中某些法律文件修改的时间间隔之短，甚至给人以"朝令夕改"的感觉，但很好地推动了住房公用事业改革的发展。

其次，进行住房公用服务费率改革，建立了有针对性的社会支持系统。住房公用服务费基本过渡到居民全额负担，国家仅对联邦法律规定的低收入群体提供补贴，财政压力因此大大减轻。这有利于缩小贫富差距、实现社会公平，也为其他领域的改革提供了稳定的社会基础。

再次，完善居民住房的管理体制。俄联邦《住房法》规定，居民楼必须由居民、管理公司或业主成立的住房协会进行管理。这三种管理形式各有利弊，但由于俄罗斯城市中居民楼、大型住宅集团众多，实行世界上通行且效率较高的住房协会管理形式比较合理。在这种管理模式下，业主积极参与住房管理，监督并促使住房公用服务费用透明化，因此成为俄联邦政府鼓励和提倡的一种高效管理方式。

最后，发展住房公用事业的市场竞争关系，通过去垄断化优化企业的发展环境。同时，降低中小企业参与住房公用事业的门槛，吸引中小企业参与住房公用服务的供给。俄罗斯战略制定中心的专家报告中甚至提出使用"住房公用综合体"（Жилищно-коммунальный комплекс）来表示与住宅房地产（通常是公寓楼）的专业管理和维护相关的经济部门，并以此取代"住房公用事业"一词，因为该部门存在诸多拥有不同任务和利益的"玩家"，而不仅仅是苏联时期国家统一运营的经济形式。报告称，保留该术语似乎意味着在某种程度上鼓励政府对该部门进行直接管理，不利于私人房主、商业实体和地方自治政府的参与。[①]

　　然而，由于改革的不彻底和改革方案的不尽完善，俄罗斯二十余年的住房公用事业改革并没有取得预期的成效，住房公用事业部门也未能如期转变成有效的经济部门，相反，它在某些方面还为住房公用服务效率的提高和质量改善增加了难度。例如，部分改革致使俄住房公用服务费用急剧上涨，对于低收入群体特别是贫困人口来说，他们只能依赖预算资金的补贴，但住房公用服务的获取越来越困难，程序越来越复杂，使其获得相应补贴的成本不断上升。而对于提供公用服务的企业来说，获得的部分预算资助远远无法弥补居民长期拖欠的住房公用服务费，不少企业因此处于亏损状态之中，部分企业甚至随时面临破产的风险。[②]

　　首先，俄罗斯在保障公用服务供应商利益的同时，忽视了居民消费者的利益。实践证明，地方法律施行得越严格，公众对其规范住房公用事业秩序的能力评价分歧就越突出，换句话说，在公共改革目标设定和实施办法等方面，俄政府和居民开始变得针锋相对。2006年之前，对于俄联邦实行的各项住房公用事业改革措施，居民总体上持积极态度，因为他们期望能从中获得利益。然而，当他们逐渐发现这使其最重要的基本生活服务费用大幅度提高时，他们便开始对新颁布的住房公用事业相关法律持消极甚至抵制的态度。居民们认为，住房公用事业改革对他们来说已成为沉重的"十字架"，国家企图将自己的责任推卸给居民，从而使政府从负重中解脱出来。

　　其次，有专家认为，俄罗斯住房公用事业在市场化改革过程中面临困境的主要原因在于，其改革思路和措施并不合理，没有考虑到公用事业的本质和特征。[③] 俄住房公用事业改革的理论基础在于：通过供求关系确定公用服务

---

①　Жилищно-коммунальный комплекс: между политикой и экономикой. Экспертно-аналитический доклад. Центр стратегических разработок. https://www.csr.ru/wp-content/uploads/2018/10/Report-ZH-KH-H-internet-fin-1.pdf.

②　Ряховская А. Н. Особенности ЖКХ и их влияние на процессы финансирования // Эффективное антикризисное управление. 2010. № 3.

③　Ряховская А. Н., Таги-Заде Ф. Г. Экономическая теория коммунальной деятельности: учеб. Пособие. М., 2000; Ряховская А. Н., Таги-Заде Ф. Г. Жилищно-коммунальный камуфляж (о программе реформирования ЖКХ) // Жилищное и коммунальное хозяйство. 2001. № 10.

的价格，通过形成竞争环境来刺激公共物品的供给。改革政策的制定者假设，公共产品与其他私人商品不存在任何实质性区别。但政策制定者没有意识到，公共产品和服务的本质与私人商品是完全不同的，竞争法则在其中有时并不能发挥完全作用，其生产也不应完全由市场来协调。政策制定者忽略了这一本质，将打破行业垄断、创造竞争环境确定为住房公用事业改革的唯一目标，致使改革未能达到预期效果，也没有形成新的有效的经济管理模式。他们试图用各种原因来解释住房公用事业面临的困境，却没有意识到这种理念为改革带来的后果。也就是说，正是各项住房公用事业改革措施的制定没有考虑到公共物品和服务的本质，导致了俄住房公用事业糟糕局面的产生和持续。[①]

俄罗斯住房公用事业改革虽起步较晚，进程也较为缓慢，但政府确实通过改革逐步降低了自己的支出责任，而居民的住房公用服务支出负担却日益沉重。在市场经济条件下，相比高昂的住房公用服务费用，居民的实际收入水平并不高，政府试图将住房公用服务的支出责任推卸给居民，完全忽视了居民的利益和可承受能力，即使他们通过私有化获得了住房，也难以承受高昂的住房维修和养护费用，以及其他住房公用服务费。

最后，为住房公用事业企业提供稳定的财务运营条件，最大限度地提高其生产效率，推动企业社会责任和义务的实现，需要以商品市场的自我调节体系为样本，构建一个公用市场主体的经济关系机制，使其既能促进私人商品市场的竞争性，又能保证公用事业运行的有效性。

三 住房公用事业的现今发展

在发达的市场经济国家，住房和公用事业之间存在一个良性循环：与住房相关的支出增加，会改善住宅本身的条件和质量，从而提高居住的舒适度，最终这些投入会反映在房地产的价值之中。通过优化住房支出成本可以减少家庭支出，同时达到降低能源消耗的效果。但俄罗斯的实际情况是，居民的住房维护费用较低，而能源资源费很高。

[①] Ряховская А. Н., Таги-Заде Ф. Г. Коммунальная деятельность как сфера общественных благ и естественныой монополии. Москва, 2012 г. Изд-во, Магистр.

表 2-2 显示了住房和公用服务支出在俄罗斯各地区家庭消费支出中占比的变化。

表 2-2　住房公用服务占俄罗斯家庭消费支出的比重

单位：%

地区	2005 年	2010 年	2013 年	2014 年	2015 年	2016 年	2017 年
俄联邦	8.3	9.2	8.8	8.9	9.5	10.1	9.7
中央联邦区	8.1	8.7	8.6	9.2	10.5	10.5	9.4
西北联邦区	8.7	9.9	10.0	9.0	9.2	10.0	9.9
南部联邦区	8.3	9.5	9.7	9.3	8.8	10.2	10.3
北高加索联邦区	—	7.6	7.7	7.7	7.9	8.5	9.0
伏尔加沿岸联邦区	8.7	9.1	8.3	8.3	9.2	9.5	9.4
乌拉尔联邦区	7.9	9.5	8.9	9.3	10.0	10.8	9.8
西伯利亚联邦区	7.9	9.3	8.9	9.0	9.4	9.4
远东联邦区	9.5	10.7	9.6	9.5	10.1	11.1	11.4

资料来源：俄联邦国家统计局，Регионы России：социально-экономические показатели 2018，统计集。

通过表 2-2 可以看出：一是近年来俄联邦住房和公用支出占家庭消费的比重呈上升态势；二是各联邦区的这一比重没有显著差异。主要原因在于，俄罗斯对于公用服务费的监管具有明显的社会性，对居民的住房公用服务费规定上限，消除了由于成本上升而盲目涨价的可能性，即规定各地区的住房公用服务支出不能超过家庭消费支出的 11%。考虑到俄罗斯的气候条件和供暖需求（住房公用服务成本中，供暖约占到 50%），该指标还是较为合理的。在此基础上，俄罗斯住房公用事业的未来改革应聚焦到结构性调整：实现住房公用综合体的现代化改革，提高住房的能源效率。

表 2-3、表 2-4 和表 2-5 显示了 1995 年以来俄罗斯住房公用事业的发展情况，包括供水网络、排水网络和供热网络。明显的是，俄罗斯在住房公用事业改革的二十多年间：第一，公用基础设施老化现象严重，需要更换的街道供水、下水管网不断增加；第二，管网装机容量基本保持在苏联解体后的最初水平，现代化升级进程缓慢；第三，管网的运行效率十分低下，供热管道的损耗

现象日益严重。

表 2-3　1995~2018 年俄罗斯住房公用事业发展——供水情况

年份	1995	2000	2005	2010	2015	2016	2017	2018
街道供水网络长度（万平方米）	30.58	32.41	33.28	34.49	37.22	37.42	37.81	37.9
水管装机容量（亿立方米/天）	0.903	0.89	0.889	0.895	0.922	0.895	0.907	0.912
需要更换的街道供水网络长度（万千米）	7.06	10.25	12.55	14.77	16.54	16.82	16.94	16.99
供水管事故（万次）	17.05	20.05	19.77	17	8.67	7.45	6.44	6.57

表 2-4　1995~2018 年俄罗斯住房公用事业发展——排水情况

年份	1995	2000	2005	2010	2015	2016	2017	2018
街道下水管网长度（万平方米）	6.72	7.38	7.51	7.65	8.14	8.17	8.28	8.36
污水处理厂用电占比（%）	78	68	59	54	46	47	46	45
污水处理厂的装机容量（万立方米/天）	5465	5614	5919	5792	5618	5607	5587	5602
需要更换的街道下水管网长度（万千米）	1.24	2.04	2.29	2.86	3.53	3.68	3.7	3.71
下水管网事故（万次）	5.21	2.56	3.84	3.92	3.72	3.13	3.17	2.54

表 2-5　1995~2018 年俄罗斯住房公用事业发展——供热情况

年份	1995	2000	2005	2010	2015	2016	2017	2018
锅炉房数量（万个）	7.53	6.79	6.49	7.31	7.6	7.38	7.48	7.48
容量低于3Gcal/h的锅炉房占比（%）	70	69	72	76	77	77	78	78
锅炉房总容量（万 Gcal/h）	69.05	66.49	62.32	58.18	60.92	59.23	59.21	58.22
供热事故（万次）	—	—	2.76	1.46	0.58	0.57	0.54	0.43
热损耗占比（%）	4.9	7.2	9.1	10.6	11.1	11.8	11.2	12.5

资料来源：俄联邦国家统计局，http://old.gks.ru/wps/wcm/connect/rosstat_main/rosstat/ru/statistics/population/housing/#。

2019 年 3 月全俄民意中心（ВЦИОМ）的调查显示，大多数俄罗斯城市居民居住在公寓楼中（55%），尽管与 2015 年相比，住在独栋住房中的居民比例有所增加（从23%增至31%）。关于住房公用服务的质量，60%的受访者认为其与2010年相比有所恶化；超过一半的受访者认为，住房公用服务质量没有显著改善，其中认为电力供应恶化的占82%，冷水供应恶化的占73%，供暖恶化的占61%，天然气供应恶化的占60%；与此同时，公民对公用服务质量的容忍度有所提高，49%的受访者表示，在过去的九年中，住房公用服务管理公司的工作质量符合居民的要求；对负责住房维护和运营的住房公用服务工作提出投诉的公民比例已大大降低，2010年时提出过投诉的受访者超过一半（52%），现在提出过投诉的受访者只约占受访者的1/3（30%）。[①]

---

①　Россияне о качестве ЖКХ. https: //tass. ru/obschestvo/6624978.

第三章　公共财政框架下的俄罗斯
住房财政保障机制构建

国家对社会经济活动的支持方式，主要可以分为两个层面：一是法律规范，二是财政支持。[①] 一般情况下很难将这两个领域分割开来，因为法律可为财政支持提供依据，并对其实施情况进行监督。虽然企业和消费者也可以影响立法进程，但其作用是十分微弱的。因此，俄罗斯对住房和公用事业的支持也受两方面因素影响：一是法律层面，即以法律规范与协调财政职能的履行；二是经济层面，即以财政政策和财政资金来保障住房政策的实现。

无论是住房市场的有效运作，还是低收入群体保障性住房的建设与供给，都离不开政府在宏观和微观层面提供的支持。针对全面私有化和市场化改革过程中显现的诸多问题，俄罗斯政府的住房保障理念逐渐从完全依靠市场调节转变为将国家宏观调控与市场机制有机结合，将市场机制作为政府履行社会公共责任的一种方式和手段，也就是说，俄罗斯政府在住房保障领域具有"住房市场规则的制定者"和"保障性住房供给的责任主体"这双重身份。

在促进住房市场发展的过程中，俄罗斯更多利用的是财政保障机制的方式，因为与法律保障方式相比，财政保障机制则更为直接有效。在俄罗斯，财政机制是指由国家规定的一整套财政关系组织形式、类型和方法，它涉及的内容，既包括确定国家财政收支的规模，明确国家财政资金的来源渠道和形式，

---

① Ефимова С. Б. Основы бюджетно-расходной политики государства // Саратовский государственный социально-экономический университет. –Саратов, 2006. С. 107–108.

还包括对预算体系运行进行的组织和规范，对部门和企业财务管理进行的规范和约束等，既包括行政手段和财政手段（见图 3-1），也包括一定的法律手段。由此，本文选用"财政保障机制"来探讨俄罗斯在住房保障领域采取的一系列财政政策、方法和手段。

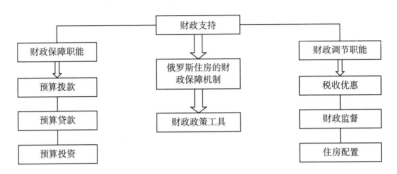

图 3-1　俄罗斯住房财政保障运行机制

　　俄罗斯在住房领域的财政支持和保障机制主要通过住房规划来实现，它是最基本的住房政策工具，涵盖住房建设、住房按揭和住房公用事业发展的方方面面。俄罗斯通过中期预算改革，全面向以结果为导向的规划预算过渡，不仅提高了国家财政资金利用的效率和透明度，也确保了各行业、各部门的未来发展更具有科学性、规划性。俄罗斯政府参与住房规划实施的方式随着内外部经济形势的变化不断调整，可运用的政策手段也日益丰富。总体来看，俄罗斯政府通过财政保障职能和调节职能的发挥，为住房市场各参与主体提供差别化的资金支持，对住房财政保障资金的利用情况进行监督，并重点保障低收入群体的住房供给。

第一节　中期预算改革与俄罗斯国家住房规划体系的形成

　　自 20 世纪 80 年代以来，以建设高效、廉洁和低成本政府为核心的"新公共管理"运动在世界各国蓬勃兴起，政府施政能力和施政绩效前所未有地吸引了人们的关注，政府管理模式和管理手段也因之发生了根本性的改变。以结果为导向的中期预算作为增强政府施政能力、提高政府施政绩效最强有力的政策工具，成为这次改革最重要的内容和组成部分，并在世界各国迅速推广开来。在市场经济条件下，公共预算是俄罗斯政府施政的重要工具，它明确了俄罗斯公共产品生产和社会服务供给领域的战略目标。而基于住房及公用服务的"公共产品"属性，财政预算显然是俄罗斯住房政策实施的有效手段和重要支撑。也正因此，俄罗斯政府对公共预算在住房领域的作用予以了充分的重视，通过制定规划预算的方式不断加大对住房领域的资金投入，以确保政府在住房保障领域的政策目标顺利实现。

一　以结果为导向的规划预算改革

（一）中期预算改革中的规划预算发展

自 2003 年起，俄罗斯开始实行政府预算改革，其启动标志是《2004～2006 年俄罗斯联邦预算过程改革构想》的批准和实施。以中期预算改革为核心，以划分支出义务、扩大规划预算等为重点方向的预算程序改革，对提高俄罗斯预算支出效率、优化预算资金管理起到了积极的促进作用。[①] 具体来讲，俄罗斯预算程序改革的主要方向为：①完善中期预算，保障预算资金管理者对未来资金预测的可信度；②将支出义务划分为现行义务和新批准义务，为国家政策优先方向提供充足的资金保障；③完善和扩大预算计划中专项规划的编制方法，建立预算结果评价体系；④改革俄罗斯联邦预算科目分类和预算核算体系，使其与国际标准接轨；⑤调整预算编制和审批程序，即按照结果导向中期预算的要求和条件重新设定预算编制和审批程序。

预算过程改革通过提高预算过程参与者和预算资金管理者的责任感和独立性，将预算过程的重心从"管理支出"转移到"管理结果"上来，以建立高效的预算资金支出管理体系，其核心就是实施西方发达国家广泛采用的"结果导向中期预算"，即在对预算资金进行长期预测得出的总额控制内，根据未来社会经济发展的优先方向，在预算资金管理者或直接在各预算规划间分配预

---

① 童伟：《俄罗斯的法律框架与预算制度》，中国财政经济出版社，2008，第135页。

算资金，为国家政策优先方向提供充足的资金保障。①

　　俄罗斯中期预算改革是基于三大目标开始实施的：一是总量控制，在预算过程中实施总量控制，需要基于宏观政策产生自上而下的各类预算限额，包括收入、支出、赤字和债务限制，而核心是支出限额，这是实现预算与政策相联结的关键性环节；二是优先性配置，优先性配置需要依据政策或战略的重点与优先性，主要在各项支出职能间和规划间促进公共资源的有效配置，本质上是以政策与战略为导向的支出结构优化问题；三是营运效率，基于良好管理的需要，营运性支出（经常性支出）需要同资本性支出区分开来，分别编制预算，典型的营运性支出包括工资、设施保养与维护、水电、房租和折旧，一般来说，这类支出占公共组织总支出的比重越高，表明营运效率越低。

　　向规划预算过渡是俄罗斯中期预算后期改革的重点发展方向。俄联邦总统在 2013～2015 年预算政策咨文中确定了向规划预算过渡的任务，指出"为实现社会经济目标并确保公众对结果的监督，应基于国家规划编制和执行预算。从 2014～2016 年中期预算开始，全面向规划预算过渡"②。实施规划预算是由投入预算转向绩效预算，由注重管理"支出"到注重管理"结果"的必由之路，也是提高公共支出营运效率的关键之所在。要改善预算资金配置、提高公共支出效益，使有限的预算资源从低效益地方流向高效益地方的一个极其重要的举措，就是改变地方预算资源的配置本位，由按"预算单位"为本位转向以"效率"为本位，俄罗斯向规划预算的过渡正是秉承这一理念进行的。

　　根据俄联邦《预算法典》规定，规划预算的编制有明确的目标和结果要求：①其目标制定必须符合国家政策的优先发展方向和战略目标；②应有明确、具体并可以计量的预期结果，既包括直接结果（提供服务的质量和数量），又包括最终结果（提供服务的效率）；③应设定检查实施结果的详细的指标体系。这种预算方式既保障了预算资金的分配和实际使用结果与国家战略重点和优先发展方向一致，又有利于对各项规划的执行结果进行追踪和考评，

---

① 童伟：《俄罗斯政府预算制度》，经济科学出版社，2013，第 241 页。

② Бюджетное Послание президента РФ о бюджетной политики в 2013－2015 г. http://www.kremlin.ru/acts/news/15786.

确保了预算计划制订和规划财务管理的监督质量。从这个意义上来说，规划预算将政府的管理直接化、微观化，为政府有效配置资源搭建了平台，成为评价和检验政府施政绩效的最基本工具。

规划预算的推行具有其他诸多突出的优点：①规划预算是基于国家发展战略及政策优先方向提出的，确保了预算资源的配置更能准确地反映政府的政策重点，从而增进战略与预算的对接；②通过要求各支出部门预先制定规划，可促进公共部门转变职能并改进工作方式，从关注"能拿多少钱"转向关注"需要完成哪些规划和绩效指标"，进而有助于改进公共组织的绩效；③规划预算使资源配置的出发点由投入转向规划，为打破预算资源竞争中根深蒂固的本位主义、促进预算资源的优化配置创造了条件；④规划预算为预算监督提供了最佳工具与手段，它不仅可强化对预算资金的约束与控制，与此同时，追踪结果与预算资源再分配的结合还将有效激励政府部门改进工作效率；⑤规划预算有助于立法机关更为精细地进行预算审查，剔除那些与政策重点不符、效率低下的规划，大大减少无效率的资源配置和浪费；⑥规划预算不仅可使立法机关了解各政府部门"花了多少钱"，还可以清晰掌握"政府在某项特定规划上花了多少钱"，以及"花这些钱产生的结果如何"，从而提高预算资金使用的透明度。

（二）俄罗斯国家规划体系的形成与发展

所谓规划，按照俄罗斯经济学家 Б. А. Райзберг 的解释是："规划是由内容一致、空间和时间相协调的多个要素组合而成，它们以目标为导向，旨在解决某种特定的社会经济问题。"2010 年 6 月俄罗斯政府决议指出，"国家规划"是指确定国家政策目标、任务、结果、主要方向和工具，或者保证在规定的期限内实施具有国家或国际意义的大型活动的文件。[①] 俄罗斯国家规划官方网站的定义为："战略规划性文件，包含一系列由任务、实施期限、执行者、资金紧密连接起来的计划措施以及国家政策工具，确保在履行关键国家职能的框架

---

① «Программа Правительства Российскый Федерации по повышению эффективности бюджетных расходов на период до 2012 года». Утверждена Распоряжением Правительства РФ от 30 июня 2010 года No1101. p. http: //government. ru/docs/all/73113/.

内，实现社会经济发展领域的国家政策优先事项和目标，并保障俄罗斯联邦的国家安全。"[1]

2011 年，俄罗斯率先批准了两个国家规划——"环境友好"和"信息社会"。2012~2013 年，制定和批准了其他 37 项国家规划。2014 年，俄罗斯又批准了《2020 年前北极地区社会经济发展国家纲要》，确定 2015 年为该规划执行的首个年度。[2] 俄罗斯国家规划的编制和执行规则、项目名单以及效率评估都在俄罗斯联邦预算草案的框架内进行修订，同时，财政部有义务依据向规划过渡的原则对《预算法典》进行修订。根据俄财政部公布的数据，2011 年俄罗斯国家规划的预算资金总额超过联邦预算支出的 90%。2012 年规划支出规模进一步扩大，占到联邦预算支出总额的 96.4%。由于规划预算推进过程中存在的诸多问题，如缺乏必要的技术支持、指标体系不够健全、预算分类方法不支持规划预算的实施等，2013~2014 年，俄罗斯对规划预算进行了完善与修订。首先，为规划预算提供一切必要的法律和技术支撑，对《预算法典》相关条款进行了修订，出台了新的规划预算支出分类。其次，对规划预算的适用范围进行了重新界定，部分不适宜列入国家规划的项目被剔除。至 2015 年，国家规划占预算支出的比重降到了 56.5%。[3] 此后又经过了多次政策调整，国家规划的数量重新增加至 43 个。目前，这些规划共同承担了 70% 的联邦预算支出。[4]

俄罗斯正在执行的国家规划共涵盖五大支出方向，包括提高生活质量、经济创新与现代化、保障国家安全、平衡地区发展和建设高效国家。根据俄国家规划官方网站的信息，五大领域的国家规划分别为：

——"提高生活质量"领域的国家规划包括："医疗发展""教育发展""公民的社会支持""环境友好""保障俄罗斯公民优惠舒适的住房和公用服务""2020~2035 年养老体系发展""促进居民就业""保障公共秩序和反腐败""保护公民和地区免受紧急情况影响，确保消防和水利安全""2013~

---

① 俄罗斯国家规划官方网站，https：//programs. gov. ru/Portal/programs/whatIs。
② 俄罗斯国家规划官方网站，https：//programs. gov. ru/Portal/programs/whatIs。
③ 童伟：《2018 年俄罗斯财政研究报告》，经济科学出版社，2018，第 110~113 页。
④ 俄罗斯国家规划官方网站，http：//programs. gov. ru/Portal/。

2020 年文化和旅游发展""2012～2020 年环境保护""发展体育""国家政策实施""俄联邦科技发展"① 14 项规划。

——"经济创新与现代化"领域的国家规划包括："发展国防工业综合体""科学技术发展""经济发展与创新经济""发展工业、提高工业竞争力""发展航空工业""发展船舶制造工业""发展电子和无线电工业""发展医药工业""俄罗斯空间活动""发展原子能工业综合体""信息社会""发展交通系统""发展农业，调节农产品、原材料和食品市场""发展渔业综合体""开展对外经济活动""自然资源再生利用""发展林业""能源效率和能源开发" 18 项国家规划。

——"保障国家安全"领域包括"增强国家国防能力"和"保障国家安全" 2 项规划。

——"平衡地区发展"领域的国家规划包括："发展联邦关系，为高效和负责的地区和市政财政创造条件""北高加索联邦区发展""加里宁格勒社会经济发展""远东和贝加尔地区发展""2020 年前克里米亚共和国和塞瓦斯托波尔市社会经济发展""北极地区社会经济发展" 6 项规划。

——"建设高效国家"领域的国家规划包括："联邦财产管理""发展金融和保险市场，建设国际金融中心""维护司法系统""对外政治活动" 4 项规划。

2019 年 7 月 26 日，根据俄联邦政府出台的第 1656 号决议，对 2017 年的国家规划清单进行了更新，目前，2017 年规定的 44 项规划中已有 41 项国家规划正在实施，另外 3 项处于制定过程中。通过与俄罗斯国家规划平台的比较可以发现，该决议对规划的具体安排进行了极大的调整，使得规划体系更加合理和完善：①"提高生活质量"中仅保留了与公民生活息息相关的 10 项规划，将"2020～2035 年养老体系发展"剔除，而将"保障公共秩序和反腐败""保护公民和地区免受紧急情况影响，确保消防和水利安全" 2 项划归至"保障国家安全"部分，同时将"俄联邦科技发展"划归至"经济创新与现代化"部分；②"经济创新与现代化"新增"农村综合发展"规划；③"保障国家

---

① "俄联邦科技发展"依然处于制定环节，所以并未列入总数。

安全"新增"个人、社会和国家保障""国有资产管理" 2 项规划，因此该部分由原先的 2 项规划增加至 4 项；④"平衡地区发展"部分没有变更；⑤"建设高效国家"将原先的"联邦财产管理""发展金融和保险市场，建设国际金融中心"合并为一项"管理国家资产和协调金融市场"。①

（三）俄罗斯国家规划的主要形式和结果评估

俄罗斯规划预算的主要形式包括：联邦专项规划预算、联邦专项投资规划预算和部门专项规划预算。2006 年俄罗斯执行的联邦专项规划包括"基础设施建设"（11 项）、"未来一代培养"（5 项）、"司法改革"（2 项）、"生命安全和环境保护"（13 项）、"新型经济"（10 项）、"地区平衡"（10 项）共 51 项，联邦预算共拨款 4026 亿卢布。此后，俄罗斯联邦专项规划关注的领域逐年变更，支出分类也在不断调整。一个明显的趋势是，2012 年以来专项规划的数量有所减少，联邦支出的规模则呈波动下降趋势，在 2018 年出现了急剧下跌后，2019 年小幅回升，见图 3-2。

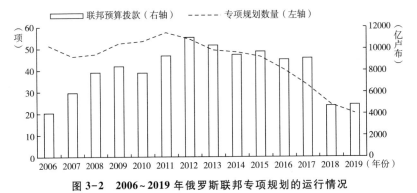

图 3-2 2006～2019 年俄罗斯联邦专项规划的运行情况

资料来源：俄罗斯经济发展部网站，http：//fcp. economy. gov. ru/cgi-bin/cis/fcp. cgi/Fcp/FcpList/Full/2017？yover＝2019。

在中期预算实施的最初年代，以联邦专项规划预算形式实现的预算支出约占到俄联邦预算支出总额的 7%。② 根据 2017 年 3 月 22 日总统委员会的决议，

---

① 俄罗斯政府网，http：//government. ru/programs/。
② 童伟：《俄罗斯政府预算制度》，经济科学出版社，2013，第 260 页。

自 2018 年 1 月 1 日起，部分国家规划已转为项目管理模式，包括："教育发展（2013～2020 年）""医疗发展""保障俄罗斯公民优惠舒适的住房和公用服务""发展交通体系""发展农业，调节农产品、原材料和食品市场（2013～2020 年）"。[①] 部分联邦专项规划不再独立实施，而是纳入相应的国家规划，包括"发展交通体系（2010～2021 年）""提高俄联邦地震区住宅建筑、基础设施和生命支持系统的可持续性（2009～2018 年）""联邦住房专项规划（2015～2020 年）""俄罗斯农用土地复垦的发展（2014～2020 年）""俄语（2016～2020 年）""教育发展（2016～2020 年）"。[②] 因此，2018 年正在执行的联邦专项规划共 24 项，包括"高科技发展"（6 项）、"社会基础设施"（5 项）、"安全"（7 项）、"地区发展"（4 项）和"国家制度发展"（2 项）。由于专项规划大规模缩减，其支出占比更是出现了断崖式下跌，仅为 2.8%。2014 年以来，以联邦专项投资规划形式实现的预算支出占到 4%～6%。[③]

在关于 2018 年联邦专项规划和联邦专项投资规划实施情况的总结会上，时任俄罗斯总理梅德韦杰夫指出，2018 年的 24 个联邦专项规划实施情况较好，但仍存在问题：融资水平不超过 82%，而 2017 年则达到了 90%。地区和地方预算，以及预算外资金来源不容乐观。及时调整融资参数也是当前的重要任务。2018 年共有 217 个项目投入运营，略高于预期的一半。梅德韦杰夫强调，特定项目的预算投资协调和分配过程应更加简单，更为透明，以便更快地实施。[④]

俄罗斯国家规划的实施情况可通过年度综合报告来考察，主要包括财政部等监测的规划资金的使用情况和经济发展部等监测的规划指标的完成情况，2017 年国家规划的实施结果见表 3-1 和表 3-2。如表所示，"经济创新与现代化"和"平衡地区发展"两个方向国家规划的执行度较低，其中，"保障俄罗斯公民优惠舒适的住房和公用服务"的指标评估情况最差，执行度不足 80%，

---

① 俄罗斯政府网，http：//government. ru/docs/29710/。

② 俄罗斯政府网，http：//government. ru/docs/29710/。

③ 俄罗斯经济发展部网站，http：//faip. economy. gov. ru/cgi-bin/uis/faip. cgi/G1/fcp＿list/2006? yover＝2019。

④ 俄罗斯政府网，http：//government. ru/meetings/36116/stenograms/。

远低于平均水平。

表 3-1 2017 年俄罗斯国家规划的联邦预算支出情况

单位：万卢布

支出方向	2017 年预算法	2017 年 12 月 31 日综合预算清单①	财政部数据（实际值）	执行度（％）（实际值/综合预算清单）
总计	775089	813717	787878	96.8
提高生活质量	327537	333254	327762	98.4
经济创新与现代化	204418	234593	222519	94.9
保障国家安全	172	209	204	97.6
平衡地区发展	82175	89189	85351	95.7
建设高效国家	160787	156471	152042	97.2

资料来源：Сводный годовой доклад о ходе реализации и оценке эффективности государственных программ Российской Федерации по итогам 2017 года. Ст. 124. 俄罗斯国家规划官方网站，https：// programs. gov. ru/Portal/analytics/quarterReportToGovernment？year＝2018&quarter＝4。

表 3-2 2017 年俄罗斯国家规划指标的完成情况

国家规划	执行机构	指标评估（执行度，％）
1. 执行度——高级水平		
保障公共秩序和反腐败	内务部	96.9
医疗发展	卫生部	95.1
保护公民和地区免受紧急情况影响，确保消防和水利安全	紧急情况部	95.1
2. 执行度——中级水平		
公民的社会支持	劳动部	94.1
环境友好（2012～2020 年）	劳动部	93.0
环境保护（2012～2020 年）	自然资源和生态部	92.4
促进居民就业	劳动部	90.0
教育发展（2013～2020 年）	教育与科学部	89.9

① 综合预算清单（Сводная бюджетная роспись），是财政部门（国家预算外基金管理机关）根据预算法准则，组织执行预算支出和预算赤字融资来源的文件。

续表

国家规划	执行机构	指标评估（执行度,%）
3. 执行度——低级水平		
文化发展和旅游（2013~2020 年）	文化部	87.7
实施国家政策	民族事务署	87.4
发展体育	体育部	86.4
4. 执行度——极低水平		
保障俄罗斯公民优惠舒适的住房和公用服务	建设和住房公用服务部	79.2

资料来源：Сводный годовой доклад о ходе реализации и оценке эффективности государственных программ Российской Федерации по итогам 2017 года. Ст. 99 - 100. 俄罗斯国家规划官方网站，https：//programs. gov. ru/Portal/analytics/quarterReportToGovernment? year = 2018&quarter = 4。

（四）俄罗斯规划预算发展的现实问题

目前，俄罗斯规划预算发展的现实问题在于，如何将"新五月法令"提出的国家项目纳入正在运行的国家规划之中，从而统一国家战略规划体系。2016 年 6 月 30 日，普京总统签署总统令，成立了国家战略发展和优先项目委员会，同时废除了另外两个政府咨询机构：执行国家优先项目和人口政策的委员会，以及住房政策和提高住房可获性的委员会。成立国家战略发展和优先项目委员会的目的在于就制定和实施国家战略发展的主要方向向国家元首提出建议，确定最为重要的国家项目和规划的关键参数。2016 年 7 月 13 日，在国家战略发展和优先项目委员会会议上，批准了 2018 年前和 2025 年前俄联邦战略发展的 11 个主要方向清单：医疗、教育、住房按揭和租赁、住房公用事业和城市环境、国际合作与出口、劳动生产率、小企业和个人创业支持、控制和监督活动改革、安全优质的道路设施、单一工业城镇、生态，并决定于 2016 年 12 月 1 日之前形成优先项目实施的"试点"。10 月 15 日，国家战略发展和优先项目委员会主席团和俄联邦政府办公室项目管理部被确定为常设的项目管理机构。2016~2018 年，先后批准了 29 个优先项目（例如，"俄联邦现代数字教育环境""形成健康的生活方式"等）。如上所述，2018 年以来，一些国家规划也转为项目管理模式。[①]

①　История нацпроектов в России. https：//tass. ru/info/6101471.

86

2018 年 5 月普京开启第四任期后，首先签署了题为《2024 年前俄罗斯联邦发展战略任务和国家目标》的总统令（"新五月法令"），描述了政府未来六年的工作前景，并提出了涵盖社会经济各个方面的 12 个国家项目和 1 项交通干线基础设施综合规划。在提出国家项目的同时，也做出了相应的融资安排（见图 3-3）。从支出方向来看，12 个国家项目分属三大板块：一是加速经济发展，包括数字经济的应用和推广、劳动生产率的提高和就业支持、中小企业和个人创新支持以及国际合作和出口；二是人力资本投资，包括解决人口问题，优化医疗服务、教育服务，推动科学和文化发展；三是创造舒适环境，包括住房和城市环境、安全和高质量的道路设施、生态环境，以及交通干线基础设施现代化的综合规划。

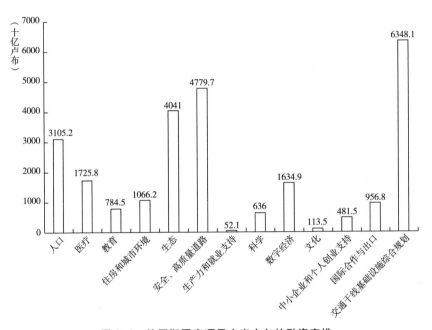

图 3-3　俄罗斯国家项目支出方向的融资安排

从支出来源来看，国家财政出资占主导，其中联邦预算出资占 51.1%，为 13.16 万亿卢布；联邦主体预算出资 19.1%，为 4.90 万亿卢布；国家预算外基金预算出资 0.15 万亿卢布，占 0.6%。预算外资金来源占到 29.2%，约 7.52 万亿卢布。

根据财政部出台的《2019~2021 年俄罗斯预算、税收和关税政策的主要方向》①报告，每个国家项目在联邦预算中单独核算，专款专用。联邦预算以转移支付的形式划入相应的联邦主体（地方）预算，地方预算则根据项目投标进展情况，对国家项目的实施予以资金支持。2019~2024 年联邦预算对于国家项目的具体支出安排见表 3-3。

表 3-3   2019~2024 年俄罗斯联邦预算的国家项目支出

单位：亿卢布

年份	2019	2020	2021	2022	2023	2024	2019~2024
总计	16855	18628	20848	25126	24529	23414	129400
人口	5120	5222	5288	4745	4516	4178	29069
医疗	1598	2991	2388	2561	1722	2105	13365
教育	1032	1176	1277	1166	1161	1204	7016
住房和城市环境	1053	1053	1084	1728	1724	2120	8762
生态	496	778	1137	1368	1430	1146	6355
安全、高质量道路	1297	1043	1374	239	232	225	4410
生产力和就业支持	71	69	69	74	71	83	437
科学	352	414	535	804	979	914	3998
数字经济	1079	1287	1779	2583	2170	2189	11087
文化	127	136	167	199	210	161	1000
中小企业和个人创业支持	573	325	468	949	914	726	3955
国际合作与出口	825	704	1196	1863	2298	2022	8908
交通干线基础设施综合规划	3232	3430	4086	6847	7102	6341	31038

资料来源：Основные направления бюджетной, налоговой и таможенно-тарифной политики на 2019 год и плановый период 2020 и 2021 годов. https：//www. minfin. ru/ru/document/% 3Fid _ 4%3D123006。

---

① Основные направления бюджетной, налоговой и таможенно-тарифной политики на 2019 год и плановый период 2020 и 2021 годов. https：//www. minfin. ru/ru/document/% 3Fid _ 4% 3D123006.

　　国家项目由一系列联邦项目构成，这些项目将陆续被纳入相应的国家规划。此外，同一国家项目中的联邦项目，可根据具体情况，被纳入一个或多个国家规划之中。对于国家项目及联邦项目的这种整合存在一个特殊系统，在俄联邦政府领导下，加速管理决策的通过。与此同时，考虑到当前各级政府之间的权力分配，大多数国家项目的实现，不能没有地区一级的参与（国家项目特指 2018 年 "新五月法令" 中提出的 12 项，联邦项目是其框架内中央政府级别的项目）。在这方面，计划在联邦主体的范围内设定联邦项目的专项指标，同时引入对联邦主体行政机关的协调和监督机制（包括俄联邦和地区项目负责人之间签订协议）。[①] 2019 年 1 月，俄罗斯经济发展部公布了国家规划 "经济发展和创新经济" 的修订草案，并将陆续对其进行更新。"中小企业发展""数字经济""人口""劳动生产率" 四个国家项目的部分措施已被纳入国家规划，如简化中小企业的优惠融资渠道、官员的数字化培训等，同时，对诸多规划指标和融资需求也将做出相应调整。[②]

　　2019 年 5 月 8 日，俄罗斯第一副总理兼财政部部长安东·西卢阿诺夫在国家战略发展和优先项目委员会会议上汇报了项目进展情况。关于预算出资情况，他指出：第一阶段，是确定预期预算支出的规模，2019 年为 1.6 万亿卢布，为此，还须对 2019~2021 年中期预算做出适当调整；第二阶段，签订合同和协议。至 2019 年 5 月 7 日，联邦预算拨款 1.4 万亿卢布，为预期规模的 88%。由于国家合同签订在程序上具有一定的滞后性，以及与地方和法律部门签订协议需要竞标和遴选等，还有 2 万亿卢布的拨款没有及时到位。相关法律法规的修订也已被纳入日程：联邦中央与地方签订全期合同或协议（三年或六年），而不是每年一签；在各财年开始之前确定预算间转移支付的分配规则，确保资金的快速有效利用；确定与联邦主体以及市政机构签订协议的截止日期，如 3 月 1 日；确定联邦主体和机构竞标的截止日期，

---

①　Основные направления бюджетной, налоговой и таможенно-тарифной политики на 2019 год и плановый период 2020 и 2021 годов. https：//www.minfin.ru/ru/document/%3Fid_4%3D123006.

②　Нацпроекты вписывают в госпрограммы. https：//www.kommersant.ru/doc/3849680.

如 4 月 1 日。① 俄罗斯政府尤为强调对国家项目的实施监管，其中包括对资金保障进度实施监督。目前已出台了 70 多项政府决议，与各联邦主体和法人签订了 3000 多项协议。与此同时，俄政府提出了 1600 组统计和监测指标，由此构成的进度监控体系将便于副总理、各部部长每天在线跟踪分管领域的项目实施进度。

俄罗斯总统附属国民经济与公共管理学院院长、俄首席经济学家弗拉基米尔·马乌指出，在复杂的社会经济形势下，国家项目的运行还存在很多问题。一是俄罗斯政府制定的国家项目与国家目标之间的关联度并不强。国家项目的实施往往不能推动国家目标的实现。地区一级（联邦主体）不仅要为国家项目融资，还肩负着更多的实现战略目标的任务。二是尚未对项目成功实施进行长期的资金评估，即联邦主体是否有足够的资金来运营新的社会和交通基础设施，避免其闲置或报废。若长期将其置于联邦所有，经济上不可行，政治上也难以接受。只关注解决当前的增长问题，会酿成严重的宏观经济和政治风险。三是尽管国家项目的实施尤为重要，但它们仅占联邦预算支出的 10.5% 和联邦汇总预算的 6.5%。因此，强调国家项目不能削弱联邦预算其他支出项目的有效性。②

二 俄罗斯住房规划体系的构建与发展

一般来说，住房政策的实施方式、国家参与的形式及财政支持的模式选择取决于诸多因素：国家经济发展水平、居民生活和住房保障水平、住房按揭信贷发展水平及发放条件、住房建筑业发展状况，以及协调住房部门发展的法律法规等。俄罗斯运用各种住房政策工具的经验较为丰富，政府参与居民住房保障机制的方式随着住房改革的发展也在不断进步。其中，负责住房财政保障并与财政资源分配相关的政府部门包括：俄联邦财政部、地区发展部、建设和住

---

① Доклад Первого вице-премьера - Министра финансов Антона Силуанова на заседании Совета при Президенте по стратегическому развитию и национальным проектам. https://www. minfin. ru/ru/.

② May B. A. Национальные цели и модель экономического роста: новое в социально-экономической политике России в 2018—2019 гг. Вопросы экономики. 2019. No 3. C. 16—17.

房公用事业部等，保障的主要内容是住房和公用基础设施建设及服务供给等。根据不同时期、不同任务和不同目标，俄罗斯各级政府选择的具体财政支持方式会所有差别，规定的各项指标也会因之不同。俄罗斯政府提供财政支持所需的资金主要来自各层级预算和预算外资金，包括来自住房按揭贷款股份集团、商业银行、养老基金、保险基金和投资基金以及居民存款等，而通过预算分配的财政资金则根据各级政府在住房保障领域承担的事权来确定。俄罗斯住房保障财政机制的运行受到联邦《宪法》和《住房法》等法律规范的监督，以及各级政府机关的协调。

（一）俄罗斯住房规划体系的形成

苏联解体以来，俄罗斯政府颁布了若干住房发展规划，根据其内容的不同可以将其划分为四个阶段。

1. 第一阶段（1991~2000 年）

1993 年俄罗斯颁布"联邦住房专项规划"，提出至 1995 年，将联邦住房建设面积和实际居住面积提高至 0.50 亿~0.56 亿平方米。尽管该目标并未如期完成（延至 2001 年），但该规划开创了一项先例：每 3~5 年根据社会发展状况，以定量的方式制定住房发展规划，这充分体现了俄联邦政府保障公民住房的态度和决心。1995 年，俄罗斯又制定了"保障每个家庭拥有独立单元房或独栋住宅计划"。1996 年 3 月，颁布了"关于俄罗斯联邦住房专项规划实施的新阶段"的总统令，指出：要提高中低收入家庭通过获得长期贷款改善居住条件的可能性，要为住房建设事业的发展提供政策优惠和支持，要扩大宜居面积并提高住房建设质量，拓宽联邦主体和地方政府在保障居民住房方面的行政权限，等等。同时还推出了"自有住房计划"。以此为基础，俄罗斯开始大规模拆除"赫鲁晓夫筒子楼"，翻建高层建筑。1998年 1 月，俄罗斯制定了联邦专项规划"国家住房证书"，计划在五年内为已退役或正在服役的军人家庭提供住房保障，以帮助这些家庭直接在住房市场上购得住房，或通过信贷机制支持其建房或购房。该项目的资金来自国家预算为公民提供的无偿补贴部分、商业银行的住房建设融资资金，以及银行的长期住房贷款机制。

2. 第二阶段（2001～2012 年）

自 21 世纪初，俄罗斯着手制定各种国家战略发展构想和规划。根据经济发展水平的提高及国内需求的增长，2001 年俄罗斯第 675 号政府决议通过了"2002～2010 年俄罗斯联邦住房专项规划"，首次提出要在 5～7 年内实现保障房 100% 全覆盖，并规定"54 平方米标准公寓的平均售价，应控制为中等收入水平的三口之家三年收入的总和"；倡导大力发展住房公用基础设施建设，为新婚家庭及从边远地区迁至大城市的居民，提供一定的政策倾斜，保障他们居住权利的实现。通过该规划可以看出，俄罗斯住房政策借助"两条腿"走路：一是发展计划经济模式，即国家依法保障低收入群体享受社会住房和优惠的住房公用服务；二是促进住房市场机制运行，创造条件保障居民运用自有资金和抵押贷款获得住房并改善居住条件。这就为保障所有社会阶层都能获得"应有住房"[①] 提供了组织、法律和资金基础。

2004 年，俄总统普京提出："居民住房的质量和可负担程度是涉及每个公民和家庭的重要问题，是关系社会经济发展的头等大事。"[②] 2005 年 9 月 5 日，普京总统在政府扩大会议上宣布启动国家优先项目，将预算资金和行政资源集中在俄罗斯社会经济发展的主要领域，从而提高俄罗斯公民的生活水平。自 2006 年 1 月 1 日起，四大国家项目——"医疗""俄罗斯公民负担得起的舒适住房""教育""发展农工综合体"开始实施。"俄罗斯公民负担得起的舒适住房"的实施期限至 2010 年，主要包括以下内容：①扩大住房按揭信贷的范围；②提高居民住房的可支付性；③加快住房建设，提高住房公用基础设施的现代化程度；④在履行国家义务的基础上，实现公民的居住权利。

2008 年 9 月，时任俄罗斯副总理的亚历山大·茹科夫提出，自 2009 年起，国家优先项目将转为国家规划的形式实施，依然保留医疗、教育、住

---

① "应有住房"是指以不干涉公民私人生活为基础，居住面积适宜、保证安全、配备必需的公用基础设施，并具有一定舒适度的住房，俄罗斯住房政策的目标在于使所有居民都能获得"应有住房"，即保障劳动人民及其家庭均能获得相对满意的住房及生活条件，从而保证他们享有宪法赋予的居住权并能够维持最低的生活水平。

② Послание Президента РФ В. В. Путина Федеральному Собранию РФ от 26 мая 2004 г. О важнейших общенациональных задачах. https://base. garant. ru/187055/.

房、农业以及其他合理有效的国家项目，只是采取了不同的形式。① 2010 年
7 月 29 日，时任俄罗斯总统梅德韦杰夫在政府会议上提出，鉴于金融危机
对部分国家优先项目实施带来的后果，这些项目的实施期限将延长至 2012
年。② 弗拉基米尔·马乌指出，2004~2006 年进行了国家优先项目管理机制
的首次尝试，事实证明了其高效性，但是项目管理的性质和效率取决于项目
实施的具体情况，四大国家项目是在预算收入和经济稳定增长的条件下实施
的，项目资金得到充分保证。虽然 2008 年爆发的金融危机限制了资源的可
获性，但到目前为止，各部分均发生了积极的变化，使得评估项目实施成功
的经验成为可能。随着财政预算收入的快速恢复，为 2012 年制定国家优先
项目奠定了基础。③

3. 第三阶段（2013~2017 年）

2012 年 11 月，根据第 2227 号政府决议，俄罗斯通过了国家住房规划
"保障俄罗斯公民优惠舒适的住房和公用服务"④，由俄联邦地区发展部负责，
俄联邦建设和住房公用事业署（2013 年由署改为部）、俄联邦财政部、国家住
房公用事业改革支持基金、联邦住房建设发展支持基金、联邦住房贷款股份公
司以及参与联邦住房专项规划（2011~2015 年）的联邦行政机关共同参与执
行。该规划包括三个子规划，分别为"创造条件保障俄罗斯居民负担得起的
舒适住房""创造条件保障俄罗斯居民优质的住房公用服务""保障国家规划
的实施"。规划实施的目标工具为联邦住房专项规划（2011~2015 年）、联邦
专项规划"纯净水"（2011~2017 年）和联邦住房专项规划（2016~2020 年）。
规划于 2013~2020 年实施，分为三个阶段：2013~2015 年、2016~2017 年、
2018~2020 年。

---

① С 2009 года приоритетные национальные проекты станут госпрограммами. https://
www.sechenov.ru/pressroom/news/s-2009-goda-prioritetnye-natsionalnye-proekty-stanut-gosprogrammami/.

② История нацпроектов в России. https://tass.ru/info/6101471.

③ May B. A. Национальные цели и модель экономического роста: новое в социально-
экономической политике России в 2018—2019 гг. Вопросы экономики. 2019. No 3. C. 16–17.

④ Распоряжение Правительства РФ от 30 ноября 2012 г. N 2227-р О государственной программе
РФ "Обеспечение доступным и комфортным жильем и коммунальными услугами граждан
Российской Федерации". https://base.garant.ru/70270602/.

2014 年 4 月，根据第 323 号政府决议对该规划进行了修订，规定规划由俄罗斯建设和住房公用服务部全权负责，联邦住房专项规划（2011~2015年）参与执行。规划除包含之前的三项子规划外，还将此前版本的目标工具以及联邦专项规划"2009~2018 年提高俄联邦地震区住宅建筑、基础设施和生命支持系统的可持续性"也列入了子规划范围。[①] "保障俄罗斯公民优惠舒适的住房和公用服务"规定了 2012~2020 年国家在住房保障领域的主要任务，其中包括：①通过实施"俄罗斯家庭住房"（жилье для российской семьи）规划，加快经济型住房建设；[②] ②在住房建设和建筑材料生产过程中采用现代化和资源节约型技术；③发展住房和公用基础设施建设信贷机制，并提高居民按揭贷款的可获得性；④促进适用于低收入群体租赁房和社会性住房市场的形成，完成国家为联邦法律规定的公民保障住房的义务，并为年轻家庭获得住房提供支持；⑤通过吸引长期私人投资等方式提高公用资源供给效率、质量和可靠性；⑥保证饮用水安全无污染，符合卫生要求。

"保障俄罗斯公民舒适优惠的住房和公用服务"规划共设置了三项指标——每年新建住房面积、每年投入运营的住房数量和住房的可支付性。2013年以来这三项指标的执行情况见表 3-4。

---

① Постановление Правительства РФ от 15 апреля 2014 г. N 323 "Об утверждении государственной программы Российской Федерации " Обеспечение доступным и комфортным жильем и коммунальными услугами граждан Российской Федерации". http：//base. garant. ru/70643486/#friends.

② "俄罗斯家庭住房"规划的主要目标：一是为部分需要改善居住条件的家庭提供支持；二是通过降低平均房价来提高住房的可支付性。规划的主要指标包括以下几点。①经济型住房的价格不超过相应项目实施地区类似住房平均市场价格的 80%，每平方米不能超过 3.5 万卢布（个别情况下，开发商可在规划规定的限制范围内提高最高售价）。②目标群体为 25~40 岁、有固定工作且需要改善居住条件的公民。但同时，这些公民及其家庭成员的总收入应足以购买经济型住房，包括借助抵押贷款、母亲资本或其他国家和市政支持的形式。有资格购买经济型住房的公民名单，以及这些名单中公民的优先顺序，由规划的参与者——联邦主体来确定；将公民纳入相应名单中属于地方自治机关的职权范围。③每个项目框架内经济型住房建设规模不能低于 1 万平方米（对于远东联邦区内人口超过 10 万的定居点，住房建设规模不能低于 5000 平方米）。④规划实施期限：经济型住房投入运营的时间为 2017 年 12 月 31 日。规划还规定了经济型住房销售的最长期限为投入运营的 6 个月后。http：//программа-жрс. рф/about/general_condition/.

表 3-4 2013~2017 年 "保障俄罗斯公民舒适优惠的住房和公用服务"
规划指标的运行

指标	2013 年	2014 年	2015 年	2016 年	2017 年（规划/实际）
新建住房面积（亿平方米）	0.705	0.842	0.853	0.802	0.81/0.792
投入运营的住房数量（万）	92.9	112.4	119.5	116.7	133.5/113.1
住房的可支付性（年）	—	3	2.7	2.6	2.6/2.6

资料来源：Сводный годовой доклад о ходе реализации и оценке эффективности государственных программ Российской Федерации по итогам 2017 года. ст. 194. https：//programs. gov. ru/Portal/analytics/quarterReportToGovernment？ year＝2018&quarter＝4。

"保障俄罗斯公民舒适优惠的住房和公用服务"已然成为俄罗斯住房领域的纲领性文件，它既反映了国家住房政策的发展方向，又明确规定了资金来源及其额度，并拥有一整套评估指标体系，便于对住房规划的运行状况进行实时监控。规划由俄联邦建设与公用事业部全权负责监督执行，其宗旨在于提高居民住房可支付性和住房保障水平，提高住房公用服务供给的质量和可靠性。

4. 第四阶段（2018 年至今）

在 2017 年 12 月 30 日第 1710 号政府决议中，重新对"保障俄罗斯公民舒适优惠的住房和公用服务"进行了修订，此前版本中的联邦专项规划均调整为联邦项目，纳入初始的三项子规划之中，规划结构见表 3-5。

表 3-5 "保障俄罗斯公民舒适优惠的住房和公用服务"国家规划的构成

子规划	构成	目标
"创造条件保障俄罗斯居民负担得起的舒适住房"	联邦项目"按揭"	为中等收入家庭提供经济适用房，包括为他们提供使用抵押贷款购买（建造）住房的机会
	联邦项目"住房"	年新增住房面积不低于 1.2 亿平方米
	联邦项目"确保持续减少不宜居住的存量住房"	确保持续减少不宜居住的存量住房

续表

子规划	构成	目标
"创造条件保障俄罗斯居民负担得起的舒适住房"	联邦项目措施"儿童出生时为家庭提供财政支持"	与 2018 年相比，向有 2 个或更多子女的家庭提供抵押贷款（债券）的信贷机构数量增加了 5 倍，年率为 6%
	优先项目"住房按揭和租赁"（2018 年）	通过确保高比率的住房调试（投入 8800 万平方米）和刺激需求来改善俄罗斯公民的生活条件；吸引 150 亿卢布投资用于建设租赁房
"创造条件保障俄罗斯居民优质的住房公用服务"	联邦项目"创造舒适的城市环境"	提高城市环境的舒适度，与 2018 年相比，城市环境质量指数提高 30%，环境恶劣的城市数量减少一半；建立公民直接参与形成舒适城市环境的机制，参与解决城市发展问题的公民比例增至 30%
	联邦项目"纯净水"	通过先进水处理技术使供水系统现代化，改善饮用水水质，包括利用军工综合体开发的技术
	联邦项目措施"净化伏尔加河"	与 2018 年相比，排入伏尔加河及其支流的污染废水减少 75%
	联邦项目措施"信息基础设施"	为形成"智能城市环境"生态系统创建监管、方法和组织基础，实施城市资源管理通用数字平台
	优先项目"保障优质的住房公用服务"（2018 年）	提高住房和公共服务质量，减少供水、卫生和污水处理领域公共基础设施的事故，提高公民对此类服务质量的满意度
	优先项目"形成舒适的城市环境"（2018 年）	实施一系列优先改造措施，包括实施复杂的改造项目，为系统改善城市环境的质量和舒适度创造条件
"保障国家规划的实施"	联邦项目措施"数字政府"	引入信息建模技术（"数字化建设"），向基本建设项目的生命管理系统过渡，提高建筑业现代化水平，提高建筑质量

资料来源：Постановление Правительства РФ от 30 декабря 2017 г. N 1710, Об утверждении государственной программы Российской Федерации «Обеспечение доступным и комфортным жильем и коммунальными услугами граждан Российской Федерации ». http: //base. garant. ru/71849506/ 152a75848a201e4d90ae1ce0d59aa010/#block_1000。

正如前文所述，自 2018 年 1 月 1 日起，联邦住房专项规划和"2009~2018 年提高俄联邦地震区住宅建筑、基础设施和生命支持系统的可持续性"将转为项目管理模式。根据时任俄罗斯建设和住房公用事业部副部长叶莲娜·西埃拉的说法，对于等待改善居住条件的公民来说，这种变更不会影响其权利的实现，没有必要为此焦虑。俄罗斯在项目管理方面已经累积了丰富的经验，该模式的优点在于：一是确定了实施的目标和措施，设立了项目管理办公室，地区（联邦主体）政府指派专员全天候在线，此外对于每个"试点"项目成立了工作机构，包括各相关的政府部门，以便迅速、有效地解决具有跨部门性质的问题；二是指标将变得更加透明、易懂，评估系统将更准确地审查规划执行的有效性。例如，将创建一个两级指标系统，以代替联邦专项规划中一系列复杂的指标，其中包括准确反映行业总体情况的少量关键指标，以及对各领域活动结果进行详细评估的二级指标。[①]

与俄罗斯相比，欧美发达国家更加重视改善城市环境，导致住房可负担能力有所下降，呈现与俄罗斯截然不同的发展态势。[②] 因此，俄罗斯政府也开始通过制定住房领域的国家规划和国家项目，将提高居民住房的可获性、改善住房公用服务的质量与城市环境和整体规划相联系。根据"新五月法令"，2018年 12 月 24 日国家项目"住房和城市环境"正式出台，包括 4 个联邦级项目——"按揭""住房""创造舒适的城市环境""确保不宜居住存量住房的持续减少"。[③]

目前，俄罗斯联邦城市环境质量指数还处于中低水平，大量存量住房破旧不堪，不宜居住，影响了城市环境的舒适度，较差的生活条件导致人口外流，从而限制了地区全面发展的潜力。"住房和城市环境"项目旨在：①为中等收入家庭提供负担得起的住房；②住房建设每年至少增加 1.2 亿平方米；③将城市环境质量指数提高 30%，将环境较差的城市数量减半；④建立公民直接参

① К жилищу подбирают ключи /Досрочно прекращается реализация федеральных целевых программ минстроя. https：//rg. ru/2017/11/13/zamglavy-minstroia-nelzia-zakonchit-obespechenie-zhilem-invalidov. html.

② Косарева Н. Б.，Полиди Т. Д. Доступность жилья в России и за рубежом. Вопросы экономики. 2019. No 7. C. 29–51.

③ 俄罗斯政府网，http：//government. ru/projects/selection/735/35560/。

与城市环境治理机制，将参与解决城市发展问题的公民比例提高到30%；⑤减少不宜居住的住房存量。① 图 3-4 展示了 2019~2024 年联邦预算对"住房和城市环境"的支出占国家项目联邦预算支出比重的变化情况。

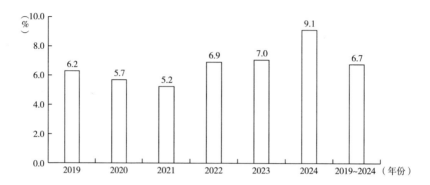

图 3-4　2019~2024 年"住房和城市环境"项目支出占比（国家项目联邦预算）
资料来源：俄联邦财政部：《2019~2024 年俄罗斯预算、税收和关税政策的主要方向》。

（二）联邦住房专项规划的发展与演变

纵观苏联解体以来俄罗斯住房领域国家规划的发展，各时期俄罗斯政府的住房政策及工具均有所区别，而联邦住房专项规划几乎贯穿了俄罗斯住房政策发展的始终。因此，本节将对其发展与演变进行具体分析。针对不同时期的社会经济发展状况，俄罗斯联邦住房专项规划的基本目标、任务、项目融资及预期成果会有不同的改进（见表 3-6）。

表 3-6　俄罗斯联邦住房专项规划特征及指标对比情况

衡量指标	2002~2010 年（规划 1）	2011~2015 年（规划 2）	2015~2020 年（规划 3）
协调者	俄联邦地区发展部	俄联邦地区发展部	俄联邦建设和住房公用事业部

① Основные направления бюджетной, налоговой и таможенно-тарифной политики на 2019 год и плановый период 2020 и 2021 годов. https://www.minfin.ru/ru/document/%3Fid_4%3D123006.

续表

衡量指标	2002~2010 年（规划 1）	2011~2015 年（规划 2）	2015~2020 年（规划 3）
制定者	俄联邦地区发展部、联邦建设和住房公用事业署、俄联邦经济发展和贸易部、城市经济机构基金①	俄联邦地区发展部	俄联邦建设和住房公用事业部
基本目标	全面解决住房部门的稳定运行和发展过程中产生的问题，保障公民的住房可支付性	形成符合节能和环保要求的经济型住房市场；实现国家对特定社会群体的住房保障义务	形成符合节能和环保要求的经济型住房市场；实现国家对特定社会群体的住房保障义务
主要任务	为住房和公用事业经济发展创造条件；通过增加住房市场金融信贷机构的规模提高居民的住房保障水平；保证住房和住房公用基础设施符合质量保准，提高舒适度；根据公民的有效需求和住房标准，保障住房和住房公用服务的可支付性	大规模建设经济型住房；通过增加住房市场金融信贷机构的规模提高居民的住房保障水平；根据公民的有效需求和住房标准，保障住房和住房公用服务的可支付性	大规模建设经济型住房；通过扩大住房建设规模提高居民的住房保障水平；为联邦法律规定的特定社会群体提供住房保障；为需要改善居住条件的公民提供社会支持，首先是年轻家庭
基本指标	1. 新增住房面积（亿平方米）		
	0.53	0.90	0.06
	2. 符合联邦法律规定需要改善居住条件的家庭数量（万个）		
	11.89	8.69	5.39
	3. 受俄联邦、联邦主体和地方预算支持改善居住条件的年轻家庭数量（万户）		
	17.59	12.70	15.04

---

① 城市经济机构基金，于 1995 年成立于莫斯科，它是一家非国有非商业经济研究中心，主要任务是分析市政机关发展过程中出现的社会经济问题，制定切实可行的方案和建议，并实施具体项目。房地产市场是其业务发展的主要方向之一，负责制定并审查住房公用事业和房地产开发市场法律法规草案。它不仅参与了俄联邦住房、城市建设、住房按揭贷款及证券、税收和预算等法律法规的制定和修改，而且在 2010~2012 年还制定了全套的住房建设行政障碍评估方法，提高了俄联邦政府对降低行政障碍的重视程度；2011 年开始实施《俄罗斯住房公用事业改革》项目，其对参与该项目的市政机关在该领域的主要问题提供咨询服务；2012 年在欧洲复兴开发银行项目"提高俄联邦城市住房的能源效率——制定法律模式和基础"框架下，创建了公寓楼资本维修融资模式；目前，正制定公私合作联邦法律在经济型住房建设方面，以及非商业租房方面的法案。http://www.urbaneconomics.ru/.

衡量指标	2002~2010 年（规划 1）	2011~2015 年（规划 2）	2015~2020 年（规划 3）
	4. 子规划		
基本指标	"国家住房证书（2004~2010年）""俄联邦从危旧住房迁出的公民安置""俄联邦住房公用综合体改革和现代化""参与消除辐射事故和灾害的工作人员的住房保障""从拜科努尔迁出的俄联邦公民住房保障""俄联邦难民和流离失所者住房保障""年轻家庭住房保障""住房公用基础设施建设用地保障""公用基础设施项目现代化""完成国家对联邦法律规定社会群体的住房保障义务"	"年轻家庭住房保障""公用基础设施项目现代化""完成国家对联邦法律规定社会群体的住房保障义务""刺激俄联邦主体住房建设发展"	"年轻家庭住房保障""完成国家对联邦法律规定社会群体的住房保障义务""刺激俄联邦主体住房建设发展""特殊社会群体住房保障""公用基础设施项目现代化"
融资渠道及规模	项目融资规模（亿卢布）		
	9277	6212	6638
	其中：联邦预算（亿卢布）		
	3540	2916	3412
	联邦主体和地方预算（亿卢布）		
	740	1100	1019
	预算外资金（亿卢布）		
	4997	2196	2207
预期成果	1. 住房保障水平（人均住房面积增长）单位：平方米		
	20~21.7	22.4~24.2	提高
	2. 住房可支付性（获得住房所需时间）		
	三年之内	四年之内	—
	3. 运用自有资金或贷款可以获得住房的家庭数量比重增长		
	9%~30%	12%~30%	—

资料来源：根据俄罗斯政府颁布的 2002~2010 年、2011~2015 年和 2015~2020 年联邦住房专项规划相关资料整理。

通过对三个规划的对比可以看出，俄罗斯联邦住房专项规划的发展具有如下特点。

1. 规划的制定和协调主体逐步减少，专业性不断增强

在规划 1 中，俄联邦地区发展部、联邦建设和住房公用事业署（现为建设和住房公用事业部）、经济发展和贸易部（现经济发展部）以及城市经济机构基金作为规划的制定和协调主体，共同为规划及其各项子规划的实施负责，然而由于各主体之间缺乏明确的职责分工，该规划的实施效率十分低下。

规划 2 将俄联邦地区发展部确定为唯一的制定和协调主体，全权负责住房专项规划的实施及监督工作，而不再引入其他机构，但由于地区发展部的职能涵盖俄联邦政治、经济、社会、文化和高科技等诸多方面，住房和公用事业发展只是其职能中极小的一部分，使住房和公用事业发展无法获得相应的重视。为此，2013 年 11 月 1 日，在联邦建设和住房公用事业署的基础上，经俄罗斯总统批准成立了俄联邦建设和住房公用事业部，专门负责管理住房建设发展基金，以及制定和落实住房建设、城市规划、住房公用事业改革等领域的政策法规。自此，俄联邦建设和住房公用事业部便成为规划 3 的制定和协调主体。俄联邦建设和住房公用事业部的优先任务为：①为需要改善居住条件的特定公民提供支持；②为住房市场的发展完善创造条件；③危房拆除；④吸引私人投资，实现住房公用事业项目现代化，提高能源利用率；⑤完善建筑业的法律基础；⑥改善住房条件，提高舒适度；⑦扩大住房建设规模。

2. 对衡量公民住房保障程度的"新增住房面积"等指标的规定更加务实

规划 1 中规定，"新建住房面积"为 0.53 亿平方米，而规划 2 实施期间，该指标增长 70%，达 0.90 亿平方米。但是由于受到诸多因素限制，如土地划拨程序不透明，许可文件的制定时间长且程序复杂，住房建设中缺乏新工业技术，住房公用基础设施项目对私人投资的吸引力较低，缺乏针对开发商的优惠贷款机制，等等，使该指标的完成情况并不理想。2014 年以后，西方经济制裁导致油价下跌、卢布贬值，俄罗斯财政陷入困境之中，因此在规划 3 制定之初并未对 2020 年前应完成的"新增住房面积"指标进行规定，仅在其子规划"刺激俄联邦主体住房建设发展"中规定，至 2020 年新建住房规模为 7330 万平方米。后经修订，将该指标确定为 600 万平方米，远低于前两个规划。

3. 住房规划的受益群体不断扩大

联邦住房专项规划的受益主体主要是低收入群体和特殊职业群体。规划 1

集中解决从拜科努尔迁出的居民、参与消除辐射事故和灾害的工作人员等群体的住房问题，属于特殊情况下的临时安置，这与有权获得国家住房保障的公民与所有需要改善居住条件的公民数量相比，所占比重很小。此外，规划 1 和规划 2 还调动大量资金用于军人的住房保障。但自 2011 年起，建设经济型住房、促进住房公用设施现代化成为俄罗斯住房领域的主要发展方向，其目的在于不断扩大住房专项规划的受益群体，使更多符合联邦规定的居民都能够尽早获得住房，并改善居住条件。

此外，通过观察规划 2 和规划 3 我们还可以发现，这两个阶段住房专项规划中的子规划类似，但若详细研究便能找到其中的差异。①

其一，"年轻家庭住房保障"。规划 2 中提出，要为购买住房或建造独栋（个人）住房创造条件，规划 3 中提出，要为购买住房或建造经济型住房创造条件；规划 2 中最重要的指标之一是改善年轻家庭的数量（12.7 万户），规划 3 中的指标是获得社会支付证书的年轻家庭数量（15.04 万户）；融资规模从规划 2 的 2246.9 亿卢布显著增加到规划 3 的 3398.4 亿卢布。

其二，"完成国家对联邦法律规定社会群体的住房保障义务"。规划 2 中重要的指标是国家住房证书的数量，而规划 3 中重要的指标是俄联邦法令规定的需要改善住房条件的公民数量；融资规模从规划 2 的 1265.2 亿卢布缩减到规划 3 的 1186.3 亿卢布。

其三，"刺激俄联邦主体住房建设发展"。规划 2 中列出了住房建设发展的机构，同时在住房建设规划中强调了在"俄罗斯家庭住房"规划框架下实施的项目；规划 2 中最重要的指标，除了年新增住房面积外，还设置了新增的经济型住房和低层住房占比指标，而规划 3 中对此未做规定；规划 2 计划保障年新增住房面积达 3.29 亿平方米，融资 113.7 亿卢布，而规划 3 则分别为 642 万平方米和 438.1 亿卢布，用于指标的完善和住房建设；规划 3 强调了补充预

① Эволюция подпрограмм ФЦП《Жилище》на 2011–2015 гг. и ФЦП《Жилище》на 2015–2020 гг. Отчет об оказании услуг по проведению независимой оценки показателей результативности и эффективности программных мероприятий федеральной целевой программы《Жилище》на 2015–2020 годы, их соответствия целевым индикаторам и показателям за 2015 год. Ст. 8. http://www.fcpdom.ru/attachments/article/621/ОТЧЕТ%20%20мероприятий%20и%20подпрограмм%20федеральной%20целевой%20программы.pdf.

期结果和指标，其中包括发展住房一级市场，稳定房价，使居民负担得起，且在经济上合理；此外，规划 3 还增加了以下预期结果：增加住房建设领域的私人投资和信贷资金。

其四，"特殊社会群体住房保障"。规划 2 中仅将其作为一项保障措施，在"年轻家庭住房保障""完成国家对联邦法律规定社会群体的住房保障义务"等子规划下以及 2008 年 9 月 17 日第 1370 号总统令下执行，拨款 662 亿卢布；而规划 3 则将此列为联邦住房专项规划的子规划加以实施，共拨款 1586.8 亿卢布。

其五，"公用基础设施项目现代化"。总体而言，二者的目标类似，但规划 2 中更为具体；且与规划 3 相比，规划 2 执行的最终结果和社会经济效率指标状况均相对较好。

应该说，尽管规划的完成度并不十分理想，但通过对三个规划的主要目标、任务等的对比可以看出，俄罗斯在住房保障领域的工作是极其务实的。俄政府通过对住房规划发展状况的跟进与分析，不断对其修订，使之更加切合实际，更有针对性地解决居民的住房问题。2018 年在实施住房规划的框架下，俄罗斯政府将其主要任务设定为：①吸引住房抵押贷款、母亲资本、公民储蓄等用于购买经济型住房；②通过吸引地区和市政投资，增加在建住房（公寓）数量；③改善公民居住条件，完善住房公用事业的结构；④将经济型住房的价格降至市场价格的 80%，不超过 4 万卢布/平方米（不设下限）。①

第二节　俄罗斯住房财政保障职能及其实现方式

俄罗斯学者认为，财政对经济社会发展的作用主要体现在：通过预算及预算外资金的筹集及支出，确保国家政策目标的实现，通过合理分配预算收入，提高预算决策及支出绩效。在计划经济体制下，俄罗斯一般是利用指令性计

---

① Кто может воспользоваться жилищными программами. https：// posobie. net/ subsidii/ gosudarstvennye-zhilishhnye-programmy-na-2018-god. html.

划、行政管制以及对国有企业所有权的控制来调节经济的，这时的预算对于政府来说只是一个粗略的收支计划，其象征意义远大于实质意义。然而在市场经济条件下，政府的作用转变为克服市场缺陷、促进资源的有效配置、确保财政资源被优先用于实现国家战略目标、为经济发展和公民提供市场无法实现的公共服务，因而预算的作用也得到前所未有的提升。①

可以说，预算已成为俄罗斯政府施政最为重要的工具，对社会经济的稳定发展有着深刻的影响。② 在市场经济条件下，政府施政的本质在于制定和实施公共政策以促进公共利益的实现，而预算将公共政策运作和公共资源配置融入正式的政治进程中，使政府预算成为政治过程的核心。离开了政府预算的支持，政治和经济决策都将如无源之水，空洞而无法实现。因此，作为国家政策的一部分，公共预算明确了国家关于公共产品生产和社会服务提供领域的战略目标，以及政府在这一过程中应承担的责任和义务，并通过制定社会担保和财政支持机制，对财政资金再分配问题予以了界定，对促进整个社会经济的快速发展发挥了极其重要的作用。

与国家预算目标和任务相适应，俄罗斯各经济部门均有独立的预算保障模式。俄罗斯在住房领域的预算保障模式是指根据住房及公用事业部门各参与主体之间的利益关系，对相关预算资源进行配置的方法、手段与工具。主要体现在以下几个方面：

——保障住房规划体系内各项国家规划和项目的实施；

——促进住房公用事业改革基金的建立和运作；

——实施住房按揭贷款再融资；

——为申请住房按揭贷款的居民提供利率补贴；

——为低收入群体建设社会住房；

——为俄联邦法律规定的特定社会群体提供住房补贴，其中包括为军人个人储蓄账户拨款等。

如图 3-1 所示，俄罗斯对住房领域的财政保障资金主要通过预算拨款、

---

① 童伟：《俄罗斯政府职能转变下的预算制度改革》，《东北亚论坛》2008 年第 2 期。
② 朱励群、赵定东：《俄罗斯"突变性"社会转型模式生成根源分析》，《东北亚论坛》2007 年第 2 期。

预算贷款和预算投资来实现。预算拨款通常具有专项性，用于全部或部分弥补各联邦主体的住房建设成本。预算信贷则以有偿性和可支付性为基础，为联邦主体划拨财政资金，特殊情况下国家贷款也可能无偿发放。预算投资则是指将财政资金用于某些建设项目，建成后或可获得项目的产权。①

一　预算拨款

在俄罗斯，预算拨款通常作为专项基金，用来补贴各联邦主体的住房及公用基础设施建设和修复成本。根据俄罗斯发布的预算拨款条件及地区专项发展纲要提出的相关规定，俄罗斯在住房领域预算资金的最终受益者应为建筑企业或公民本身，预算拨款的来源为俄联邦中央、地区和地方预算。

目前，俄罗斯联邦预算拨款主要通过国家规划"保障俄罗斯公民舒适优惠的住房和公用服务"来实现（见图3-5）。2013~2025年为规划实施的第一阶段，联邦预算拨款1.12万亿卢布。其中每个子规划分别为："创造条件保障居民优惠舒适的住房"5782亿卢布、"创造条件保障居民舒适的住房公用服

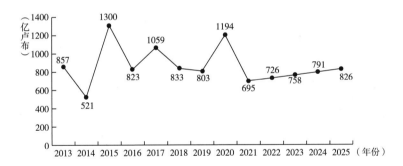

图3-5　"保障俄罗斯公民舒适优惠的住房和公用服务"联邦预算拨款规模
资料来源：俄罗斯国家规划官方网站，https://programs.gov.ru/Portal/program/05/passport。

务"2018亿卢布、"保障国家规划的实施"256亿卢布、联邦住房专项规划（2015~2020年）3089亿卢布和"2009~2018年提高俄联邦地震区住宅建筑、

---

① Ефимова С. Б. Основы бюджетно-расходной политики государства / Саратовский государственный социально-экономический университет. –Саратов，2006. –С. 109.

基础设施和生命支持系统的可持续性"39 亿卢布。

预期通过这些资金投入可取得如下成效：①年均新增住房面积达到 1.2 亿平方米，至 2025 年新建 198 万套住宅；②为俄联邦居民创造条件，使居民至少每 15 年可以改善一次居住条件；③形成发达的住房租赁市场，并促进保障低收入群体的非商业住房市场的发展；④住宅应符合现代化的能源效率和环境要求，以及某些群体的特定需求（如残疾人、老年人、多子女家庭等）；⑤将 54 平方米典型住宅的平均市场价格降至三人之家年均收入的 2.3 倍（将住房可支付性水平降至 2.3 年）；⑥提高俄联邦居民对住房公用服务的满意度。[①]

"保障俄罗斯公民舒适优惠的住房和公用服务"规划确定了各个子规划和实施期间各年度的联邦预算拨款情况。同时，对于联邦预算拨款的分配及条件，以及联邦主体配置资金的规模和程序等，也做出了详细的规定。[②]

俄罗斯各联邦主体之间补贴的分配取决于向其提供的补贴总额，计算公式如下：

$$C_i = C_{\min i} + \left(C - \sum_1^n C_{\min i} \right) \times \frac{Z_i}{\sum_1^n Z_i}$$

其中，$C_{\min i}$ 是提供给联邦主体 i 的最低补贴；C 是提供补贴的相应财政年度联邦预算拨款的规模；n 是接受预算补贴的联邦主体数量；Z_i 是指为联邦主体支出义务（为青年家庭提供社会支付证书）融资的联邦预算规模，该联邦主体预算提供补贴最低规模时考虑到的年轻家庭除外。

提供给联邦主体 i 的最低补贴的计算公式为：

$$C_{\min i} = N_{\min i} \times P_i \times 54 \times 0.35 \times Y_i$$

其中，$N_{\min i}$ 是指联邦主体 i 获得社会支付证书的年轻家庭的最低数量，构

---

① 俄罗斯国家规划官方网站，https：//programs. gov. ru/Portal/programs/passport/05。

② Постановление Правительства РФ от 30 декабря 2017 г. N 1710；Об утверждении государственной программы Российской Федерации «Обеспечение доступным и комфортным жильем и коммунальными услугами граждан Российской Федерации». http：//base. garant. ru/71849506/#ixzz6YXfXJTXg.

成 10 个家庭（若参加专项规划的年轻家庭希望在计划年度获得社会支付证书低于 10 个，则最低数量等同于所有希望在计划年度获得社会支付证书的年轻家庭数量）；

P_i 是由俄联邦建设和住房公用事业部上一年第三季度确定的联邦主体 i 每平方米住房的平均市场价格；

Y_i 是根据 2014 年第 999 号政府决议《俄联邦主体预算补贴的形成、提供和分配》中第 13 条关于联邦预算补贴的原则，确定的为联邦主体 i 支出义务拨款的限额。

$$Z_i = （N_i - N_{mini}）\times P_i \times 54 \times 0.35 \times Y_i$$

其中，N_i 是指联邦主体 i 中希望在计划年度获得社会支付证书的年轻家庭数量。

若联邦主体汇总预算中的配套资金不能达到完成支出义务所需的规模，则应降低补贴资金以适应共同融资水平。

联邦主体获得补贴应满足以下条件：一是联邦主体通过了措施清单的监管法律，为联邦预算补贴提供配套资金；二是联邦主体预算配套资金加上联邦预算补贴，应足以履行预算支出义务。此外，联邦主体有义务当年轻家庭中有新生儿（包括收养）的情况下增加额外社会支付，额外支付应不低于核算（平均）房价的 5%。

二 预算贷款

预算贷款，即财政性信贷是俄罗斯利用信用形式、按照信贷原则，以偿还为条件而安排的财政支出。从本质上讲，是对国家或地方政府所属资产、货币或其他非物质形式使用权的临时让渡，通常让渡的接受方为具有一定紧迫性的需求者。目前，信贷已成为俄罗斯保障低收入群体住房权利的有效方式。俄罗斯预算贷款以有偿性为前提，为住房市场相关主体提供财政资金，包括为居民和法人实体提供建房或购房贷款、为建筑商提供国家贷款、发展住房按揭信贷机制、发放住房建设和公用基础设施现代化债券等。

俄罗斯在住房领域的预算贷款及补贴主要通过住房贷款股份公司执行。根据 1996 年第 1010 号政府决议，俄罗斯于 1997 年成立了住房按揭贷款股份公司（АИЖК）。俄罗斯住房按揭贷款股份公司的运营目的在于：保障居民住房的可获性，建立并发展长期住房按揭信贷，包括为银行长期按揭贷款吸引资金。主要任务在于：规范住房按揭贷款程序，降低信贷风险；发行按揭证券；建立长期按揭信贷市场，通过再融资确保银行资金的流动性等。

俄罗斯政府对住房按揭贷款股份公司的支持主要体现在两个方面：一是为提高住房按揭贷款股份公司的资本化程度，从联邦预算中拨款作为住房按揭贷款股份公司的注册资本金；二是为住房按揭贷款股份公司在金融市场上发放的长期住房按揭信贷提供担保。作为按揭贷款二级市场的协调者，住房按揭贷款股份公司为俄发展住房按揭贷款奠定了组织基础。然而，2008 年全球金融危机的爆发对住房按揭贷款股份公司乃至整个俄罗斯住房按揭市场的发展带来了沉重的打击，2008~2009 年，按揭贷款发放量降低了近 80%。为此，住房按揭贷款股份公司对危机条件下的自身职能进行了审视和重新定位，并采取了以下措施对住房按揭市场予以扶持：①通过签订长期住房按揭贷款再融资合同，保障按揭市场参与主体财务状况的改善；②为陷入生存困境的建筑公司提供资金支持，以防范风险的进一步扩大；③对受危机影响最为严重的建筑业给予充分重视，制定和实施经济型住房建设刺激方案。

为对失业及低收入贷款人提供住房支持，2009 年 2 月，俄罗斯住房按揭贷款股份公司成立了第一家子公司——住房按揭贷款重组股份公司，该公司根据按揭机构的长期财务状况来评估并确定其重组的可能性。然而遗憾的是，该公司的重组业务尚未得到普遍开展，其主要原因在于：①大部分借款人不符合按揭贷款重组股份公司发放稳定贷款的标准和要求；②信贷机构更倾向于独立进行重组规划；③借款公民在国家支持结束后，无法承受急剧增大的贷款压力。因此，2013 年 7 月住房按揭贷款重组股份公司调整了业务方向，更名为"住房建设融资公司"。此外，2010 年 1 月，俄罗斯住房按揭贷款股份公司还注册成立了住房按揭贷款保险公司，以促进住房按揭保险服务市场的发展。[①]

---

① http://www.ipomama.ru/ru/agency/daug_company/.

俄罗斯住房按揭贷款股份公司的主要任务是为公民提供抵押贷款，但事实上它并不直接与公民发生业务联系。而是通过合作伙伴网络，以两种方式赎回合作伙伴和技术代理发放的抵押贷款：一是合作伙伴根据住房按揭贷款股份公司的条件发放贷款，然后将抵押权转让给住房按揭贷款股份公司进行再融资；二是直接从住房按揭贷款股份公司的账户中发放抵押贷款。合作伙伴受理借款人提供的文件，由住房按揭贷款股份公司独立验证并批准。按揭贷款组合由俄罗斯外贸银行维护，它受理借款人的所有付款，并签发必要的信用证明。住房按揭贷款股份公司的经营模式表明，俄罗斯是以联邦预算和国家信用承担居民住房抵押贷款中的商业风险，并通过市场运作降低承担风险的成本、扩大承担风险的能力（见表3-7）。[①]

在2008年全球金融危机后，可以说俄罗斯住房按揭贷款市场在较短的时间内摆脱危机状况，并于2011年完全恢复后开始积极增长，在很大程度上得益于住房按揭贷款股份公司的项目融资。[②]

表3-7 2015年前住房按揭贷款股份公司实际发展状况

按揭市场发展	按揭信贷	·制定按揭贷款的发放标准 ·共为36.7万份抵押贷款进行再融资，总金额达4040亿卢布 ·为特殊社会群体提供按揭产品：军人、多子女家庭（持有"母亲资本"证书的家庭）、年轻教师和学者等 ·按揭贷款成为银行贷款的重要组成部分，其投资组合已增至3600亿卢布
	按揭贷款证券化	·为按揭贷款证券化创造必要的法律基础，并据此规定证券化产品的统一标准 ·银行定期为投资组合证券化——按揭有价证券市场规模已达4500亿卢布
	按揭保险	·设定为按揭风险再保险的承保标准，包括立法框架的发展 ·制定按揭保险和再保险合同标准 ·获得了可观的保费收入

---

① 高际香：《俄罗斯民生制度：重构与完善》，社会科学文献出版社，2014，第144页。

② РаспоряжениеПравительстваРФот 08.11.2014 N 2242 - р 《ОбутвержденииСтратегииразвитияипотечногожилищногокредитованиявРоссийскойФедерациидо 2020 года》. https：//legalacts. ru/doc/rasporjazhenie-pravitelstva-rf-ot-08112014-n-2242-r/.

续表

建设规模扩大	住房建设	·通过俄对外经济银行优惠信贷为住房建设进行专项融资 ·为新推出的按揭产品进行试点实施（基础设施赎买、出租住房等）
	土地供给	·通过住房建设发展基金合理引入闲置的联邦和地方政府所属建设用地 ·2008～2014 年共提供 1.25 万公顷土地，建造了 406 万平方米住房

资料来源：根据俄罗斯中央银行、住房按揭贷款股份公司、住房建设发展基金相关资料整理。

值得注意的是，俄罗斯住房按揭贷款股份公司并未在各联邦主体设立分支机构、代表处、办事处和子公司。[①] 2015 年，俄罗斯住房按揭贷款股份公司进入了一个新的发展阶段，在其基础上形成了住房统一发展研究所，由俄联邦财产管理局 100%控股，其中包括了住房按揭贷款股份公司的子公司和"住房建设发展促进基金"。住房统一发展研究所的优先任务在于：降低住房和抵押贷款市场风险，刺激经济型住房建设，发展工程基础设施融资机制，在住房和抵押贷款市场实施反危机支持机制。根据 2016 年 5 月 17 日普京签发的总统令，住房按揭贷款股份公司还创建了"按揭抵押债券工厂"（Фабрика ИЖК），以较低的利率增加抵押贷款的发放量。2018 年 3 月，俄罗斯住房按揭贷款股份公司更名为"俄联邦·住房"集团股份公司（ДОМ.РФ），根据其总经理亚历山大·普鲁特尼克的说法，更名的主要原因在于，存在大量以住房按揭贷款股份公司名义成立的区域代理机构，其实与其并没有任何法律关系，严重影响了公司的未来发展。"俄联邦·住房"集团公司承接住房按揭贷款股份公司所有范围的业务，其中既包括抵押贷款，也包括发展文明的住房租赁市场，开发未被利用的联邦所属土地，以及一系列创造舒适城市环境的规划。此外，将住房按揭贷款股份公司的固定资产转移到"俄罗斯资本"银行（банк «Российский капитал»），并在其基础上建立按揭建设银行。[②]

以为年轻家庭提供购置住房的社会支付证书为例。在俄罗斯，各级预算都

[①] Агентство ипотечного жилищного кредитования（АО《АИЖК》）. https：//www. banki. ru/wikibank/agentstvo_ipotechnogo_jilischnogo_kreditovaniya/.

[②] АИЖК сменит название на ДОМ. РФ в 2018 году. https：//дом. рф/media/news/aizhk_smenit_nazvanie_na_dom_rf_v_2018_godu/.

会为年轻家庭提供一定的社会支付（социальная выплата），年轻家庭在购买或建设住房时可用其抵消部分首付、利息或尾款。俄罗斯住房保障的财政性信贷支持机制的具体运作流程为：①由俄联邦地区发展部或建设和住房公用事业部委托住房按揭贷款股份公司制定财政性信贷支持项目（如"年轻家庭住房保障"），符合条件的家庭递交项目申请书，经地方政府审核后将通过的名单提交至联邦地区发展部；②联邦地区发展部审核并批准名单后，根据名单为各联邦主体提供相应的预算补贴，各联邦主体及地方政府再据此为相关家庭发放社会支付证书；③各家庭在拿到支付证书后，凭此证书在住房按揭贷款股份公司的合作银行等合法机构开立账户，该账户为其获得社会支付和按揭贷款的唯一账户；④银行等与获得社会支付证书的年轻家庭签订抵押合同，并将其抵押给住房按揭贷款股份公司，据此从按揭贷款股份公司获得相应的融资（详见图 3-6）。

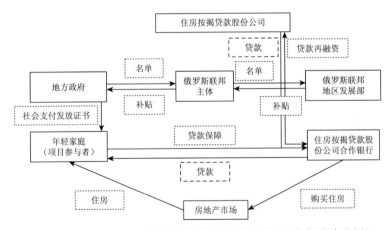

图 3-6　俄罗斯住房保障的财政性信贷支持机制（以年轻家庭为例）

资料来源：丁超《公共财政框架下的俄罗斯住房保障制度改革》，《俄罗斯研究》2017 年第 1 期。

三　预算投资

预算投资是指通过预算资金对联邦和地方政府所属或其他所有制形式项目的修建或现代化改造进行资本投入，以实现社会经济利益。从本质上讲，它是俄联邦和各联邦主体、自治机关政府对其所属资产进行统一管理和配置的过程。俄罗斯住房领域的预算投资程序由《预算法典》、联邦法律第 39 号《关于俄罗斯联邦的投资活动》及各地区法律文件进行规范。上述文件规定，俄罗斯在预算投资过程中产生的相应的财产权利，或为国家或市政机关产权，或为与私人商业主体形成的共同产权；预算投资主体为俄联邦中央、地区和地方预算的，其支出效率评估方法和程序由相应层级法律文件进行规范，以保障投资项目评估和遴选机制的公开透明。

政府采购是俄罗斯为住房和公用基础设施建设项目提供预算支持的重要手段，主要包括两种形式：一是购买商品、工程和服务以满足国家或地方政府需求；二是形成国家或地方政府订单，以此来刺激住房及公用基础设施的建设和现代化改造。对于政府采购部门和全体纳税人、供货商及承包商来说，俄罗斯政府采购的形式、原则和程序都应是统一且易于理解和接受的。在此方面俄罗斯的相关法律基础有：2005 年第 94 号联邦法《关于满足国家和市政需求的商品、工程和服务政府采购》以及 2015 年 4 月新出台的《俄罗斯联邦采购法》。

图 3-7 显示了俄罗斯居民住房保障的政府购买支持机制的运作流程。其主要的步骤有：①俄罗斯各联邦主体制定地区住房发展规划，并据此获得来自联邦住房公用事业改革基金等的预算拨款补贴；②联邦主体根据其辖区内居民的住房需求，将获得的补贴提供给地方政府，用于组织危房拆除或社会住房建设等活动，地方政府通过政府购买的方式，委托建筑公司及其分公司进行住房及公用基础设施项目建设；③为居民提供住房并改善其居住条件。

如图所示，住房公用事业改革基金在居民住房保障的政府购买支持机制中起到关键作用。俄罗斯住房公用事业改革基金成立于 2007 年，初始资金为 2400 亿卢布（由联邦预算拨款，来自"尤科斯"集团补缴税款及进入破产程序后变卖其资产的收入），2010 年又获得增拨资金 150 亿卢布。该基金的运营时间也从最初规定的 2013 年延续至 2015 年、2018 年。住房公用事业改革基金负责对各联邦主体危旧住房的拆迁等地区发展规划进行审核，制定相关方法，对符合联邦法律规定的联邦主体和项目进行资金支持，并对其实施情况进行监控。住房公用事业改革基金还对以下地区专项发展规划的实施提供资金支持：居民楼的维修、危旧住房的拆迁、住房公用基础设施的现代化等。

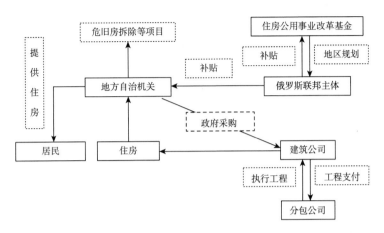

图 3-7　俄罗斯居民住房保障的政府购买支持机制

直至 2018 年，在俄罗斯住房公用事业改革基金的援助下，共有 104 万名公民从 1600 万平方米的危旧住房中搬迁出来，其中，2008～2013 年拆除的危旧住房面积为 520 万平方米。根据 2012 年 5 月 "保障俄罗斯公民优惠舒适的住房及公用服务" 规划，至 2019 年还应清除 1070 万平方米的危旧住房。应指出的是，2018 年，已经有近 1/3 的俄联邦主体开始运用自有资金消除危旧住房。在此过程中，一些地区获得了高额补贴。2018 年住房公用事业改革基金的重点依然是监测公寓楼共同资产的资本维修规划，住房公用服务业共筹集 1830 亿卢布，达到 95.2%，完成工程额超过 1700 亿卢布，对总面积为 1.71亿平方米的 4.7 万余套公寓进行了大修。当然，监测结果也显示出公寓楼资本维修存在一些系统性的问题。例如，俄联邦主体资本维修需求与可用资金不匹配，导致无法在地区规划期限内确保工程的实施；资本维修基金账户上未使用余额增加，至 2019 年初已超过 2080 亿卢布，此外，在一些联邦主体该余额甚至超出了居民筹资的金额。

基于住房公用事业改革基金过去十年间取得的成果及其对各联邦主体社会经济发展的重要性，2018 年俄罗斯决定扩大其工作范围并设定了新任务，其中包括：持续减少不宜居住的住房，支持公用基础设施现代化项目，监测俄联邦各主体地区资本维修规划的实施，并支持节能和提高能效的措施，参与俄联邦"纯净水"项目和"净化伏尔加河"项目，所有这些措施均体现在 2019～2025 年住房公用事业改革基金的长期业务发展规划之中。根据普京总统的"新五月法令"，在国家项目"确保持续减少不宜居住的存量住房"框架下，2019～2024 年计划重新安置 9540 万平方米危旧住房中的 53 万名公民。在这六年间，俄罗斯计划通过住房公用事业改革基金拨出 4460 多亿卢布。①

除住房公用事业改革基金外，为保证预算投资的顺利推进，2008 年 7 月，根据联邦第 161 号法律俄罗斯还成立了住房建设发展基金（Фонд РЖС）。住房建设发展基金的职能包括两方面：一方面为各类住房和公用基础设施建设提供土地，同时为低收入家庭和多子女家庭等自建房屋提供价格优惠的土地；另一方面，为住房建设相关项目融资，并监督其实施情况。作为土地利用和发展基金，住房建设发展基金的主要任务首先是保障经济型住房的建设，特别是低层住宅建设；其次是发展交通、工程和社会基础设施，以及通过建设工业园区、科技园区和企业孵化器等，发展创新型建筑工艺，推动存量房的改造和现代化。

2008～2014 年，俄罗斯共有 1.60 万公顷土地用于住房建设，其中 1.25 万公顷（78%）由住房建设发展基金提供，其余 0.35 万公顷（22%）由俄联邦管理和分配机关转移到各联邦主体相关部门来提供。也就是说，由住房建设发展基金直接提供的土地是俄联邦主体的 3.5 倍多。至 2015 年，住房建设发展基金共在 27 个联邦主体投入运营了 590 万平方米的住房，向 43 个联邦主体移交了 271 个地块，总面积为 9.8 万公顷。因此，至少有 7.5 万个多子女家庭能够免费获得土地。来自 15 个联邦主体的近 1.4 万个多子女家庭已经享受到该项福利。与此同时，将对部分已转移的土地提供燃气、电力和供暖网络，耗资超过 40 亿卢布。在基洛夫库尔斯克州、莫斯科州、萨拉托夫州、车里雅宾斯克州，莫斯科和喀山市，住房建设发展基金开设了至少 12 所幼儿园。在克拉斯诺亚尔斯克边疆区、新西伯利亚州和乌里扬诺夫斯克州，成立了 4 家建筑材

---

① 住房公用事业改革基金官方网站，Годовой отчет государственной корпорации — Фонда содействия реформированию ЖКХ за 2018 год. http://fondgkh.ru/workresult/godovyie-otchetyi-fonda/godovoy-otchet-gosudarstvennoy-korporatsii-fonda-sodeystviya-reformirovaniyu-zhkh-za-2018-god/。

料工厂，创造了 455 个就业岗位，投资达到 45 亿卢布。如前文所述，2015 年住房建设发展基金被纳入住房统一发展研究所。在 44 个联邦主体内正在实施的 170 个项目（270 个地块）转入住房按揭贷款股份公司，总面积为 1 万公顷。其中有约 60 个低层住房建设项目、35 个复合建设项目；正在建造的住房面积为 2650 万平方米，其中经济型住房面积占到 63%。①

通常情况下，在俄罗斯的固定资本形成阶段，预算投资一般不足以抵偿所有的项目支出，还需要通过公私合作等方式为住房建设、公用基础设施建设和现代化改造融资。目前，俄罗斯公私合作在住房建设领域投资的基本模式有签订特许协议、兴建特殊目的企业（SPV）和签署生命周期合同等。

在公私合作立法尚有诸多缺失的情况下，特许协议是俄罗斯实施大规模资本密集型项目时普遍采取的一种公私合作模式。公私部门通过签订特许协议，一方面可以解决国家在住房及公用基础设施建设和服务供给方面预算资金紧缺的困难；另一方面私人部门也可在长期优惠的条件下管理国家资产，还可获得相应的成本和投资补贴。兴办特殊目的企业是俄住房领域公私合作中较为常见的一种形式，基于供排水市场上大多数公司已实现了股份化，供排水设施建设已成为最有可能通过特殊目的企业实现公私合作的领域。此外，随着近年来俄罗斯用于建设和改造基础设施的预算投资日益减少，通过签订生命周期合同发展公私合作也显然成为理想的选择，因为该模式要求从项目设计开发到运营维护，均由私人部门全权负责。②

第三节　俄罗斯住房财政调节职能及其实现方式

在俄罗斯，除通过预算制度改革为居民获得住房提供差别化的资金支持和保障外，政府还不断调整税收政策，为住房市场各参与主体提供税收优惠，切实满足居民购买或出售房屋的具体需求。

---

① Фонд содействия развитию жилищного строительства ликвидирован. https://tass.ru/ekonomika/3581166.

② 丁超：《俄罗斯公私合作及其在住房领域的实践探索》，《俄罗斯东欧中亚研究》2016 年第 1 期。

一 税收优惠

根据俄罗斯联邦《税法典》规定，俄罗斯居民在建设、购买和出售住房时税收部门均可根据相关法律规定对其进行税收扣除。2014 年，俄罗斯变更了《税法典》第 220 条有关税收扣除部分的内容，主要包括：①提高扣税额度；②扩宽扣税对象，将按揭贷款和债券利息纳入扣税范围；③扣税主体扩大化，具体表现为处于婚姻关系的夫妇双方均可对其将要获得或已获得的资产享受扣税权利。

（一）建设或购买住房时的税收扣除

俄罗斯新颁布的住房税收优惠以 2014 年为分界线，规定居民可根据新的税收扣除规则扣税。居民购买或建设住房满足下列条件时可享受以下税收优惠。（1）在俄联邦境内新建（包括合资建造形式）住房。需要注意的是，集资建房条件下，为获得税收扣除，必须有集资各方签署的转让合同或其他开发商的集资项目文件；如果没有，即使已经拿到参与集资建房的参与合同和付款凭证（收据），也无法获得财产税减免（《税法典》第 220 条第 6 款第 3 项）。此外，还可以扣除以下费用：制定工程和预算文件，购买建筑和装修材料，建设和装修工程或劳务，将住房连接到电力、水利、天然气和污水管网，或自主建设电力、水利、天然气供应和污水处理网络（《税法典》第 220 条第 3 款第3 项）。（2）购置住房，用于购买住宅、公寓楼、房间或股权的资产可享受税收扣除。若购买新建住房，那么可通过税收扣除，弥补维修和装修费用，但房屋销售合同中必须包含房屋处于在建或尚未装修状态的条款（《税法典》第220 条第 3 款第 5 项）。（3）抵偿抵押贷款或债券本金。（4）支付房贷利息，但需要根据付款单据、银行转账单等对产生的利息进行确认（《税法典》第220 条第 4 款）。（5）购买土地——为建造独栋住宅划拨的土地可享受税收扣除。车库和其他非住宅房地产的所有者不能享受税收扣除（《税法典》第 220条第 1 款第 3 项）。[①]

---

① Налоговый вычет при покупке квартиры. https：//www.garant.ru/actual/nalog/ndfl/3-ndfl/deduction/home/.

其中，购房税收扣除的基准额度提高为 200 万卢布，抵偿贷款或债券及其利息的基准额度为 300 万卢布，扣除率为 13%。建设或购买住房的税收扣除可多次进行。若居民没有一次性享受全部基准额度，该权利还可在之后的纳税期实现。最后，扣税限额按人头而不是按房产来计算。既定的人均税收扣除限额不仅可用于一次性建造或购买住房，剩余部分还可用于购买其他房产。对于处于婚姻关系中的夫妇双方来说，任意一方均享受对其共同获得的房产进行税收扣除的权利。

为便于理解规则变更前后的区别，现举例如下：某居民购买了两套公寓，价格分别为 130 万卢布和 250 万卢布。若在 2014 年之前，他仅能在购买第一套房产（130 万卢布）时享受税收扣除，扣除率为 13%，则其可获得的返税金额为 16.9 万卢布。根据 2014 年以后的新规则，其未用到的 70 万卢布（基准限额 200 万卢布－已用的 130 万卢布），可在购买第二套房产的时候继续享用，这样他购买两次房产共可获得 26 万卢布（基准额度 200 万卢布×13%）的税收返还。此外，根据新规则，若夫妇共同购买价格 600 万卢布的公寓，那么其中的 400 万卢布可享受 13% 的税收扣除，税收返还额达 42 万卢布，而 2014 年之前按房产计税的情况下他们只能获得 21 万卢布的税收返还。由于按揭利息和房产本金的税收扣除可同时进行，若上述夫妇选择按揭购买住房，那么他们可享受的税收优惠部分则包括 200×13%×2 + 300×13%×2 = 130 万卢布。但值得注意的是，对于同时拥有两套及以上按揭住房的居民，只能为其中一套扣税。

在下列情况下，俄罗斯居民在购买住房时不享受税收优惠：①买卖双方为具有血缘或姻亲关系的居民，包括夫妇、父母、子女、兄弟姐妹、养父子等；②运用母亲资本（家庭资本）、雇主资金或国家预算资金支持进行建设的住房或购买住房。

（二）住房销售中的税收扣除

根据俄罗斯《税法典》规定，出售住宅房地产及其股权或土地时，最高税收减免额度为 100 万卢布，这笔款项将从出售公寓的价格中扣除，业主只需要为余额缴纳个人所得税。也就是说，若不考虑扣除，出售 220 万的公寓需要缴纳 28.6 万卢布个人所得税，而扣除后只需支付 15.6 万卢布（120×13%）。这也是为什么出售公寓的业主经常建议在销售合同中包含公寓的实际价值。[①] 居民出售的住房及其附属园地价格未超过 100 万卢布时，可通过申报将该部分收入排除在应税收入之外，或依法对其扣除。与建设或购买住房税收扣除政策的区别在于，居民在其生命周期内本项税收扣除的扣税次数不受限制。

由居民合资建造的住房，若集体产权一次性出售，那么仅可对 100 万卢布以下的部分扣税，扣除部分在各产权所有者之间平等分配；若仅其中一个或若干所有者出售自身产权部分，那么每位所有者均可享受 100 万卢布的扣税权利。

二 住房配置

建筑业是俄罗斯最为重要的经济部门，它包括固定资产更新、住房和公用基础设施建设等。不同于市场机制决定资源配置的商品性住房，保障性住房的规划、建设、选址和空间布局都是由政府的住房保障政策决定的。与通过市场选择自主购买商品房的居民不同，无力购置商品房的中低收入群体只能通过申请政府的保障性住房来解决居住问题。[②] 在 2016 年 5 月 17 日举行的国务会议上，政府确定了充分利用项目融资机制的若干优先方向，可以分为三类：一是在集资建房中充分运用按揭贷款；二是发展住房租赁市场和多样化的租赁房类型，由住房按揭贷款股份公司发起试点项目；三是基于对城市规划的分析，为公民社区配备基础设施，考虑到与外部的联通。[③]

基于住房的准公共产品属性，为其提供的财政支持也需要进行界定与选择。为此，俄罗斯根据新建住房的属性确定其财政资金的支持模式，对于商业性住房建设和社会性住房建设，予以不同模式的财政支持。通过图 3-8 可以看出，俄罗斯居民住房供给体系包括两方面：其一，社会性，包括社会性住房、私人和公民协会集资建房、专用和机动住房建设；其二，商业性，即商品房及用于出租的商品房建设。

---

① Налоговые вычеты 2019：что это такое，кто может получить，виды，способы получения，лимиты и необходимые документы. https://myrouble.ru/nalogovyj-vychet/.

② 陈立文、刘广平：《住房保障和供应体系若干问题研究》，经济科学出版社，2019，第 162 页。

③ Жучков О. А.，Тупикова О. А. Объективные перемены в стратегии развития жилищного строительства // Universum：Технические науки：электрон. научн. журн. 2017. No 1（34）. URL：http://7universum.com/ru/tech/archive/item/4222.

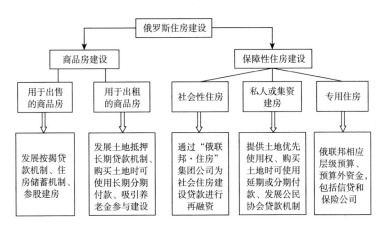

图 3-8　俄罗斯住房建设类型及财政保障方式选择①

（一）社会性住房

根据俄罗斯《住房法》，国家对法律认定的住房困难群体予以支持，主要包括两个层次。

第一层次，与法律认定的贫困公民签订社会租赁合同（Договор социального найма），为其提供国家或市政住房。俄罗斯《住房法》第 49 条规定，地方自治机关根据其所属俄联邦主体出台的相关法律，考虑公民个人及其家庭成员的收入和应税财产情况，最终确定需要住房的贫困公民，以及俄联邦总统令或联邦主体法律规定的公民类别，如第 51 条规定的依据——现居所不符合住宅的要求，或家属患有严重的慢性疾病（相应的疾病清单由俄联邦政府授权的执行机构确定）无法共同居住等，可以被认定为急需获得住房或改善住房条件的公民。符合条件的公民向地方政府提交申请，之后通过签订社会租赁合同，获得国家或市政住房。第 52 条规定，公民可以在居住地以外的地方（通过多功能中心）提交登记申请。若公民有权以多种理由进行登记，则可自行选择一个或多个。《住房法》第 67 条规定了签订社会租赁合同的公民的权利和义务。值得注意的是，公民具有出租该公有住房的权利（程序、条件、租金由双方签

---

① 丁超：《公共财政框架下的俄罗斯住房保障制度改革》，《俄罗斯研究》2017 年第 1 期。

订的租赁协议确定），满足一定条件时也可对其进行更换。此外，政府还有责任及时对其所属公有住房进行大修，确保其适宜居住。公民租户需要确保住房安全、进行日常维修并及时缴纳公用服务费。

第二层次，与法律认定的住房困难公民签订社会住房租赁合同（Договор найма жилых помещений жилищного фонда социального использования），为其提供社会住房。俄联邦《住房法》第91.1条对社会住房租赁合同进行了阐释。与第一层次相区别之处如下。（1）各级政府及其全权代表机关、私人房主或符合联邦政府要求并授权的组织均可成为社会住房的供给主体，但必须是独立的，且在合同履行期间不得转让给第三方。（2）有权获得社会住房的公民首先不能是联邦主体认定的贫困公民；其次，公民及其家庭成员的最高收入和应税财产不足以在当地运用自有资金、贷款或者债券购置住房。（3）社会住房租赁合同中须指明合同期限、租金、变更程序等内容。一般而言，社会住房租赁合同期限不低于一年，不超过十年。租金包含建造、修复及维护等费用，每平方米租金不能超过联邦主体政府针对社会住房的地理位置、消费属性、物业水平和居住面积等所做的规定及为市政当局设定的差异化标准。租金变更不能少于三年，俄联邦政府修订年度租金指数的情况除外。（4）在合同双方的权责方面，除非合同另有规定，房主有责任对社会住房进行日常维护。社会住房的租户不可将住房转让。

社会性住房建设资金主要来自地方预算拨款、联邦预算再融资形成的地方政府长期贷款、借款、社会性住房的租金收入（在确定租金时应确保社会住房在地方政府住房结构中占有一定的比例）和房产税收入（根据《2008～2010年俄罗斯联邦税收政策的主要方向》规定，俄罗斯房产税税率的确定以住宅的地理位置及其新旧程度为依据）。通过加快社会住房建设，为低收入群体免除房租，或根据公民的收入高低设定差别化的租金体系，是目前俄罗斯住房改革的主要方向之一。

俄罗斯促进社会性住房发展的主要措施是：①发展地方政府社会住房建设长期（50年）贷款机制，包括土地抵押贷款；②通过"俄联邦·住房"集团公司为社会住房建设贷款进行再融资；③地方政府制定地区性社会住房建设规划，其中，联邦预算对工程基础设施建设提供的专项支出占25%。同时，还刺激其他利益相关者共同建设和管理社会住房，在市场经济条件下，充分吸引私人投资，包括商业机构和各类非商业社会组织等。俄罗斯联邦和地方各级政府机关尽可能完成其既定的资金投入义务，保证为居民提供符合联邦法律要求的社会住房。

由于政府缺乏建设及购买住房的充足资金，加之住房无偿私有化的影响，为低收入群体提供社会性住房已成为俄罗斯政府面临的一大难题。

（二）私人或公民协会集资建房

私人建房或通过公民协会集资建房是俄罗斯居民获得住房的另一种形式。所谓私人建房是指居民运用自有或借贷资金来建设住房的形式，而公民协会集资建房是指由若干居民家庭组成公民协会，共同负责住房建设的形式。私人建房或通过公民协会集资建房的前提是这些居民通过自身收入、储蓄和信贷机制以及其他形式的国家支持，能够获得足够的资金，以保障住房建设的顺利进行。其特点是，该类住房建设主体均不以营利为目的。

俄罗斯政府在发展私人和集资建房领域的作用体现在：为公民及其协作组织提供实际利益，鼓励私人住房建设的发展。其主要措施包括：①对公民住房建设协会进行法律监督与协调，同时发展住房储蓄协会；②对私人或集资建房提供土地有限使用权，包括在土地规划文件中限制其他法律形式的建筑商参与土地拍卖；③公民或公民协会在购买土地时，可分期或延期支付，政府可为其提供长期贷款。

（三）专用住房

专用住房是指由俄联邦授权成立的专门执行机构从国家和地方政府所属住房中划拨出来的、为联邦法律规定的特定群体提供的保障性住房。专用住房主要包括公用住房、集体宿舍、机动储备住房、流离失所者和难民安置的临时住房以及为急需特殊社会保护的公民提供的庇护用房等。专用住房不允许转让、承租和出售。

俄罗斯专用住房的资金来自相应层级的预算内和预算外资金。专用住房有以下几类。（1）国家机关的公职人员及其家庭成员，包括军人及军队文职人员，执法机关、联邦安全局、麻醉和精神类药品流通监察局、海关、内务部工作人员等，由于工作任务的特殊性，俄联邦为其在工作地点及周边地区建设公用住房（служебные жилья）。（2）集体宿舍，主要用于居民在工作、履职和培训期间的临时安置，宿舍楼配备家具及其他生活必需品。宿舍楼中人均居住面积不得少于6平方米。（3）俄罗斯各地方政府还从存量住房中划拨出部分机动房，主要用于发生以下情况时居民的安置：对通过社会租赁合同获得的住房进行大修或现代化改造时；通过银行或其他信贷机构贷款以及专项债券等获得的住房，因未偿还贷款等导致住房被召回，而该住房又是其唯一住所时；由于特殊的突发情况导致唯一的住宅变得不宜居住时等。机动房主要以集体宿舍为主，具体规模由地方政府根据需求量来确定。（4）由俄联邦和各联邦主体法律规定的需要施以特殊社会保护的公民，在医院、疗养机构等为其提供临时的庇护用房。根据残疾人康复专项规划，为残疾人提供的住房应考虑到楼层位置、户型及相应的基础设施等条件。

（四）经济型住房（жилье экономкласса）

在商业性住房领域，俄罗斯的政策目标在于为住房市场竞争关系的发展创造条件，以保障各市场参与者在土地、资金和能源资源利用方面享有平等的权利。国家在此领域的首要任务是促进商品房建设、提高公民住房的可获得性，因为这不仅能够保障私有住房维持在较高的份额之上，同时也能够更好地满足公民的住房消费偏好。

近些年，俄罗斯充分发挥国家政策的导向作用，大力建设和发展经济型住房。根据俄联邦法律规定，经济型住房分为三种形式：①独栋低层居民楼，供一个家庭居住，每个家庭的居住面积不超过150平方米；②由若干独栋低层居民楼构成的居民住房，楼层数量不超过三层，相邻住宅之间有共同墙壁但不联通，并设有一定的公用区域；③居民楼中的（通常有9~18层，8层以上配备电梯）的独户公寓，单人居住面积为35~40平方米，两居室面积不超过60平方米，总面积不得超过100平方米。①

---

① Об утверждении условий отнесения жилых помещений к жилью экономического класса. http://www.fondrgs.ru/about/docs/eko.php.

（五）租赁房（доходный дом[①]）

在俄罗斯的住房结构中，租赁房对于缓解尖锐的住房矛盾具有重要意义。租赁房不仅能够保障劳动力的流动性，也能灵活地适应人口结构和居民收入的变化。因此，租赁房建设成为俄罗斯最具商业前景的投资，房主不仅能据此获得租金，还能通过租户对其房屋的装饰和维修等获得额外的收益。

为向公民和法人提供平等的条件，保障房屋租赁市场信息和交易的透明度，协调和支持房屋租赁市场的发展，俄罗斯政府采取了一系列举措，主要包括：①对房主租金收入中的应税部分予以税收扣除，以扩大房屋租赁市场规模，鼓励居民租房而不是买房；②发展租赁房建设的长期贷款机制，包括土地抵押贷款；③通过"俄联邦·住房"集团为社会住房建设贷款进行再融资；④租赁房的建筑商在购买土地时，可以使用长期分期付款，使房屋能以合理的价格出租，房租的确定以社会廉租房的价格为基础，同时考虑房主的应得利润，由地方政府对其进行协调和监管；⑤吸引非国家养老基金，参与租赁房建设；⑥地方政府确定最低租金标准，及时吸收闲置房进入租赁房市场。此外，由于各联邦主体经济发展水平参差不齐，房屋供需失衡的状况也有所不同，俄联邦政府还鼓励各地因地制宜地制定地区方案，确保居民能在可支付范围内获得相应的房源。截至 2018 年 1 月 1 日，已有 66 个联邦主体制定了发展住房租赁市场的地区方案，俄联邦投入运营的租赁房面积达到 130 万平方米。根据 2017 年 11 月俄罗斯建设和住房公用事业部和住房按揭贷款股份公司对地区租赁房市场的调查，在 25 个联邦主体共承建了 132 栋租赁房，其中 11 个地区的 66 栋租赁房属于非商业租赁。[②] 与此同时，根据俄罗斯《民法典》第 614 条，各联邦主体可根据俄罗斯经济发展部批准的租金率设定最低租金，鼓励更多的

[①] 根据 Е. Д. Юхнева 的定义，доходный дом 是指 "为长期租赁而专门建造或改造的房屋"。Петербургские доходные дома. Очерки из истории быта. — М. : ЗАО Центрполиграф, 2008. — 362 с.

[②] Уточненный годовой отчет о ходе реализации государственной программы Российской Федерации 《 Обеспечение доступным и комфортным жильем и коммунальными услугами граждан Российской Федерации 》. https：//view. officeapps. live. com/op/view. aspx？ src = http：//www. minstroyrf. ru/upload/iblock/12b/6-Utochnennyy-godovoy-otchet-Obespechenie-dost. -i-komf. -zhilem. doc.

闲置房进入住房租赁市场，从而满足居民对租赁房的需求。① 然而受传统观念影响，俄罗斯的房屋租赁行业并不发达。据专家分析，即使国家住房规划得到充分实施，至 2020 年获得优惠租赁利率的比重也不会超过 11%。②

有专家指出，俄罗斯住房市场模式的显著特点是：住房供给市场存在结构性失衡；住房租赁市场发展水平低下；大部分公民缺乏优质的租赁房；在城市住房发展和改造框架内，租赁房供给的财政刺激工具不发达。③ 住房私有化发展带动了俄罗斯房地产的交易额，与此同时，在大城市，所谓的"专业房东"数量也在增长。在非政府租赁住房市场，报价主要由某些类别的房东组成，这些房屋的目标是通过租用临时空置房屋来获取额外收入。由于大部分租赁房源掌握在公民手中，大城市租房市场需求远高于供给，租金价格与欧洲水平相当，是住房和公共服务费用的 5~6 倍。如果这种市场合法化的趋势持续下去，将导致未来几年私营租赁机构日益萎缩。④ 此外，俄罗斯住房租赁管理部门监管不力，导致住房租赁市场处于"影子经济"状态。在最好的情况下，依法纳税的租赁房比重能达到 1/5。⑤

近些年，作为一种新的租赁房运作机制——廉租房建设重新在俄罗斯获得了发展。⑥ 在现代条件下，廉租房是企业稳定收入的保障，与其他商品房相比，它们受宏观经济因素的影响更小，因为廉租房投资回收期更长，更容易获

---

① 娄文龙、周海欣：《俄罗斯住房租赁市场改革及其借鉴》，《价格理论与实践》2018 年第 11 期。

② Левин Ю. А. Финансирование строительства доходных домов: баланс интересов государства и частного предпринимательства // Финансы. 2014. No 11. C. 25–28.

③ Пешина Л. М. Проблема улучшения жилищных условий отдельных категорий граждан в Российской Федерации. Приволжский научный вестник, 2015. 6-2 (46)：24–27; Рохманова Д. А. Особенности инвестирования строительства в современных усло-виях. Международный научно-исследовательский журнал, 2015. 3-3 (34)：C. 86–87.

④ Селютина Л. Г., Булгакова К. О. Анализ и оценка источников финансирования строительства социального жилья в крупном городе. Научные ведомости. Серия Экономика. Информатика. 2018. № 2. Том 45, ст 292.

⑤ Леонова Л. Б., Алпатова Е. А., Леонов Р. А. Доступное жилье: поиск источников финансирования. Экономический анализ: теория и практика. 11 (2016) 20–32, стр 23.

⑥ Кондрашова Г. П. Доходные дома: история становления и перспективы развития для решения жилищной проблемы России и Украины // Научный вестник: финансы, банки, инвестиции. 2013. No 3. C. 19–25.

得长期优惠贷款。在 2014 年通过的第 217 号联邦法《关于修订俄联邦〈住房法〉和部分立法协调社会住房租赁关系的法律文件》也提出，俄罗斯政府为非商业性廉租房的建设和运营予以融资支持。[①] 廉租房的租金比市场平均水平低 20%～30%，长期贷款和税收优惠可以成为支持廉租房市场发展的重要手段。在此领域，莫斯科、波尔里斯科和部分北部城市积累了丰富的经验。[②]

①　Ларионов А. Н. Обоснование места и роли государства в управлении современным российским рынком жилой недвижимости // Градостроительство. 2013. No 3. C. 82.

②　Леонова Л. Б., Алпатова Е. А., Леонов Р. А. Доступное жилье: поиск источников финансирования. Экономический анализ: теория и практика. 11 (2016) 20-32, стр 23.

第四章　俄罗斯住房财政保障机制
运行效率评估

在住房制度改革的过程中，俄罗斯政府不仅从政策上加以引导、从体制机制上予以完善，还投入了大量的财政预算予以保障，使得俄罗斯普通公民，尤其是社会弱势群体，在实现最基本的居住权利基础上，能够不断改善居住环境和条件。当然，俄罗斯在住房财政保障机制建设方面也还存在相当多的问题及不足，例如预算拨款规模不稳定、居民住房保障程度有待提高、危旧住房比例大、公用基础设施老化严重、居民获得社会住房的轮候时间较长等。那么，俄罗斯住房财政保障机制的运行效果到底如何？如何准确地评判其存在的问题？其未来的发展该如何定位？本章将参考俄罗斯政府设定的住房政策指标，构建一套相对完善的指标体系，尝试公平、客观地进行评价与测度。

第一节　评估指标的选择与评估
指标体系的构成

在俄罗斯，住房发展战略和规划是国家住房政策的集中体现，也是制定住房领域预算支出计划的基础。因此，住房发展战略和规划的实施结果也就成为衡量俄罗斯住房财政保障机制运行效果的重要手段。事实上，由于规划预算以结果为导向，俄罗斯正在实施的各项住房发展战略和规划均设定了相应的目标，其执行情况（即各项指标的实际完成值占俄联邦建设和住房公用事业部设置的规划值的比例）是俄罗斯政府进行政策监督和协调的基准。但问题是，

126

俄罗斯各项住房发展战略和规划中规定的目标和任务以及评估指标并不完全一致（详见第三章），甚至同一项战略规划的不同时期也有指标变更。因此，本节将在俄相应指标的基础上对其进行修正和重构，以期设立层次更为清晰、目标更为合理的评估体系。

一　俄罗斯评估住房财政保障机制运行结果的指标体系

俄罗斯住房发展战略、规划和优先项目的评估指标均是由俄罗斯联邦建设和住房公用事业部选择确定，各项指标的规划值也由其规定。如第三章所述，正在执行的住房领域国家规划"保障俄罗斯公民优惠舒适的住房和公用服务"共设定了三个基本指标：新建住房面积、投入运营的住房数量和住房的可支付性。可以说，这三项指标能够直观反映俄罗斯居民住房的可获得性，但远远不足以展示国家住房政策的效果，还应进一步细化。

在此，俄罗斯联邦住房专项纲要设定的指标体系值得探究。如表4-1所示，2011~2014年住房专项规划的效率评估指标共为七项，分别为综合指标、国家支持年轻家庭解决住房问题指标、住房建设发展指标、国家保障符合联邦法律规定的住房困难群体住房义务的完成指标、公用基础设施建设指标、建筑规范的更新指标，以及计划在"促进住房建筑业发展"框架下划拨的建筑用地上建造住房的比重指标，此外，每项指标还分别在其下设置了若干子指标。

表4-1　2011~2014年联邦住房专项规划执行情况（实际值/规划值）

单位：%

效率指标	执行情况			
	2011 年	2012 年	2013 年	2014 年
1. 综合指标				
居民住房保障水平	100.9	101.3	101.7	100.0
住房可支付性	88.8	71.4	117.1	100.0
有能力通过自有或借贷资金获得符合保障标准住房的家庭比例	142.1	117.8	108.0	101.9

续表

效率指标	执行情况			
	2011 年	2012 年	2013 年	2014 年
2. 国家支持年轻家庭解决住房问题指标				
在俄联邦、各联邦主体及地方预算支持下，有能力改善居住条件（包括通过贷款）的年轻家庭数量	35.0	82.1	66.6	91.3
3. 住房建设发展指标				
年均新增住房面积	98.9	103.5	110.2	122.9
符合经济型住房标准的比例	105.2	82.4	80.0	65.5
低层居民楼比例	103.6	102.0	70.7	59.2
4. 国家保障符合联邦法律规定的住房困难群体住房义务的完成指标				
属于联邦法律规定应获改善住房条件的公民数量	106.7	88.7	97.7	91.2
5. 公用基础设施建设指标				
公用基础设施建设及现有设施修复规模	—	18.2	100.0	66.7
6. 建筑规范的更新指标				
规划框架下国家建筑规范的制定数量	100.0	100.0	—	—
7. 计划在"促进住房建筑业发展"框架下划拨的建筑用地上建造住房的比重指标				
计划在联邦法律"促进住房建筑业发展"框架下划拨的建筑用地上建造住房的比重	—	73.6	105.2	114.8

资料来源：Отчет о проведении независимой оценки показателей результативности и эффективности программных мероприятий федеральной целевой программы 《Жилище》 на 2011 – 2015 годы, их соответствия целевым индикаторам и показателям, за 2014 год。

通过表 4-1 可以看出，2011~2014 年，俄罗斯住房专项规划的各项指标完成情况较好。从综合指标来看，俄罗斯居民住房保障水平指标在完成规划值的基础上，实现了小幅增长；住房可支付性也在逐步提高，2014 年顺利完成了规划值；有能力运用自有或借贷资金获得经济型住房的家庭指标虽也完成，但完成度有所降低。在俄联邦各级预算支持下改善居住条件的年轻家庭数量，其规划任务的完成度从 35% 提高到 91.3%。在住房建设方面，虽然新增住房面积不断增长，完成度也不断提高，但近些年重点发展的经济型住房，包括低层居民楼比例两个指标的完成度却在不断降低，并先后于 2012 年和 2013 年出现了低于规划值的情况。同时，2012 年俄罗斯联邦法律规定的应改善居住条件的居民数量的完成度也在降低，近两年该指标虽有所增长，但仍低于规划值。俄罗斯住房公用基础设施建设及修复的规模于 2013 年急剧增长，并成功完成规划指标，但 2014 年受外部及宏观经济因素影响又开始回落。在住房建筑规范的更新方面，2011 年和 2012 年俄罗斯完全实现了规划指标。最后，计划在联邦法律"促进住房建筑业发展"框架下划拨的建筑用地上建造住房的比重完成度不断提高，从 2012 年的 73.6% 增长至 2014 年的 114.8%，超额完成了该联邦法律设置的规划指标。

自 2015 年起，联邦住房专项规划进入新的发展阶段，其评估指标体系也发生了变化，包括一个综合指标（在规划框架内改善居住条件的公民数量）和四个方向的六个目标指标（见表 4-2）。后者分别是：①国家支持年轻家庭解决住房问题的水平指标，包括获得住房证书的年轻家庭数量和规划框架内获得住房的年轻家庭占 2015 年 1 月 1 日需要解决住房问题的年轻家庭数量的比重；②刺激住房建设的指标，即"俄联邦主体住房建设刺激规划"子规划框架下投入运营的住房规模；③国家保障符合联邦法律规定的住房困难群体住房义务的完成指标，包括属于联邦法律规定应获改善住房条件的公民数量及其占 2015 年 1 月 1 日联邦法律认定的需要改善住房条件的公民数量的比重；④为某些公民群体提供住房措施有效性的指标，即"保障某些公民群体住房"子规划框架内改善住房条件的公民数量。根据统计，2015 年俄罗斯住房专项规划各项指标的执行度分别为：综合指标 79%，其余六个指标分别达到 84%、80%、0%（无数据）、125%、119%、50%。[①]如表 4-2 所示，调整后的各项指标的完成情况存在较大差异，仅在保障国家对住房困难群体的义务方面实现了稳步推进。值得注意的是，2017 年之所以所有指标的完成度均大幅高于其他年份，是因为计划指标设定过低，而不是政策效果显著。

---

① Сводный годовой доклад о ходе реализации и оценке эффективности государственных программ Российской Федерации по итогам 2017 года. Ст. 16. 俄罗斯国家规划官方网站，https：//programs. gov. ru/Portal/analytics/quarterReportToGovernment？year=2018&quarter=4。

表 4-2 2015~2018 年联邦住房专项规划执行情况（实际值/规划值）

单位：%

效率指标	执行情况			
	2015 年	2016 年	2017 年	2018 年
1. 综合指标				
在规划框架内改善居住条件的公民数量	79	90	153	88
2. 国家支持年轻家庭解决住房问题的水平指标				
获得住房证书的年轻家庭数量	84	89	210	79
规划框架内获得住房的年轻家庭占 2015 年 1 月 1 日需要解决住房问题的年轻家庭数量的比重	80	90	211	78
3. 刺激住房建设的指标				
"俄联邦主体住房建设刺激规划"子规划框架下投入运营的住房规模	—	336	151	148
4. 国家保障符合联邦法律规定的住房困难群体住房义务的完成指标				
属于联邦法律规定应获改善住房条件的公民数量	125	99	96	105
占 2015 年 1 月 1 日联邦法律认定的需要改善住房条件的公民数量的比重	119	97	100	104
5. 为某些公民群体提供住房措施有效性的指标				
"保障某些公民群体住房"子规划框架内改善住房条件的公民数量	50	59	132	136

资料来源：俄罗斯国家规划官方网站和俄罗斯经济发展部网站。

Сводный годовой доклад о ходе реализации и оценке эффективности государственных программ Российской Федерации по итогам 2017 года. Ст. 16. http：//fcp. economy. gov. ru/cgi-bin/cis/fcp. cgi/Fcp/ViewFcp/View/2017/447/.

二　对俄罗斯住房财政保障机制运行结果评估指标体系的重构

应该说，俄罗斯建设和住房公用事业部选择的住房政策指标较为详细而全面，但也存在一定的缺陷。

第一，评估指标繁多且较为复杂，无法清晰地体现俄罗斯住房政策的层次性。

俄罗斯住房财政保障机制的运作主要应包括两个方面。一是国家为全体居民保障住房的综合指标评估，可以通过居民住房保障水平和住房可支付性水平两个具体指标来测度。二是国家履行为住房困难群体保障住房的义务完成指标评估，主要通过俄联邦法律规定的需要改善居住条件的公民数量和国家住房证书的发放数量两方面指标来反映，这两方面共同构成了指标体系的第一层次。但无论是为全体公民还是为特定住房困难群体提供住房财政保障，均受到住房建设指标、住房按揭贷款发展指标和住房公用事业发展指标的影响，因此，该三项指标应作为评估体系的第二个层次。

第二，某些评估指标可以剔除或不做考虑。

如完全按照规划执行但缺乏完整数据的住房建筑规范更新指标。又如，计划在联邦计划"促进住房建筑业发展"框架下划拨的建筑用地上建造住房的比重指标，它本应属于住房建设指标范畴之内，但由于它只体现了对该项法律的遵从情况，并不具备建设指标的代表性。再如，在某个子规划框架内改善居住条件的公民数量及其占比情况等，可被视为该子规划的评估结果，单独核算并不能反映整个规划的有效性，更不用说反映国家住房政策的效果了。

第三，某些指标和子指标的归属性设置不合理。

如国家支持年轻家庭解决住房问题指标虽体现了俄罗斯对年轻家庭住房政策倾斜程度，但它并不足以作为单独的一个评估指标；有能力通过自有或借贷资金获得符合保障标准住房的家庭比重指标在很大程度上显示了俄罗斯住房按揭贷款对居民获得住房的影响程度，却不能反映居民整体的住房保障水平，因此作为综合指标的子指标并不合适。

由此，本研究尝试在俄罗斯建设和住房公用事业部所设置的评估指标基础上，重新构建俄住房财政保障机制的运行结果评估体系，详见图4-1。

如图4-1所示，新评估体系中的各项指标将从不同角度和层面对俄罗斯住房政策的实施效果进行评估。（1）综合指标。综合指标从居民住房保障水平、住房可支付水平来确定俄罗斯住房保障领域的总体发展状况，该两项指标是目前国际公认最为有效的、能够真实反映住房政策实施效果的指标。（2）国家住房保障义务的完成指标。根据俄罗斯联邦相关法律规定，特定群体（军人、多子女家庭、年轻家庭）的住房由政府来提供和保障，俄罗斯政府通过确定需要改善居住条件的家庭数量，并为其颁发住房证书来完成该项职

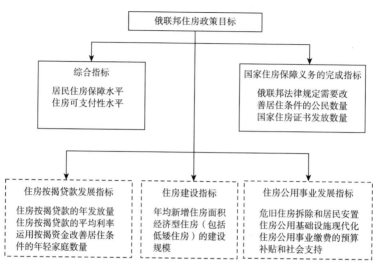

图 4-1　俄罗斯住房财政保障机制效果评估体系

资料来源：作者自制。

责。(3) 住房按揭贷款发展指标。它既反映了居民运用按揭贷款获得住房的可能性，又显示了俄罗斯住房金融市场的发达程度、各类按揭工具的发展和创新水平，以及国家通过住房按揭对低收入群体和特定群体的住房扶持力度等。(4) 住房建设指标。该指标主要包括新增住房面积和经济型住房建设规模两方面，加大住房建设力度和资金投入是俄罗斯传统的保障居民住房的手段，也是政府"补砖头"的重要方向，经济型住房建设的发展更是符合俄罗斯住房结构性短缺的现状。(5) 住房公用事业发展指标。基于住房公用事业是影响民众居住条件的重要因素，其中危旧住房拆除和居民安置、住房公用基础设施的现代化改造等问题与居民住房舒适度密切相关，政府提供的住房公用服务费用补贴则有助于提高低收入群体获得该类服务的可能性，由此住房公用事业指标成为住房政策实施的重要指标之一。

第二节　对俄罗斯住房财政保障机制的评估与结果分析

根据重新构建的住房财政保障机制指标体系，可对近年来俄罗斯住房财政保障机制运行情况进行全面的评估与评价。

一　综合指标评估及结果分析

俄罗斯住房财政保障机制运行结果评估的综合指标主要包括居民的住房保障水平和住房可支付性水平两个方面，对综合指标进行考察有助于对政策的运行效果有一个较为完整、全面的认识。

（一）住房保障水平（Уровень обеспеченности жильем）

在俄罗斯，居民的住房保障水平一般通过人均居住面积来反映，它显示了住房建筑业的发展与人口数量之间的对比关系，是衡量居民生活水平的重要指标之一。如表4-3所示，近年来俄罗斯居民的住房保障水平保持了较为稳定的增长态势，从2005年的20.8平方米增长到2018年25.8平方米，增长了24%。2015~2018年，俄罗斯人均居住面积分别同比增长了2.95%、2.05%、1.2%和2.38%。其中，城市和农村居民人均居住面积的增长也较为均衡。

表4-3　1995~2018年俄罗斯人均居住面积

单位：平方米

年份	1995	2000	2005	2006	2007	2008	2009	2010
全境	18.0	19.2	20.8	21.0	21.4	21.8	22.2	22.6
其中：城市	17.7	18.9	20.4	20.7	21.1	21.4	21.8	22.1
农村	18.7	19.9	21.9	22.0	22.5	22.9	23.4	24.0

年份	2011	2012	2013	2014	2015	2016	2017	2018
全境	23.0	23.4	23.7	23.7	24.4	24.9	25.2	25.8
其中：城市	22.5	22.9	22.9	23.3	24.0	24.5	24.8	25.4
农村	24.5	24.8	24.7	25.0	25.6	26.1	26.6	26.9

资料来源：俄联邦国家统计局，Основные показатели жилищных условий населения. https://www.gks.ru/folder/13706。

俄罗斯关于居民住房保障水平标准的设定是在不断发展的。俄罗斯中央住宅和公共建筑科研设计研究院（ЦНИИЭП жилища）曾于1989年提出"健康住房"的概念，认为公民住房保障水平应不低于人均19.5平方米，应保证房间足够宽敞，使其不至于影响居民的生育状况，或引起发病率的提高等。该研究院对"健康住房"的设计是按照 6 岁以下的儿童与父母同住一个房间，14 岁以上同性子女同住、异性分住的原则进行的，这虽有利于增强家庭的凝聚力，但由于没有安排独立的厨房、卫生间和储藏室，使家庭成员在学习和开展业余活动时受到一定的空间限制，也使家庭文化活动难以展开。因此，学者们认为，"健康住房"中要求的人均住房面积是无法满足家庭成员各种不同需求的，居民的住房保障水平至少应达到人均 28 平方米。[①] 从表 4-3 中的数据可以看出，俄罗斯在 2005 年便达到了"健康住房"的标准。而随着居民住房保障水平的不断提高，近期有望达到人均住房面积 28 平方米的新标准。然而，按照联合国规定的住房保障水平——人均住房面积不低于 30 平方米的要求，俄罗斯目前的住房保障水平还不是很高，还有较大的提升空间。

2018 年以百分比表示的人均可用住房面积的家庭分布情况见图 4-2。

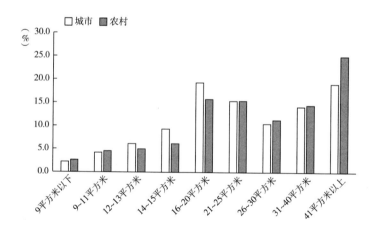

图 4-2　2018 年俄罗斯以百分比表示的人均可用住房面积的家庭分布情况

数据来源：俄联邦国家统计局，Основные показатели жилищных условий населения. https://www.gks.ru/folder/13706。

---

① Николаев С. В. Еще раз о《Доступном и комфортном жилье – гражданам России》. URL: http://www.ingil.ru/affordable-housing/13-affordable-housing.html.

（二）住房可支付性水平（HAI）

在俄罗斯，住房可支付性水平主要通过房价收入比来测度，它反映了家庭通过储蓄购买住房所需的时间。有数据显示，2014 年，俄罗斯居民运用所有储蓄购买住房所需的时间降至 4 年，2011～2012 年，则分别为 4.8 年和 5.4 年，2013 年该指标为 2011～2014 年的最高纪录——3.4 年。[①] 然而，虽然该指标有了一定的进步，但依然只相当于美欧等国类似指标的中等水平（见表4-4）。

表 4-4　住房可支付性的国际分类

住房市场等级	住房可支付性
住房可支付	3 年以下
一般可支付	3～4 年
住房较难支付	4～5 年
基本不可支付	5 年以上

资料来源：作者根据资料自制。

通常情况下，房价收入比的核算受到四个变量的影响：①每平方米住房市场价格；②根据普遍接受的居民住房保障水平确定的标准住房面积；③人均年收入；④家庭人口数量。在市场化改革初期，美国和俄罗斯学者对住房可支付性评估进行了大量研究。华盛顿城市经济研究所专家建议，将典型住房面积设定为 54 平方米，根据为三口之家提供住房补贴的社会标准，可以 18 平方米为基准，而不是以当时的居民住房保障水平 14～15 平方米为基准。如表 4-5 所示，直到 2013 年俄罗斯公寓楼的单元面积才达到 54 平方米的平均标准。房价收入比被广泛应用于俄联邦地区发展部、建设和住房公用事业部制定的联邦住房专项规划"2030 年前住房建设发展战略"、国家优先项目"俄罗斯公民负担得起的舒适住房"等官方文件中，部分科学研究和出版物也选用了这一核算方法。

[①] Стерник Г. М., Апальков А. А. Развитие методики оценки доступности жилья для населения // Имущественные отношения в Российской Федерации. 2014. № 2. С. 59–71.

表 4-5　1995~2018 年俄罗斯公寓楼单元平均面积

单位：平方米

年份	1995	2000	2005	2006	2007	2008	2009	2010
面积	47.7	49.1	50.4	50.8	51.3	51.8	52.4	52.8
年份	2011	2012	2013	2014	2015	2016	2017	2018
面积	53.3	53.6	54.1	54.0	54.6	54.9	55.3	55.7

资料来源：俄联邦国家统计局，Основные показатели жилищных условий населения. https：//www.gks.ru/folder/13706。

　　根据俄罗斯国家规划的年度报告，至 2017 年俄罗斯住房的可支付性已经降至 2.6 年。[①] 在"保障俄罗斯公民优惠舒适的住房和公用服务"实施的 2025 年前，俄政府计划着力将该指标降至 2.3 年。[②] 但通过对俄联邦国家统计局公布的数据测算，情况并没有如此乐观：如图 4-3 所示，2008 年以来，在住房一级和二级市场，可支付性确实大幅提升。2007 年俄罗斯房价收入比为 7.78 年（一级市场）和 7.73 年（二级市场），2018 年分别降至 3.45 和 3.06 年。同样值得注意的是，尽管近年来该指标基本保持了积极的动态，但俄罗斯住房可支付性还存在较大的地区差异，甚至在很多地区，居民基本无法获得住房。

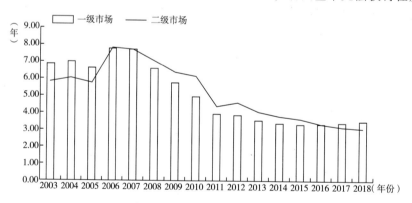

图 4-3　2003~2018 年俄罗斯房价收入比

数据来源：根据俄联邦国家统计局数据计算。

---

① Сводный годовой доклад о ходе реализации и оценке эффективности государственных программ Российской Федерации по итогам 2017 года. Ст. 16.

② 俄罗斯国家规划官方网站，https：//programs.gov.ru/Portal/programs/passport/05。

　　Н. Б. 科萨廖娃指出，在计算俄罗斯住房可支付性时，往往缺乏当地市场住房价格数据，只能根据地区（联邦主体）和整个国家的住房平均价格进行计算，且通常是基于"手动"来收集市场信息，很难获取官方统计数据。因此，在俄罗斯，对于住房可支付性的研究才刚刚起步。[①] 根据俄罗斯城市经济研究所的测算，2017 年俄罗斯人均居住面积为 25.2 平方米，远低于美国的 77 平方米和欧洲的 43 平方米。住房面积越大，将越难负担。若将公寓面积从标准住房的 54 平方米增加到 200 平方米，即使其他条件保持不变，俄罗斯的房价收入比也将从 3.3 年增加到 12.2 年。[②]

　　然而在大多数欧美发达国家，房价收入比一般情况下只是用来衡量住房市场价格和居民收入比值的一个指标，对居民的实际住房可支付性则用"住房可支付性指数"（或称"住房可负担能力指数"）来衡量，它显示了中等收入家庭支付银行住房贷款的能力，同时也考虑到了对日常消费支出的保证以及收入不平等对住房可支付性的影响。[③] 但俄罗斯在评估提高居民住房保障水平措施有效性时并没有采用这种方法，其间的差异主要为：俄罗斯将典型住房面积设定为 54 平方米，而不是根据居民住房保障标准；将家庭平均规模设定为三人，而不是根据人口统计的中位数；人均收入与住房市场价格使用算术平均数，而不是中位数，从而降低了核算的准确度，无法保障可支付性评估信息的完整性。[④] 有鉴于此，在当前俄罗斯将住房规划视为国家政策优先方向的情况下，将"住房可支付性指数"引入官方的实践中显然更符合实际需求。

　　专家指出，使用居民收入中位数指标进行核算，可更为客观地评估居民的

---

① 　Косарева Н. Б., Полиди Т. Д. Доступность жилья в России и за рубежом. Вопросы экономики. 2019. No 7. С. 29–51.

② 　http://www.urbaneconomics.ru/research/analytics/DostupnostHomeIUE1998po2017.

③ 　住房支付能力的测定是国内外学者重要的研究方向，主要衡量方法有三种：剩余收入法，即通过比较家庭剩余收入与按揭年还款额之间的大小关系确定其住房支付能力；房价收入比，即市场居住单元的中间价格与中间家庭的年收入之比；住房可支付性指数考察的是住宅市场中位数收入水平的家庭对中位数价格住宅的承受能力。剩余收入法常被用于微观层面的住房能力测定，后两者适用于在宏观层面衡量社会的整体房价水平。

④ 　Обзор рынка городской недвижимости. URL：http://marketing.rbc.ru/reviews/realty/chapter_1_1.shtml.

住房可支付性。RWAY 公司①系统地对 2014 年俄罗斯各联邦区的住房可支付性进行了统计。该统计结果显示，俄罗斯居民的住房可支付性有所提高，但其可支付性的等级并未发生变化，仍为中级（见表 4-6）。

表 4-6　2014 年俄联邦及各联邦区住房可支付性

地区	一级市场可支付面积（平方米）	二级市场可支付面积（平方米）	一级市场获得典型住房（54 平方米）所需时间（年）	二级市场获得典型住房（54 平方米）所需时间（年）
俄联邦	38.08-0.8824	34.65+0.136	4.25+0.0945	4.68-0.0141
中央联邦区	42.29-0.6503	29.05+0.3443	3.83+0.0607	5.58-0.0642
西北联邦区	26.85-1.2996	35.69+0.2069	6.03+0.2734	4.54-0.0305
南部联邦区	41.09-0.5046	33.82+0.1523	3.94+0.053	4.79-0.0202
伏尔加沿岸联邦区	35.24-0.5704	31.62+0.1639	4.60+0.0771	5.12-0.0273
乌拉尔联邦区	38.51-0.8642	34.27+0.1337	4.21+0.0972	4.73-0.0133
西伯利亚联邦区	31.84-0.255	29.60+0.0761	5.09+0.0388	5.47-0.0163
北高加索联邦区	64.00-1.7901	69.42-0.1412	2.53+0.0713	2.33+0.0037
远东联邦区	33.22-0.8973	41.23+13.9994	4.88+0.1262	3.93-2.0208

注：表格中用"+"表示可支付性被高估，而"-"则表示被低估。

资料来源：Мониторинг доступности жилья в регионах России. Август 2014. http：//rway. ru/monitorings-new/monitoring/101/32/default. aspx。

在俄罗斯各联邦区中，住房二级市场可支付性最高的地区分别为：乌拉尔联邦区的亚马尔-涅涅茨自治区（1.63 年）、西北联邦区的涅涅茨自治区（2.35 年）、远东联邦区的堪察加边疆区（2.66 年）和萨哈林州（2.71 年）、并入南部联邦区的塞瓦斯托波尔市（2.82 年）、乌拉尔联邦区的汉特-曼西自治区（3.08 年）和秋明州（3.25 年）等。而住房基本不可支付的地区有：西伯利亚联邦区的哈卡西共和国（9.98 年）、图瓦共和国（7.55 年）和阿尔泰

---

① RWAY 公司是俄罗斯房地产市场的专业评估机构，成立于 1995 年。

共和国（7.25 年）、中央联邦区的莫斯科市（7.56 年）和特维尔州（6.97 年）。在住房二级市场可支付性方面，最高的地区（亚马尔－涅涅茨自治区）和最低地区（哈卡西共和国）的差别达到 6 倍以上。各个地区在居民住房可支付性方面存在的巨大差异表明，俄罗斯的地区经济社会发展水平以及居民支付能力都存在较大的差别，对于支付能力较低的地区而言，联邦政府在住房建设等方面的转移支付及特殊倾斜政策就显得极为重要了。

二　国家住房保障义务完成指标评估及结果分析

本书第三章第三节已经详细论述了俄联邦《住房法》为贫困家庭和联邦法律认定的公民类别保障住房的两个层次，在此基础上，本节集中评估这些保障政策的实施效果，将选取以下两个指标：一是联邦法律规定的需要改善居住条件的家庭数量及其占比情况；二是获得住房、改善住房条件的家庭数量及其占急需解决住房问题的家庭比重情况。

如表 4-7 所示，1995～2018 年俄联邦法律认定的急需解决住房问题的家庭数量由 770 万个降至 236 万个，其占总家庭的比重也从 1995 年的 15% 降至 2005 年的 7%，之后逐步减少到 2018 年的 4%。与此同时，获得住房和居住条件得到改善的家庭数量也在大幅度下降，从 65 万个降至 10 万个，使其占急需解决住房问题的家庭比重也呈现下降的态势，2018 年该比重仅占到全部需求的 4%。可以看出，虽然随着住房私有化的推进，贫困居民的住房问题已不再尖锐，但公有住房的不断减少加上社会住房供给不足，使得政府在此方面的责任履行度极低，二十余年来最高水平也仅达到了 9%（2010 年），大量住房困难家庭只能长期排队等待。

表 4-7　1995～2018 年俄罗斯住房保障义务实现指标

指标	1995 年	2000 年	2005 年	2006 年	2007 年	2008 年	2009 年	2010 年
急需解决住房问题的家庭数量（万个）	770	542	338	312	291	286	283	282
所占比重（%）	15	11	7	6	6	6	5	5
获得住房、改善住房条件的家庭数量（万个）	65	25	15	14	14	14	15	24
所占比重（%）	8	4	4	4	4	5	5	9

续表

指标	2011 年	2012 年	2013 年	2014 年	2015 年	2016 年	2017 年	2018 年
急需解决住房问题的家庭数量（万个）	280	275	268	272	261	254	246	236
所占比重（%）	5	5	5	5	5	5	4	4
获得住房、改善住房条件的家庭数量（万个）	18	19	15	14	14	13	12	10
所占比重（%）	6	7	6	5	5	5	5	4

资料来源：俄联邦国家统计局，https：//www.gks.ru/folder/13706。

此外，参与国家住房规划"保障俄罗斯公民优惠舒适的住房和公用服务"，获得政府颁发的住房证书，也是解决居民住房问题的有效途径。国家住房证书（ГЖС-государственные жилищные сертификаты）是俄罗斯公民有权从联邦预算中获得购置住房的社会支付的证明。俄罗斯联邦政府于 2006 年 3 月 21 日发布的第 153 号法令批准了颁发和实施住房证书的规则，2018 年 11 月又对其进行了修订和补充。1997 年，俄罗斯为解决军人的住房安置问题，制定了"国家住房证书"专项规划；在此基础上，2001 年批准的联邦住房专项规划将这种支持形式的覆盖范围扩大，目前正在实施的"保障俄罗斯公民优惠舒适的住房和公用服务"将其延续至今。俄罗斯建设和住房公用事业部数据显示，1997 年以来，国家住房证书制度为超过 30 万个家庭（约 120 万人）改善了生活条件。[①]

工作性质、居住地的自然状况及容易发生工伤的公民群体，是国家住房证书颁发的主要对象。一般而言，俄罗斯国家住房证书的受益群体包括：①军人（加入储蓄按揭系统的军人除外）和内务机关工作人员；②受切尔诺贝利和马亚克核事故影响的公民；③由地方自治机关核算、联邦移民机构汇总名单中批准的流离失所者；④从远北（北极）及附属地区迁出的公民。符合条件的公民在 1 月 1 日至 7 月 1 日期间向当地政府提交申请，之后政府确定下一计划年度

---

① Минстрой России выпустил государственные жилищные сертификаты для более чем семи тысяч семей. http：//www.minstroyrf.ru/press/minstroy-rossii-vypustil-gosudarstvennye-zhilishchnye-sertifikaty-dlya-bolee-chem-semi-tysyach-semey/？sphrase_id＝793861.

中可获得证书的公民清单。

国家住房证书本质上是一种社会福利，其规模参考下列因素因人而异：申请人的家庭构成，当前的居住面积，申请人的住房需求以及现居所产权和使用情况，当地住房标准价格等。对于某些类别的申请人，可能酌情增加福利系数。例如，对于远北地区的居民，其福利的保障取决于工作年限。在当地工作超过 35 年，补贴金额为 100%；工作 10 ~ 15 年，补贴金额为 75%。目前立法条件下公民的住房标准一般为：单身——33 平方米；两人家庭——42 平方米；三人或以上家庭——54 平方米或更多。某些联邦主体有权要求额外追加 15 平方米。由于住房市场价格持续波动，住房证书的权益金额可能逐年改变。如2018 年，莫斯科的一对夫妇可以申请 190 万卢布的津贴。[①]

由于并非所有获得住房证书的受益群体都可在当年行使其权利，一般情况下，符合俄联邦法律规定的公民在获得国家住房证书后，须在 2 ~ 3 个月之内到银行开立专用账户，在之后的 7 个月内，在住房一级或二级市场寻觅符合家庭需求的心仪住房，当居民签订住房交易或建设合同并进行实际支付时，该证书才能生效。若超出期限则证书作废，申请人与颁发证书的机构联系，重新更换证书。由于每个公民仅有一次获得联邦预算通过住房证书发放补贴的机会，因此，已完成支付的住房证书数量和预算拨款总是低于实际值。

俄罗斯通过为符合联邦法律规定需要解决住房问题的家庭颁发住房证书，并规定住房证书可兑现的住房拨款金额，以此来实现国家预算在这方面的预算支出，而每年应颁发的证书数量则由与此相关的总统令进行规定。根据 2014年 11 月第 2264 号总统令，俄联邦建设和住房公用事业部 2014 年预计发放11024 份住房证书，总拨款金额达 224.39 亿卢布，在总统令的实施过程中，俄联邦主体行政机关共办理和发放了 10687 份住房证书，金额为 224.27 亿卢布（预期值的 99.95%）。[②] 2015 年，俄罗斯共发放 5948 份住房证书，总拨款

---

① Приобретение жилья за государственный жилищный сертификат: кому и на каких условиях предоставляют поддержку. https://ozakone.com/zhilishhnoe-pravo/gosudarstvennyy-zhilishchnyy-sertifikat.html.

② Отчет о проведении независимой оценки показателей результативности и эффективности программных мероприятий федеральной целевой программы 《Жилище》 на 2011-2015 годы, их соответствия целевым индикаторам и показателям, за 2014 год.

为 105 亿卢布，超过 8000 个家庭借此改善了住房条件。①

根据"保障俄罗斯公民优惠舒适的住房和公用服务"的年度报告，2017 年在其子规划"保障联邦法律确定的公民类别住房义务的履行"框架内筹集的联邦预算资金总额为 131.44 亿卢布，其中 112.13 亿卢布用于发放国家住房证书，19.31 亿卢布作为向俄联邦主体提供的退伍军人住房补助金（субвенция）。2017 年共办理和发放了 5522 份住房证书，其中包括：①退伍军人，451 份；②从远北及附属地区迁出的公民，2223 份；③受辐射事故和灾害影响的公民，1236 份；④联邦移民局认定的流离失所者，1371 份；⑤迁出封闭的行政区域的公民，251 份。包括上一年发放的证书在内，2017 年共兑现了 6121 份住房证书，总价值为 120.69 亿卢布。鉴于证书有效期为 7 个月，其余证书将在 2018 年兑现。②

俄罗斯建设和住房公用事业部的数据显示，2018 年，共有 7.27 万个家庭获得了国家住房证书，社会支付（联邦预算拨款）总金额达到 160 亿卢布；为 1482 名参加过卫国战争的老战士和 1691 名退伍军人及其家人、1500 名残疾人和有残疾儿童的家庭解决了住房问题；贝加尔—阿穆尔铁路沿线地区有 400 多个家庭从残旧的房屋中搬迁出来。③

三　住房建设指标评估及结果分析

提高居民住房保障水平的必要条件是扩大住房建设规模。苏联解体后，国

---

① В 2015 году более 8 тыс. семей реализовали государственные жилищные сертификаты. http：// www. minstroyrf. ru/press/v-2015-godu-bolee-8-tys-semey-realizovali-gosudarstvennye-zhilishchnye-sertifikaty-/? sphrase_id＝793861.

② Уточненный годовой отчет о ходе реализации государственной программы Российской Федерации 《 Обеспечение доступным и комфортным жильем и коммунальными услугами граждан Российской Федерации 》. https：//view. officeapps. live. com/op/view. aspx？ src ＝ http：//www. minstroyrf. ru/upload/iblock/12b/6-Utochnennyy-godovoy-otchet-Obespechenie-dost. -i-komf. -zhilem. doc.

③ Тезисы выступления главы Минстроя России В. Якушева на итоговой коллегии 2 апреля 2019 года 《О результатах деятельности Министерства строительства и жилищно-коммунального хозяйства Российской Федерации за 2018 год 》. http：//www. minstroyrf. ru/press/tezisy-vystupleniya-glavy-minstroya-rossii-v-yakusheva-na-itogovoy-kollegi-2-aprelya-2019-goda-o-rez/? sphrase_id＝793861.

家经济陷入混乱，财政税收难以为继，居民收入长期无法得到保证，除参与住房私有化或排队等候政府提供的公有和社会住房外，在住房和金融市场的初建阶段，运用自有资金和借贷资金建设和购置住房的比重极低。

如图4-4所示，若将苏联解体前的1990年新增住房建设面积作为基准（100），整个20世纪90年代建筑业的发展均未能恢复到该水平，2000年甚至仅为1990年的49%。随着国际原油价格日益走高，俄罗斯经济的崛起带动了建筑业的规模扩大，2008年的新增住房建设规模超过1990年4个百分点。但随后受全球金融危机的影响，建筑业开始萎缩，同时住房建筑的成本攀升速度虽然有所放缓（见图4-5），但依然居高不下。至2011年才稳定恢复到苏联解体前水平。2013~2014年迎来建筑业发展的高峰阶段，2014年新增住房面积指数比2013年上升了23个百分点，2015年后住房建设的增长幅度有所下降。总体而言，直至2018年，俄罗斯新增住房建设面积比1990年增加了23个百分点。此外，运用自有和借贷资金新增住房面积指数则保持了强劲的增长态势，尤其是2009年该指数达到了477。2011年后开始了新一轮的增长高峰，至2014年该指数增长到606，之后伴随着俄罗斯结构性和周期性经济危机，该指数出现了缓慢的下降。

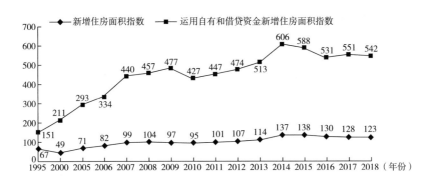

图4-4 1995~2018年俄罗斯新增住房面积指数（1990＝100）

资料来源：俄联邦国家统计局，https://gks.ru/folder/14458#。

对住房建设的需求取决于人均收入的动态、抵押贷款的可获性和住房建设成本。实施国家规划确保危房居民的搬迁，为多子女家庭提供地块，补贴抵押贷款利率等，都会对住房建设产生影响。根据俄联邦国家统计局的数据，2010～2018 年一级住房市场的价格上涨了 39.3%，主要是由于卢布贬值以及进口建材和设备成本上涨导致的建筑成本增加；与 2010 年相比，2018 年建筑成本增加了 29.7%。在这种情况下，抵押贷款作为购买住房资金来源的作用大大增强。2018年，发放了创纪录的 150 万笔贷款，价值 3 万亿卢布，是 2010 年水平的 8 倍。抵押贷款利率降至历史低位（2018 年 9～10 月为 9.41%），自 2010 年以来人口平均每月名义工资增长了两倍以上，也确保了贷款的发放。①

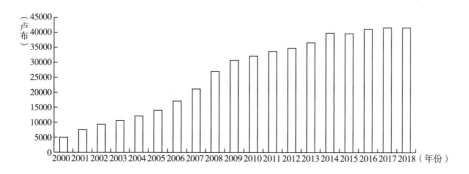

图 4-5　2000～2018 年俄罗斯住房建设平均实际成本

资料来源：俄联邦国家统计局，https：//gks. ru/folder/14458#。

图 4-6 显示的 2000 年以来俄罗斯新增住房面积的变化走势与图 4-4 所示的指数相吻合，即 2008 年前的显著增长，至 2010 年的下滑及其后的恢复增长和 2014～2015 年后的再次下降。几个节点的新增住房面积分别为：2000 年 0.303 亿平方米，2008 年 0.641 亿平方米，2010 年 0.584 亿平方米，2015 年 0.853 亿平方米，2018 年 0.757 亿平方米。自 2015 年以来，俄罗斯住房建设面积已连续三年保持下降，2019 年这一趋势还将继续。《2030 年前俄联邦住房建设发展战略》中指出，这几年建设规模下降主要是由于 2014～2015 年危机期间开发项目的缩减：从项目启动到交付的平均时间间隔为 2.5～3 年，近

---

① Стратегия развития строительной отрасли Российской Федерации до 2030 года. https：//www. сметчик. рф/assets/uploads/documents/63664f69. pdf.

期俄罗斯住房建设面积将重新恢复增长。①

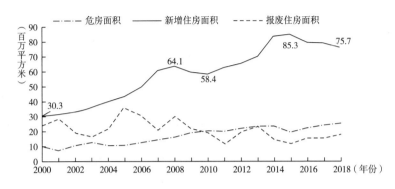

图 4-6　2000~2018 年俄罗斯新增住房面积

资料来源：俄联邦国家统计局，https://gks.ru/folder/14458#。

　　但也有专家认为，随着住房建设转入项目管理模式（自 2019 年 7 月 1 日起），需要引入银行代管融资方式，可能会导致 1/3 市场参与者的业务活动陷入停滞，同时完成项目工程的成本将平均增加 8%。根据建筑公司的估计，由于增值税税率提高和转向项目融资模式，建筑材料价格将增长 17%，一级市场房价将提高 15%。根据俄罗斯央行的数据，2018 年有 4 万亿卢布用于集资建房，其中 7880 多亿卢布是开发商贷款，4000 多亿卢布是开发商自有资金，其余 2.8 万亿卢布是由集资人投资，也就是说，建筑公司约 70% 的资金是免费的。2019 年 7 月 1 日起，禁止使用集资人资金。在集资人和开发商之间，引入银行作为第三方，在代管账户里累积集资人的资金，并按利息向开发商提供贷款。房屋投入运营后，集资人获得住房，开发商获得代管账户的资金。通过这种机制，可以有效解决集资人的资金安全问题，但同时也使得开发商陷入资金困境。应当指出的是，大多数建筑企业多年来通过集资人的资金开展业务，此后此收入将急剧减少，甚至难以筹集到贷款继续开展工程项目。想要获得贷款，必须具有很高的信誉度，也就是说，开发商出售的住房数量必须满足银行

---

① Стратегия развития строительной отрасли Российской Федерации до 2030 года. https://www.сметчик.рф/assets/uploads/documents/63664f69.pdf.

对收入和利润的要求。但是在俄罗斯的很多地区，由于居民收入水平低，住房需求正在下降。该行业可能面临一系列公司的破产，约 1/3 的公司将在无法获得银行贷款的情况下停止运营。2018 年，有 150 个开发商宣告破产，未完成的住房建设面积达 450 万平方米。对此，建设和住房公用事业部为"俄联邦·住房"集团及其银行注资 1600 亿卢布，这些资金能够为开发商提供 1 万亿卢布的担保。①

与此同时，危房面积在逐年增长，2018 年为 2550 万平方米，比 2000 年的 950 万平方米增长了 170%，超过 2013～2014 年的最高水平。每年均有大面积的住房由于不再适宜居住而需要报废，2010 年以前，报废的住房面积甚至超过了存量危房面积。需要政府组织居民从中迁出的住房根据破损程度可分为危房和旧房两类。在 1990～2014 年，俄罗斯危旧住房面积从 320 万平方米增至 930 万平方米，增长了将近 2 倍，其中，老旧房屋面积由 290 万平方米扩大到 700 万平方米，增长了 140%。2014 年，俄罗斯危旧住房所占比重为 2.7%，但依然为 1990 年的 2 倍。

根据其他国家的经验，若要在一个合理的时间内（人的生命周期）彻底改善居民的居住条件，那么该国的住房建设积极性应保证每年新增人均住房面积达到 1 平方米。例如日本的年均增长为 0.9～1 平方米，美国为 0.7～0.8 平方米，法国和德国为 0.7 平方米左右，中国在提高居民住房保障水平方面也取得了较好的成绩：已经有相当长一段时间其建筑积极性保持在 1 平方米左右。② 图 4-7 显示了 2001～2018 年俄罗斯人均新增住房面积的发展态势。2001 年俄罗斯人均新增住房面积仅为 0.22 平方米，随着整个建筑行业的发展，2008 年增长到 0.45 平方米，2014 年达到最高点——0.59 平方米，之后缓慢降至 2018 年的 0.52 平方米。虽然俄罗斯在该指标上取得了显著的成绩，但从对比结果来看，还不太乐观。

---

① Ипотечное кредитование в 2018 году: удержаться на максимуме. https://raex-a.ru/media/uploads/bulletins/pdf/2019_ipoteka_bul.pdf.

② При строительной активности в 1 кв. м на человека в год сегодняшний средний уровень обеспеченности жильем в странах ЕС теоретически может быть достигнут Россией всего через 16 лет. / Категория: Аналитическая информация. Опубликовано 28.05.2014. URL: http://www.fcpdom.ru/ (Дата обращения: 07.06.2015).

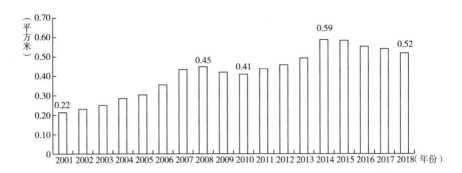

图 4-7 2001~2018 年俄罗斯人均新增住房面积
资料来源：俄联邦国家统计局，https：//gks.ru/folder/14458#。

俄罗斯国立高等经济学院数据研究中心的调查数据显示，影响国家建筑积极性提高的主要原因在于建筑业的高度垄断、行业内竞争水平低、行政壁垒严重、缺乏明确的符合国际标准的建筑标准和规范等。[①] 为尽早解决这些问题，俄罗斯建设和住房公用事业部负有在其职权范围内制定创新发展战略、改善建筑业的商业环境，以维持住房建设的现有水平并促进其进一步发展的职责。

鉴于经济型住房在提高居民住房的可获得性和改善居民的居住条件方面发挥着极为关键性的作用，近些年来，俄罗斯对经济型住房（包括低层居民楼）的重视程度日益增加。在俄罗斯，任何拥有一定资金的居民均可购买经济型住房。对于经济型住房的标准，俄也做出了明确界定，即这类住房首先应适宜居住，不属于正式认定的危旧住房，且无须拆迁或重建;[②] 经济型住房不带有特殊的装饰设计，建筑标准由政府确定；天花板高度为 2.5~2.7 米；房价取决于面积、楼层及地理位置，底楼和顶楼价格较低（差价在 10%~5%）。在设

---

① Деловой климат в строительстве в I квартале 2014 года-М. : НИУ ВШЭ, 2014. С. 19.

② Постановление Правительства Российской Федерации от 28 января 2006 г. № 47 《 Об утверждении положения о признании помещения жилым помещением, жилого помещения непригодным для проживания и многоквартирного дома аварийным и подлежащим сносу или реконструкции》（ Собрание законодательства 2006. № 6. ст. 702；2007. №32. ст. 4152；2013. № 15. ст. 1796）.

计、建设和修复过程中，经济型住房应保证节能性为高级（"B"①），配备工程设备仪器，包括每间公寓使用的水表、电表、煤气表等；保障家庭和公用设施及其技术维护等符合城市规划条例；保证为残疾人及其他行动不便者提供符合俄联邦法律规定的特殊居住条件。

自 2011 年起，俄罗斯不断加快经济型住房的建设，使其建设规模在新增住房总量中所占的比重保持在较高水平，特别是 2011 年更是达到了前所未有的高度——42.07%。其后，因预算资金紧缩俄罗斯经济型住房的建设比重略有下降，降至 37% 左右。2013 年，俄罗斯远东联邦区发生大规模洪灾，为向流离失所的公民提供临时住宅，俄罗斯取消了本应用于建设经济型住房的部分预算拨款（9.77 亿卢布），将其划拨给了远东联邦区。因此，2014 年俄罗斯用于经济型住房建设的拨款比重有所下降，仅为 36%。此后，为满足广大中低收入群体的住房需求，俄罗斯决定在 2015~2020 年继续加大对经济型住房建设的扶持力度，预算拨款总额达 317.89 亿卢布，其中，每年预计拨款的金额也不断提高，从 2015 年的 29.94 亿卢布增加至 2020 年的 62.56 亿卢布（详见表 4-8）。在 2015~2020 年，俄罗斯经济型住房建设与新增住房面积保持一致的发展态势，新建住房面积的年均增长率为 4.68%，其中新增经济型住房面积的年均增长率为 5.60%。新建经济型住房面积所占比重也从 2015 年的62.63% 稳定增长至 2020 年的 66%。

表 4-8　2015~2020 年经济型住房建设预算拨款

单位：亿卢布

年份	2015	2016	2017	2018	2019	2020	总计
预算拨款	29.94	50.81	56.10	58.17	60.32	62.56	317.89

资料来源：Отчет о проведении независимой оценки показателей результативности и эффективности программных мероприятий федеральной целевой программы 《Жилище》 на 2011-2015 годы, их соответствия целевым индикаторам и показателям, за 2014 год。

除预算拨款外，俄罗斯联邦政府的"住房建设发展基金"也对经济型住

① 根据俄联邦地区发展部规定，住宅节能性包括七个等级："A""B++""B+""B""C""D""E"，其中"C"为基准，能源消耗低于基准 20% 以内，则为"B"。

房建设的发展起着重要作用：为经济型住房和公用基础设施建设、建筑材料安置等提供土地；为非营利公民联合机构参与住房建设提供相关理论方法；与住房按揭贷款股份公司共同制定经济型住房发展规划等。

在经济型住房中，最基本、最重要的形式是低层居民楼（一般不超过三层）。目前低层居民楼建设和由此产生的建筑材料需求，已成为推动俄罗斯经济发展的重要力量。俄联邦国家统计局数据显示，低层居民楼建设每增长10%，可以促进国内生产总值增长0.1%。低层居民楼建设具有极其显著的优势：①低层居民楼的建设在很大程度上取决于私人部门的投资积极性，无须依靠大规模的公共支出和信贷投资；②一般低层居民楼的建设多运用现代化、高度节能和环保的建筑工艺，不仅能促进居民居住条件的改善，还能更好地满足所有家庭成员的心理需求和身体健康；③低层居民楼建设的发展可对工业、交通和就业等领域产生积极的影响。民意调查结果显示，80%的俄罗斯民众希望居住在低层居民楼中。实际上，在气候条件较为接近的国家里，低层居民楼的建设比重也较高：加拿大为79%、美国为92%、欧洲国家为80%。[1] 为形成高度竞争的低层居民楼建设市场，俄罗斯还通过制定专项规划，引入公私合作机制的方式，成立了低层和简易住宅建设公司（НАМИКС）。作为非营利机构，低层和简易住宅建设公司在俄罗斯30多个地区都设有分支机构，与政府合作开展低层居民楼的建设。[2]

四　住房按揭贷款发展指标评估及结果分析

抵押贷款已成为俄罗斯居民建设和购买住房的主要资金来源。居民按揭贷款的可获性可以通过每年住房按揭贷款的发放情况来衡量，住房按揭贷款发放量越多，说明居民对于其条件（包括首付款、利率等）的接受程度越高，居民运用按揭贷款建设和购置住房的比重也就越高（见图4-8）。而按揭贷款的利率则成为最为关键的影响因素，利率越高，居民由于缺乏偿还贷款的能力，

---

[1] Малоэтажное строительство. Интервью с Президентом ГК Fedeco Валерием Шумилиным. 05. 12. 2013. URL：http：//rway. ru/interview/3164/.

[2] Национальное агентство малоэтажного и коттеджного строительства. URL：http：//www. namiks. com/about-namiks.

选择运用按揭贷款建设和购买住房的动机就会越小。

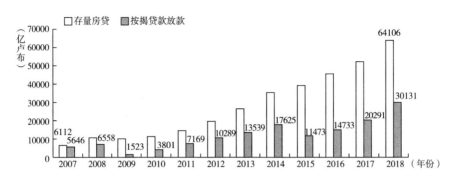

图 4-8　2007~2018 年俄罗斯存量房贷和按揭贷款放款规模

资料来源：俄罗斯央行按揭银行（ипотечные банки）网站，http：//rusipoteka. ru/ipoteka_v_rossii/ipoteka_statitiska/。

　　如图 4-8 所示，俄罗斯存量房贷呈不断上升态势（除受全球金融危机影响 2009 年出现微弱的下降外），从 2007 年的 6112 亿卢布增至 2018 年的 64106 亿卢布，增长了 9 倍以上。存量房贷占国内生产总值的比重也明显提高：2007 年 1 月存量房贷占 GDP 的比重仅为 0.87%，2014 年 1 月快速增至 4%，截至 2019 年 1 月 1 日，该比重已达到 6.2%。[①] 住房按揭贷款的发放规模则出现了波动上升的态势：从 2008 年 6558 亿卢布急剧减少到 2009 年的 1523 亿卢布，下降了 76%；自 2010 年开始逐步恢复稳定的增长，至 2014 年每年新增 3000 亿卢布左右；2015 年又出现了短暂的滑坡，下降了 35 个百分点，为 11473 亿卢布；之后逐年增加，2018 年俄罗斯住房按揭贷款的放款额度达到 30131 亿卢布，同比增长 49%，刷新了住房按揭市场的纪录，按揭贷款的平均额度达到 205 万卢布，比 2017 年的 186 万卢布增长了 10%。

　　最主要的影响因素，一是按揭贷款利率降至 1998 年以来的历史最低点——9.6%。不仅新的借款人，此前的贷款人也有机会从较低的利率中受益：利率从 12.5% 降至 9.6%，近 17 万个家庭（占贷款总额的 11.5%）抵押贷款

---

① Динамика роста задолженности по ипотечным жилищным кредитам к ВВП. http：//rusipoteka. ru/ipoteka_v_rossii/ipoteka_statitiska/.

再融资成本降低了 15%。二是房价的稳定增长，2018 年一级市场价格增长 4%，二级市场增长 2%，关于开发商立法创新的消息预示着建筑成本将增加，这在一定程度上影响了市场秩序，住房价格上涨的预期提高了买房的积极性。根据俄财政部、建设和住房公用事业部的估计，2019 年房价将提高 8%。[①] 根据"俄联邦·住房"集团的估计，2018 年新建筑的抵押贷款交易份额为 56%，在二手房市场中，抵押贷款交易份额也占到了 49%。[②] 截至 2019 年 1 月 1 日，90 天以上拖期贷款的比重也下降到历史新低——1.78%（作为对比，2010 年 8 月该比重高达 7.2%）。2014～2017 年，该比重分别为 2.1%、3.0%、2.7% 和 2.2%。[③]

国家对住房按揭市场主要参与者的支持，也将最大限度地降低按揭市场的波动性。从按揭贷款的发放主体来看，国有银行放款占比已从 2010 年的 63% 增至 2018 年的 86%。主要集中在几大国有银行，即联邦储蓄银行、对外贸易银行、天然气工业银行、俄罗斯农业银行及"俄联邦·住房"集团，其中，联邦储蓄银行占到 52%，对外贸易银行占到 22%。[④] 多年来，排名前五位的银行住房按揭贷款的放款占比基本保持不变。预期 2019 年，住房建筑业的萎靡、房价的上涨可能会影响按揭市场的发展，需求下降会导致主要按揭银行的竞争加剧。[⑤]

"俄联邦·住房"集团作为国家住房领域的政策性机构，其发放的按揭贷款额度和产品类型直接体现了住房按揭贷款方面国家支持的力度和方向。2005 年以来"俄联邦·住房"集团住房按揭贷款股份公司的业务活动如图4-9所

① Ипотечное кредитование в 2018 году: удержаться на максимуме. https://raex-a.ru/media/uploads/bulletins/pdf/2019_ipoteka_bul.pdf.

② Стратегия развития строительной отрасли Российской Федерации до 2030 года. https://www.сметчик.рф/assets/uploads/documents/63664f69.pdf.

③ Итоги развития рынка ипотеки в 2018 года. https://дом.рф/upload/iblock/c63/c6392ac94e0148b4331e37b0966c6e64.pdf.

④ Выделим отдельно долю Сбербанка, ВТБ24, Газпромбанка, Дельтакредит, АИЖК на рынке ипотечного кредитования (в объеме выдачи), а также долю государства в целом (в объеме выдачи и в объеме задолженности). http://rusipoteka.ru/ipoteka_v_rossii/ipoteka_statitiska/.

⑤ Ипотечное кредитование в 2018 году: удержаться на максимуме. https://raex-a.ru/media/uploads/bulletins/pdf/2019_ipoteka_bul.pdf.

示。首先，从按揭贷款的放款额度来看，其走势与整个住房市场按揭贷款的发放情况类似，由于其主要受宏观政策的影响，规模变化走势并不缓和，如2010年和2018年的激增，增速分别达到了81%和147%。近年来，"俄联邦·住房"集团按揭贷款放款规模增长明显，2015年仅为131亿卢布，2018年已达到817亿卢布。其中460卢布为再融资，占到总放款规模的56.3%，是除滨海边疆区社会商业银行外，银行业务活动中再融资占比最高的。①

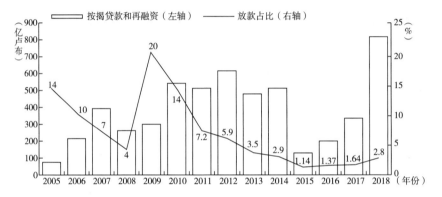

图4-9　2005~2018年"俄联邦·住房"集团住房按揭贷款股份公司的业务活动

资料来源：根据"俄联邦·住房"集团网站公布的数据核算，http：//rusipoteka.ru/ipoteka_v_rossii/ipoteka_statitiska/。

　　基于"俄联邦·住房"集团的资本实力和按揭贷款放款的保障性特征，其放款规模占比远不及联邦储蓄银行和对外贸易银行，除部分年份外，其占比是呈不断下降趋势的，主要原因在于居民收入水平整体提高，满足放款要求的住房困难群体随之减少，政府对于住房部门的干预度也在逐渐下降。如图4-9所示，"俄联邦·住房"集团按揭贷款放款占比从2005年的14%降至2008年的4%，2009年提高到20%后又一路跌至2015年的1.14%，2018年回升到2.8%。

　　如图4-10所示，2006年1月1日以来，俄罗斯住房按揭贷款平均利率（年初）呈波动下降趋势，2006年1月1日高达14.9%，2018年1月1日降至

---

① Ключевые участники рынка ипотечного кредитования в декабре 2018 года. https：//дом. рф/upload/iblock/501/501ad9c18911519d0bb6873fcdc980fa. pdf.

10.64%，下降了4个百分点。如前所述，至2019年1月1日，按揭利率已下降到9.6%。值得注意的是，即使是2018年的最低值，俄罗斯住房按揭贷款利率也远高于欧洲国家：法国——1.58%、芬兰——1.85%、德国——1.97%、意大利——1.98%、保加利亚——1.98%、比利时——2.01%、西班牙——2.26%、英国——2.74%、丹麦——2.76%、荷兰——2.86%、波兰——4.33%、罗马尼亚——4.85%。[①] 抵押贷款利率的波动取决于俄罗斯金融市场波动时间的长度。2018年，年均按揭贷款利率为9.56%，其中新建筑贷款利率为9.3%，在二级市场购买成品房的利率为9.67%。[②] 2018年底2019年初，为了应对提高增值税率导致的通货膨胀，俄罗斯央行提高了关键利率（至7.75%），与此同时，抵押贷款利率也随之增加（按揭利率同时增长了1.5~2个百分点，达到10%~12%）。截至2019年6月，按揭抵押贷款利率达到10.28%，其中新建住房按揭利率为9.82%，二级市场利率为10.52%。根据"俄联邦·住房"集团的预计，该轮增长周期已结束，通胀高峰（年均5.3%）过去后，2019年7月26日和9月10日俄罗斯央行连续两次将基准利率下调到

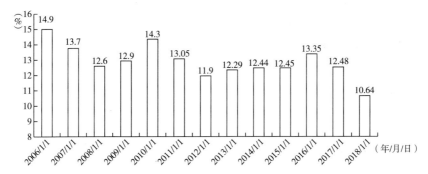

图 4-10　2006~2018 年俄罗斯住房按揭贷款平均利率变动情况（年初）

资料来源：俄罗斯央行。http://www.cbr.ru/collection/collection/file/15727/stat_digest_mortgage_01.pdf；http://www.cbr.ru/Collection/Collection/File/15723/Stat_digest_mortgage_05.pdf。

[①]　Ипотечное кредитование в 2018 году: удержаться на максимуме. https://raex-a.ru/media/uploads/bulletins/pdf/2019_ipoteka_bul.pdf.

[②]　Итоги развития рынка ипотеки в 2018 года. https://дом.рф/upload/iblock/c63/c6392ac94e0148b4331e37b0966c6e64.pdf.

7.0%，抵押贷款利率将在 2019 年下半年降至 10%或更低。[1]

"俄联邦·住房"集团总裁亚历山大·普鲁特尼克于 2019 年 9 月 27 日的发言中指出，2019 年底俄罗斯主要按揭银行将开始新一轮降息，以符合国家项目预期的抵押贷款利率——8.9%。根据国家项目"按揭"要求，2024 年前，住房一级市场的按揭贷款发放量将达到 113 万份，年平均抵押贷款利率降至 7.9%（2021 年为 8.5%）。通过促进按揭市场的竞争性，每年将按揭利率降低 1~1.5 个百分点。[2]

在建筑部门不稳定的条件下，俄罗斯国家住房规划将给予特殊公民群体住房按揭贷款优惠，以便公民建设和购置住房。优惠条件和力度由各地区自行确定，但联邦政府规定其最低标准：对于未生育或未领养子女的家庭，不低于平均住房价格的 30%；对于养育 1 个或更多子女的家庭或者单亲家庭，不低于平均住房价格的 35%。

以年轻家庭为例。俄罗斯年轻家庭的住房保障制度经历了几个发展阶段：2002 年出台"年轻家庭住房保障"项目，计划实施期至 2010 年。2006 年以前，在该项目框架内，国家仅在年轻家庭生育或领养子女后，以现金补贴的形式提供国家支持。此后，生育或领养子女不再作为年轻家庭获得住房补贴的必要条件，而只是具有"优先"资格。2008 年前，年轻家庭的标准是低于 30 岁；之后变更为 35 岁。2010 年，"年轻家庭住房保障"项目有所调整，其优先参与者是多子女家庭和 2005 年前被认定为需要改善居住条件的家庭。现金补贴也被专项社会支付所取代，后者只能在购置家庭住房时使用。这一阶段的"年轻家庭住房保障"项目期限至 2020 年，但到 2018 年就已提前完成目标任务。[3] 值得注意的是，虽然俄联邦建设和住房公用事业部对每平方米住房的价格做了明确规定，但由于实际市场价格远高于规定的房价，很多年轻家庭即使

[1] Итоги развития рынков ипотеки и жилья за I полугодие 2019 г. https：//дом. pф/upload/iblock/688/688ad0fd5e8c1ed6f4a9839543ae86b2. pdf.

[2] Основные российские ипотечные банки приступят к раунду снижения ипотечных ставок до конца 2019 года—гендиректор ДОМ. РФ Александр Плутник. https：//дом. pф/media/news/osnovnye-rossiyskie-ipotechnye-banki-pristupyat-k-nbsp-raundu-snizheniya-ipotechnykh-stavok-do-nbsp-/.

[3] Программа 《 Молодая семья 》： важные условия. http：//mamkapital. ru/subsidii/programma-molodaya-semya/.

获得了预算补贴也依然不具备购买住房的能力，这种现象在全俄范围内都比较普遍，这就从客观上限制了年轻家庭兑现这些社会支付的可能。[①] 因此，不少俄罗斯专家提出，在为年轻家庭提供预算支持的同时，政府还应积极创造条件，刺激年轻家庭运用自有和借贷资金，以及其他金融工具解决住房问题。

2018 年，俄罗斯为两个及以上的多子女年轻家庭按揭贷款设定了 6% 的优惠利率，可用于一级市场购置住房，也可用于为按揭贷款进行再融资。银行利率补贴的期限为：第二个子女出生后的三年内和第三个子女出生后的五年内，之后家庭需要全额支付贷款利率。为此，俄罗斯划拨了 6000 亿卢布的预算补贴用于弥补利率损失，这笔资金在 2018 年兑现了 7560 万卢布。在优惠条件下，按揭银行共为 4556 个新生儿家庭发放了价值 107 亿卢布的 4400 份按揭贷款，其中 41 亿卢布用于贷款再融资；在一级市场交易的住房面积为 16.41 万平方米。联邦储蓄银行获得了大部分的预算资金——2200 万卢布，第二是对外贸易银行——1260 万卢布，第三是"俄联邦·住房"集团——1250 万卢布。[②]

2019 年 9 月 30 日，俄罗斯财政部、央行、经济发展部和"俄联邦·住房"集团共同制定了按揭债券市场发展的"路线图"，通过了 14 项措施，并着重讨论了国家养老基金参与按揭债券投资的可能性。按揭债券的优势在于，"俄联邦·住房"集团是其唯一的发行者，并以国家财政为其提供违约担保。债券投资有利于增加按揭市场的流动性，为银行提供稳定可靠的资金来源。值得一提的是，它不仅适用于大型银行，而且也适用于中等规模的地区银行。据俄罗斯财政部预计，利用该机制，中等规模的地区银行将大大提升在按揭市场的竞争性。[③]

五　住房公用事业发展指标评估及结果分析

在推动住房建设的同时，俄罗斯政府还着力加强和完善公共服务设施建设，满足中低收入居民的居住福利需求，提升居住质量，以期促进保障性住房

---

① Скороходов Е. Л. Содействие государства в решении жилищной проблемы молодых семей России // Экономические науки. 2013. №6（103）. С. 162–166.

② Ипотечное кредитование в 2018 году: удержаться на максимуме. https://raex-a.ru/media/uploads/bulletins/pdf/2019_ipoteka_bul.pdf.

③ Правительство одобрило план мероприятий по развитию рынка ипотечных облигаций. https://www.minfin.ru/ru/#.

社会包容与和谐的功能实现。基于俄罗斯住房公用事业的发展受到多方面因素影响，对其进行全面评估难度较大，因此这里仅选用"危旧住房拆除和居民安置""住房公用基础设施现代化""住房公用事业缴费的预算补贴和社会支持"三项典型指标对其进行分析。

（一）危旧住房拆除和居民安置

在俄罗斯，需要政府组织居民迁出的住房根据破损程度可分为危房和老旧房两类。1990~2014 年，俄罗斯的危旧住房面积从 3200 万平方米增至 9300 万平方米，增长了近 2 倍，其中，老旧房屋面积由 2900 万平方米扩大到 7000 万平方米，增长了 140%，危房面积也由 300 万平方米扩大到了 2400 万平方米，增长了 700%。从表 4-9 可以看出，俄罗斯危旧住房占存量住房的比重从 1990 年的 1.3%增至 2005 年的 3.2%，持续至 2008 年后才开始出现下降，2014 年已成功降至 2.7%。但从总体情况来看，2014 年，俄罗斯危旧住房所占比重依然为 1990 年的 2 倍。

表 4-9　1990~2014 年危旧住房面积及占比

单位：亿平方米；%

年份	1990	2000	2005	2008	2009	2010	2011	2012	2013	2014
危旧住房总面积	0.32	0.66	0.95	1.00	1.00	0.99	0.99	1.00	0.94	0.93
其中：老旧房屋	0.29	0.56	0.83	0.83	0.80	0.79	0.78	0.78	0.70	0.70
危房	0.03	0.10	0.11	0.17	0.19	0.21	0.21	0.22	0.24	0.24
所占比重	1.3	2.4	3.2	3.2	3.1	3.1	3.0	3.0	2.8	2.7

资料来源：俄联邦国家统计局，Российский статистический ежегодник 2015г. 。

自 2015 年起，俄罗斯不再统计老旧住房面积，建设和住房公用事业部仅提供危房面积及其占比的数据。我们可以发现，危房面积在逐年增长，2018 年为 2550 万平方米，超过 2013~2014 年的最高水平，所占比重也基本保持在 0.7%。

目前，俄罗斯根据第 600 号总统令和第 1743 号政府决议对 2012 年 1 月 1 日各联邦主体认定的需要搬迁的危旧房屋进行清算，并由俄罗斯促进住房公用事业改革基金会对该项任务指标完成情况进行监测，包括 2014~2017 年要完成 2012 年 1 月 1 日前认定的危房住户的搬迁，2018 年完成对 2012 年 1 月 1 日重新认定的危房住户以及克里米亚共和国和塞瓦斯托波尔市危房居民的搬迁。2015 年 10 月 1 日根据建设和住房公用事业部决议，成立了专门委员会，解决根据地区专项规划危旧房屋住户搬迁后安排的住房质量问题。

根据俄罗斯促进住房公用事业改革基金会 2018 年的年度报告，2013～2018 年国家和市政用于危房居民安置规划的资金安排见图 4-11。

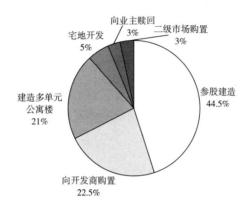

图 4-11　俄罗斯国家和市政居民安置规划的支出结构

资料来源：俄罗斯促进住房公用事业改革基金会 2018 年年度报告。

2018 годовой отчет. Государственная корпорация-Фонд Содействия Реформированию Жилищно-коммунального Хозяйства. https：//fondgkh. ru.

俄罗斯促进住房公用事业改革基金会的资金除来自国家财政外，还包括根据其每年与各联邦主体签订的协议，对未能兑现危旧房屋住户安置义务的联邦主体提出的索赔。2018 年，由于未能按期完成安置义务（莫斯科州和犹太自治州）向联邦主体提出索赔的金额为每人 5000 卢布/天，共计 3925 万卢布；由于联邦主体提供的报告中安置计划执行情况不准确，共向 12 个联邦主体提出索赔 850 万卢布；由于未能识别联邦统一申请登记册中包含的建筑缺陷，每套多单元公寓索赔 10 万卢布，共向 14 个联邦主体索赔 430 万卢布。①

---

① 2018 годовой отчет. Государственная корпорация - Фонд Содействия Реформированию Жилищно-коммунального Хозяйства. https：//fondgkh. ru.

至 2019 年 1 月 1 日，2012 年及其后认定的处于危房状态的多单元公寓楼面积为 1576 万平方米，共居住 93.82 万人。"新五月法令"中提出，要确保持续减少不宜居住的住房比例。根据国家项目"住房和城市环境"要求，2019~2024 年俄罗斯计划重新安置 954 万平方米危房中的 53 万名公民，为此，联邦预算将拨款 4319.4 亿卢布，其中：2019 年 354 亿卢布，2020 年和 2021 年各 354.2 亿卢布，2022 年和 2023 年各 1110.6 亿卢布，2024 年 1035.8 亿卢布。

（二）住房公用基础设施现代化

为保障居住条件的舒适与现代化，通常情况下需要同时配套建设符合现代生活条件和高质量标准的公用基础设施。在此，俄罗斯主要通过促进住房公用事业改革基金会对公用基础设施现代化项目提供财政支持，并监督这些项目的执行情况和目标实现情况。2011~2014 年，俄罗斯共完成 27 项大型住房公用基础设施建设项目，其中包括达吉斯坦共和国马哈奇卡拉市的排水系统扩能改造二期工程、库尔斯克市的管道扩展工程和基洛夫市的场外供水系统建设工程。2014 年，俄罗斯建设住房公用基础设施的总支出达到 10.69 亿卢布，其中俄联邦主体和地区预算拨款为 7.53 亿卢布，预算外资金为 3.16 亿卢布。

2015 年 12 月 26 日俄罗斯通过第 1451 号政府决议《关于通过促进住房公用事业改革基金会为公用基础设施系统现代化提供财政支持》，并于 2017 年 8 月 25 日出台第 997 号政府决议对 2015 年的决议进行若干变更，确定了更有效的财政支持机制。自 2018 年起，开始依据新的政府决议对住房公用基础设施现代化提供财政支持。基金的资金用于筹备现代化项目并为其吸引的贷款和债券提供配套，与 2015 年的决议相区别，新版本不再为实施现代化项目提供直接融资，包括不再承担创建、改造和现代化的部分费用。但事实上，这种支持机制的变更并没有更好地适应俄罗斯目前公用基础设施的发展状况，大多数联邦主体没有在经济上可行的、对私人投资者富有吸引力的项目，主要是由于这些项目投资回收期长、获利能力低和投资风险大等。仅补贴贷款利率并不能显著降低这些负面因素的影响，也无法创造有利的投资条件。

在第 1451 号政府决议实施期间，俄罗斯促进住房公用事业改革基金会为 23 个联邦主体申请的基础设施现代化项目提供了 50 项财政支持，其中 11 项用于项目筹备、38 项用于项目实施，而只有 1 项用于补贴贷款利率。可见，对联邦主体最具吸引力的是直接支持项目的创建、修复和现代化。直至 2019 年 1 月 1 日,俄罗斯通过促进住房公用事业改革基金会共向各联邦主体划拨了 49.03 亿卢布,2018 年同期为 11.29 亿卢布,增长了 3 倍多。[①]

(三) 住房公用事业缴费的预算补贴和社会支持

住房公用服务费占家庭消费支出的比重以及参与住房补贴规划的家庭数量,可以作为衡量俄罗斯居民住房公用服务缴费能力的较为合理的评估指标。前者可以作为联邦一级的基本指标,后者则可作为一个更为精细的调整指标,在联邦主体和市政一级采用。

如图 4-12 所示,住房公用服务费的偿付能力因地区而异,在俄罗斯的很多地区,居民完全有能力支付。因此,专家认为,住房公用服务费的变化水平不应在联邦层面进行监管,而应集中在联邦主体和市政一级。此外,属于各占比区间的联邦主体数量有向更高比重转移的态势。

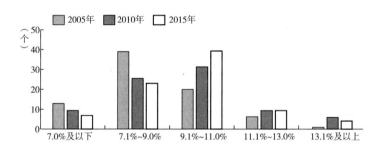

图 4-12 俄罗斯住房公用支出占比分类下的联邦主体数量变化

资料来源:俄联邦国家统计局,Регионы России:социально-экономические показатели 2018,статистический сборник。

在俄罗斯,有两种制度可以帮助居民支付住房公用服务费:为某些类别的公民提供住房公用服务优惠(льготы по оплате жилищно-коммунальных услуг),并提供社会支持,即向低收入家庭提供住房补贴(жилищные субсидии)。这些支持措施十年前已基本实现了货币化,并且运行较为成功,

---

① 2018 годовой отчет. Государственная корпорация-Фонд Содействия Реформированию Жилищно-коммунального Хозяйства. https://fondgkh.ru.

目前约 25% 的俄罗斯公民能够从中受益。俄罗斯联邦和地区预算对住房公用服务优惠的支持力度很大，但其缺点是目标性不强，向某些类别的公民及家庭提供优惠时，不考虑其财务情况，部分富裕的公民也能成为住房公用服务优惠的受益者。

而住房补贴则很好地避免了该问题，若公民的住房公用服务费超过家庭支出的一定比例，则可有针对性地对其进行补贴。联邦一级标准为 22%，部分地区将其降至 15%~18%，由地区预算追加补贴，期限为六个月，在此之后需要重新申请。补贴金额是根据联邦一级批准的住房标准确定的，而不是公民实际占有的住房面积，这在一定程度上确保了补贴的公平性。可以说，住房补贴是俄罗斯整个住房制度改革中实施的最佳方案之一，根据俄联邦国家统计局的数据，不同年份获得住房补贴的家庭数量从 7% 到 15% 不等。据专家估计，参与家庭不到 15% 时该计划能够持续有效。①

如表 4-10 所示，2001 年以来，获得社会支持的公民数量有所减少，占总人口的比重也相应地从 2001 年的 33% 降至 2018 年的 24%。2005~2018 年获得社会支持的公民数量基本维持在 3500 万~3900 万人，而国家预算予以的资金支持则呈现显著的上升态势：2001 年为 274 亿卢布，2018 年已增至 2981 亿卢布，增长了近 10 倍。每名公民每月享受的社会支持也从 47 卢布增长到 714 卢布。

表 4-10　2001~2018 年俄罗斯为住房公用服务缴费提供的社会支持

年份	2001	2002	2003	2004	2005	2006	2007	2008	2009
获得社会支持的公民数量（亿）	0.49	0.49	0.44	0.43	0.38	0.39	0.39	0.39	0.37
社会支持金额（亿卢布）	274	403	516	666	805	1025	120	1421	1765
获得社会支持的公民占比（%）	33	34	30	30	26	28	27	27	26
人均每月享受社会支持金额（卢布）	47	68	99	128	179	217	259	307	394

① Жилищно-коммунальный комплекс: между политикой и экономикой. Экспертно-аналитический доклад. Центр стратегических разработок. https://www.csr.ru/wp-content/uploads/2018/10/Report-ZH-KH-H-internet-fin-1.pdf.

续表

年份	2010	2011	2012	2013	2014	2015	2016	2017	2018
获得社会支持的公民数量（亿）	0.38	0.37	0.38	0.37	0.37	0.37	0.36	0.35	0.35
社会支持金额（亿卢布）	2145	2391	2490	269	2758	2877	2908	2925	2981
获得社会支持的公民占比（%）	26	26	26	26	26	25	25	24	24
人均每月享受社会支持金额（卢布）	477	537	549	598	626	654	674	695	714

资料来源：俄联邦国家统计局，http：//old.gks.ru/wps/wcm/connect/rosstat_main/rosstat/ru/statistics/population/housing/#。

表 4-11 显示了 2001~2018 年俄罗斯国家预算对于家庭住房公用服务缴费提供的补贴情况。2001 年以来，获得补贴的家庭数量也呈下降态势，从 396 万个减少到 304 万个，减少了近 1/4，其占比也从 9.1% 降至 5.4%。补贴金额则呈现相反的态势，从 2001 年的 59.2 亿卢布增至 2018 年 687 亿卢布，增长了 10 倍多。每个家庭每月享受的补贴金额也从 124 卢布增长到 1483 卢布。

表 4-11　2001~2018 年俄罗斯家庭获得住房公用服务补贴的情况

年份	2001	2002	2003	2004	2005	2006	2007	2008	2009
获得补贴的家庭数量（万个）	396	525	709	680	606	546	456	409	427
占比（%）	9.1	11.4	15.2	13.7	11.9	10.6	8.8	7.9	8.3
补贴金额（亿卢布）	59.2	149	307	355	400	443	449	437	529
家庭每月享受的补贴金额（卢布）	124	237	361	435	550	675	641	668	809
年份	2010	2011	2012	2013	2014	2015	2016	2017	2018
获得补贴的家庭数量（万个）	376	374	376	355	339	335	334	319	304
占比（%）	7.3	7.2	6.9	6.4	6.1	6	6	5.7	5.4
补贴金额（亿卢布）	557	582	566	591	597	627	688	703	687
家庭每月享受的补贴金额（卢布）	896	1029	1013	1096	1157	1241	1372	1456	1483

资料来源：俄联邦国家统计局，http：//old.gks.ru/wps/wcm/connect/rosstat_main/rosstat/ru/statistics/population/housing/#。

目前，住房补贴已成为俄罗斯家庭预算中重要的资金来源，补贴支付的货币化也带来了积极效应：若家庭未能及时支付水电费用，其只能收到下一笔补贴，此后资格会被撤销。因此，住房补贴的接受者成为住房公用服务中最守纪律的支付者。换句话说，在俄罗斯，低收入家庭公用服务费不取决于价格和费率，而取决于其是否能获得住房补贴并及时缴费。

第五章　俄罗斯住房财政保障
机制改革的前景

西方制裁背景下，俄罗斯出现了住房供给和消费两方面能力及意愿同时下降的情况。一方面，俄罗斯住房建设市场存在严重的垄断现象，一般开发商因资金来源有限很难参与其中，而预算外养老基金、大型保险公司及其他机构投资者又显然更青睐于长期的、低风险、有稳定资金回报的金融工具。这使得公民不得不依靠自有资金或者按揭贷款建造或购置住房。另一方面，俄罗斯长期信贷体系不够完善，多重危机导致大部分居民无力承担不断攀升的房价，购房能力及意愿急剧下降，居民消费信心指数经历了较长时期的下滑。在经济陷入增长困境、财政收入大幅下滑、住房部门支出急剧压缩的情况下，以何种方法和手段来促进住房建设与消费环境的改善，实现对住房市场的有效调节，履行保障低收入群体住房的义务，成为横亘在俄罗斯政府面前的一大难题。

第一节　俄罗斯宏观经济形势和政策分析

乌克兰危机后，俄罗斯可谓是内外交困。欧美制裁期限不断延长且愈加严厉，经济社会问题相互交织、相互影响，延长退休年龄等改革又导致普京的民众支持度首次大幅下滑，普京总统距其执政目标的实现还有很长的路要走。虽然俄罗斯经济已呈现复苏迹象，经济指标表现良好，但其背后隐藏的结构性矛盾日益凸显。俄国内外学者对于俄经济未来发展前景各持己见，但较为一致的观点是，俄罗斯经济将在很长一段时期深陷发展困局。2018 年俄罗斯的经济增长基本与 2017 年持平，为举办 2018 年世界杯足球赛所进行的大项目投资的增长效应已基本消失，从 2015 年经济危机中反弹和复苏的固定资产投资与增加库存的动力也在减弱（见表 5-1）。[①]

2018 年 5 月 7 日，成功连任的普京总统签署了题为《2024 年前俄罗斯联邦发展战略任务和国家目标》的总统令（"新五月法令"），描述了政府未来六年的工作前景，几乎在所有公共领域都提出了共同的发展目标：提高公民的生活质量和福祉，减少贫困和不平等，提高医疗卫生和教育的质量及可获性，创造现代化的基础设施。而这些雄心勃勃的目标，只能在经济高速可持续增长的基础上实现。同年 10 月，俄罗斯经济发展部通过的《2024 年前俄联邦社会经济发展预测》（见表 5-2）中提出，在财政部调整预算规则并提高增值税、央行实施适度紧缩货币政策以降低通胀预期的前提下，2019 年将成为俄宏观经济政策调整的"适应期"，预计经济增速仅为 1.3%。但基于政府提出的一揽子结构性改革措施（包括有效实施涵盖社会经济发展关键领域的国家项目和基础设施综合发展计划；改善投资环境，提高经济发展的长期可预测性，提高国有或参股企业的竞争和效率水平，形成新的融资来源，强化行业监管；推进养老金改革，提高养老保障水平），通胀加速和经济增长放缓都将是暂时的。[②]

表 5-1　2012~2017 年俄罗斯主要宏观经济指标变动情况

单位：%

领域	2012 年	2013 年	2014 年	2015 年	2016 年	2017 年
GDP	3.5	1.3	0.7	-2.9	-0.2	1.5
工业	3.4	0.4	1.7	-3.4	1.1	1.0
农业	-4.8	5.8	3.5	2.6	4.8	2.4
零售业	6.3	3.9	2.7	-10	-5.2	1.2
固定资产投资	6.8	0.8	-1.5	-8.4	-0.9	4.2

① 徐坡岭：《复苏后的俄罗斯经济：在弱增长中寻求突破》，载《俄罗斯经济发展研究（2018~2019）》，新华出版社，2019，第 16~30 页。

② Прогноз социально-экономического развития Российской Федерации на период до 2024 года. http://economy. gov. ru/minec/activity/sections/macro/201801101.

续表

领域	2012 年	2013 年	2014 年	2015 年	2016 年	2017 年
通货膨胀	6.6	6.5	11.4	15.5	7.1	3.7
居民实际收入	4.6	4.0	-0.7	-3.2	-5.9	-1.7
进口	3.1	-1.2	-4.9	-32.1	-19.8	25.8
出口	5.3	2.2	-9.8	-37.7	-1.9	24.1
乌拉尔原油价格（美元/桶）	110.5	107.9	97.6	51.2	41.9	52.2

资料来源：俄联邦国家统计局。

表 5-2　2024 年前俄罗斯主要宏观经济指标变动情况（预期）

单位：%

领域	2018 年	2019 年	2020 年	2021 年	2022 年	2023 年	2024 年
乌拉尔原油价格（美元/桶）	69.6	63.4	59.7	57.9	56.4	55.1	53.5
消费价格指数（年底）	3.4	4.3	3.8	4.0	4.0	4.0	4.0
国内生产总值	1.8	1.3	2.0	3.1	3.2	3.3	3.3
固定资产投资	2.9	3.1	7.6	6.9	6.6	6.4	6.1
工业	3.0	2.4	2.7	3.1	3.1	3.2	3.3
实际可支配收入	3.4	1.0	1.7	2.2	2.3	2.4	2.5
实际工资	6.9	1.4	1.9	2.5	2.8	2.7	2.9
零售业	2.9	1.7	2.0	2.6	2.6	2.7	2.8

资料来源：俄罗斯经济发展部，http://economy.gov.ru/wps/wcm/connect/60223a2f-38c5-4685-96f4-6c6476ea3593/prognoz24svod.pdf? MOD = AJPERES&CACHEID = 60223a2f-38c5-4685-96f4-6c6476ea3593。

通过分析俄罗斯经济发展部出台的《2024 年前俄联邦社会经济发展预测》，可以发现几个明显的特征。

一是预期俄乌拉尔石油价格呈下降趋势。从 2019 年的 63.4 美元/桶降至 2024 年的 53.5 美元/桶，这将对石油出口创汇型的俄罗斯经济带来冲击。俄罗斯近年来一直致力于降低油价波动对经济的影响，最重要的举措在于加快油气税制改革，逐步降低油气收入在联邦预算中的占比，从而降低经济对能源的依赖。降低石油出口关税税率，提高矿产资源开采税税率，这一降一升的变化在 2018 年俄罗斯财政收入的构成中有所显现（详见下节）。《2019～2021 年俄罗斯预算、税收和关税政策的主要方向》报告指出，从 2019 年起的五年内，在降低石油和石油产品出口关税的同时，要等额地提高矿产资源开采税税率，并引入客观标准，通过反向消费税机制为炼油厂提供补贴。此外，为刺激新产区开发以及合理利用油气资源，俄罗斯提出试行新税种——"超额收入税"（НДД），并选取了部分产区作为试点。"超额收入税"将实行分阶段课税，初期税率低，以保障新产区在开采初期的正常运行，之后逐步提高税率以弥补第一阶段的税收损失。这种设计体现了税收制度的灵活性，实现了税负的重新分配。预计至 2024 年征收"超额收入税"的产区石油产量将占到总产量的 5%。未来还将根据试点项目的实施情况，决定"超额收入税"应用范围的调整和扩展。[①]

二是未来经济增长的动力主要依赖投资增加。如表 5-2 所示，固定资产投资增速预期从 2019 年的 3.1% 增至 2024 年的 6.1%。其实，目前俄经济学界已经达成了共识，即俄罗斯经济正在经历增长动力的转变，从需求推动型转向投资推动型，2018 年便可视为一个转折点。[②] B.T. 梁赞诺夫称，俄罗斯当前经济形势的特点是在持续高风险情况下的温和增长，而这些风险可能转化成新的危机周期。在工业化 4.0 时代，应将俄罗斯经济作为一个再生产整体来恢复，这意味着，在周密思考改变和重新定位国家资本主义模式的情况下实行国家资本主义。[③] 但经济政策的这种转变对于俄罗斯来说，任重而道远。纵观其经济政策发展的各个阶段，苏联解体前的 1986～1989 年，实施的是投资主导型的政策，1992 年以后，俄罗斯实行的都是消费主导型的政策，投资所占比重极低。国内生产总值的构成中，最终消费（包括居民消费和政府消费）占到 80%，总积累占比长期处于 20% 左右的水平，其中固定资产投资约占 18%。俄罗斯实现经济快速而且持续稳定增长的条件还不具备，投资增长受外部制裁

---

① Основные направления бюджетной, налоговой и таможенно-тарифной политики на 2019 год и плановый период 2020 и 2021 годов. https：//www.minfin.ru/ru/document/% 3Fid _ 4% 3D123006.

② May B. A. Национальные цели и модель экономического роста： новое в социально-экономической политике России в 2018—2019 гг. Вопросы экономики. 2019. No 3. C. 16～17.

③ 〔俄〕B.T. 梁赞诺夫：《俄罗斯经济 4.0：从不可持续性到高质量增长》，载《俄罗斯经济发展研究（2018~2019）》，新华出版社，2019，第 1～15 页。

和内部投资环境的影响，难以快速提升。

国家项目中的"国际合作与出口"实际上是俄罗斯采取净出口平衡和出口导向型政策的雏形。2019 年 5 月 8 日，俄罗斯第一副总理兼财政部部长安东·西卢阿诺夫在总统战略发展和国家项目座谈会上指出，加速经济增长的关键在于提高投资积极性，2018 年俄投资占 GDP 的比重仅为 20.6%，为达到战略预期目标，该比重至少要提高到 25%。为此，俄罗斯正在加紧制定联邦法案"特殊投资合同2.0"（СПИК 2.0），在 2016 年版本的基础上，放宽准入门槛、加大税收优惠力度。尤其是在国际合作与出口领域，签订合同的出口商贷款利率年均降低4.5%；为服务出口商提供增值税返还，包括运输企业、IT 企业等。在提高劳动生产率和就业支持领域，2019 年参与国家项目的企业超过 300 家，其中 2/3 的企业年均生产率将提高 10%，借此，企业员工的工资水平也将有所提高。[①]

三是居民实际可支配收入和工资收入有待增长。2008 年以来，俄罗斯居民可支配收入、储蓄水平和消费者信心指数变化见图 5-1。三项指标自 2010 年起均呈现下降趋势，尤其是 2013 年之后。2013~2015 年消费者信心指数下降了 15 个百分点。2015 年，居民实际可支配收入下降，加之国际资本市场对大多俄罗斯银行和企业关闭通道，其对俄经济发展的不确定和不信任，使得俄国内需求大幅萎缩，最终消费支出减少，家庭需求下降。与之相反，2015 年的居民储蓄从 2014 年的 6.9% 增至 2015 年的 14.3%。

为此，2015 年，俄罗斯开始实施基于利率管理的货币政策模式，央行转向通货膨胀目标制。[②] 央行认为，经济政策目标应该是通货膨胀的稳定下降，并将其保持在可接受的最低水平。而低通胀只能通过采取紧缩的货币政策来实现，因为通货膨胀始终是一种货币现象。[③] 俄罗斯央行在其 2019~2021 年货币

---

① Доклад Первого вице-премьера - Министра финансов Антона Силуанова на заседании Совета при Президенте по стратегическому развитию и национальным проектам. https://www. minfin. ru/ru/.

② Пестова А. Режимы денежно-кредитной политики Банка России: рекомендации для количественных исследований / Вопросы экономики. 2017. № 4. С. 38–60.

③ Кудрин А. Л. Инфляция: российские и мировые тенденции / Вопросы экономики. 2007. № 10. С. 4 – 26; Кудрин А., Горюнов Е., Трунин П. Стимулирующая денежно-кредитная политика: мифы и реальность / Вопросы экономики. 2017. № 5. С. 5–28.

政策的主要方向报告中指出，货币政策的主要目标是维持价格稳定，即稳定的低通胀。[①] 2018 年俄罗斯通货膨胀水平超出了央行设定的 4% 的目标值，达到 4.3%（详见图 5-2）。

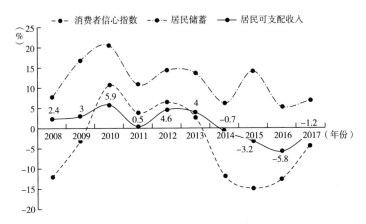

图 5-1　2008~2017 年俄居民可支配收入、居民储蓄和消费者信心指数变化

资料来源：俄联邦国家统计局，http：//www.gks.ru/wps/wcm/connect/rosstat_main/rosstat/ru/statistics/population/level/#。

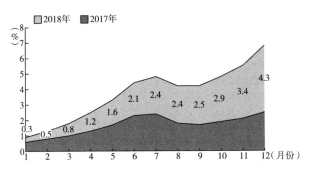

图 5-2　2017~2018 年俄罗斯通货膨胀发展态势

资料来源：俄联邦国家统计局，http：//www.gks.ru/wps/wcm/connect/rosstat_main/rosstat/ru/statistics/population/level/#。

---

① Основные направления единой государственной денежно-кредитной политики на 2019 год и период 2020 и 2021 годов. https：//www.cbr.ru/Content/Document/File/48125/on_2019（2020-2021）.pdf.

由于关键利率决策不会立即影响价格动态，俄罗斯央行往往通过评估通货膨胀影响因素的稳定性来形成宏观经济预测，并以此为基础做出利率决策。2017~2018 年俄罗斯汇率变动情况见图 5-3。2018 年 1 月汇率是 56.29，至年底已增至 69.47，全年卢布贬值 23%。值得注意的是，俄罗斯央行在制定 2019 年宏观经济预测并就关键利率做出决策时，增值税税率提高对通胀的影响是其最重要的考量因素。央行估计，增值税税率从 18% 增加到 20%，通过价格变动、预算规则、通胀预期等渠道，对通胀的实际影响范围可能在 0.6~1.5 个百分点。这也是引起 2018 年俄罗斯通胀高涨的最主要因素。

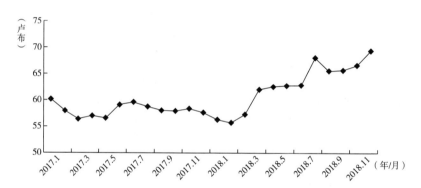

图 5-3　2017~2018 年俄罗斯卢布汇率变动态势
资料来源：俄联邦国家统计局。

货币稳步扩张、信贷资金增长和居民工资收入的增加为消费需求的提高创造了条件。近年来，俄罗斯广义货币量（M2）保持稳定的增长，2018 年底达 47.1 万亿卢布，同比增长 11%，与 2014 年相比更是增长了 49%。与之相反，流通中的现金（M0）占比一直呈现下降的态势，从 22.7% 降至 19.8%。这也反映出俄罗斯经济的货币化正在加强。企业和居民贷款、存款等资金从 2018 年 1 月的 55.81 万亿卢布增加到 60.99 万亿卢布，同比增长了 10%。贷款的增长也有助于推动俄罗斯从储蓄型向消费型的转变。2018 年俄罗斯零售额达到 31.55 万亿卢布，同比增长 2.6%。消费需求的增长相对温和，并没有对商品和服务的价格产生显著的通胀效应。

此外，自 2019 年起，俄罗斯开始分阶段逐步提高退休年龄，这一改革至

2028 年结束。在俄罗斯少子、高龄化的背景下，提高退休年龄将有助于提高劳动力参与率。[①] 应该说，退休金改革是一项必须进行的改革，其经济影响是正向而且积极的。俄联邦国家统计局的数据显示，年龄在 18～22 岁即将进入工作岗位的劳动人口总数，仅为 55～60 岁即将退休人口总数的 70%。

第二节 俄罗斯财政形势与支出方向分析

俄罗斯住房政策的制定和财政保障机制改革的选择受到两个因素影响：一是国家预算资金的充裕度；二是国家对住房保障问题的重视程度。因此，有必要对近年来俄罗斯财政形势和政策进行分析。

一 关于俄罗斯财政预算充裕度的分析

"新五月法令"确定了俄罗斯未来一段时期内改革的主要目标，即提高公民的生活质量和福祉，消除贫困和不平等。在这一目标的指引下，近两年俄罗斯在财政税收和货币金融领域推出了一系列结构性改革措施。在财政税收领域，设置了新的预算规则，增加财政收入的同时严格控制支出，使得 2018 年实现了财政盈余，国家储备也重新充盈；税制改革与之密切配合，提高矿产资源开采税税率的同时，降低石油出口关税税率，以期弱化能源价格和卢布汇率变动对国家财政收入的影响。2018 年 11 月 23 日，俄联邦政府通过了 2019～2021 年中期预算法，这是俄罗斯近七年来第一次编制的盈余预算。根据该法，中期内俄罗斯还将继续"增收减支"，保持财政盈余状态。换句话说，俄罗斯还将继续推行紧缩性的财政政策。

近两年俄罗斯财税形势不断好转，从汇总预算收入变化趋势中可以看出，2016 年以来汇总预算收入实现了超高速增长，2017 年和 2018 年增速分别为10.2% 和 18.9%；而联邦预算支出增速则呈现明显的下降，从 2015 年的 7.7% 降至 2018 年的 4.6%；预算收入相对于支出的超高速增长，使得陷入长期衰退的俄

---

① 柳如眉：《俄罗斯为什么要提高退休年龄？——基于 OLG 模型的实证分析》，《俄罗斯东欧中亚研究》2018 年第 6 期。

罗斯于 2018 年首次出现了汇总预算收入盈余——30362 亿卢布（见表 5-3）。

图 5-4 展示了 2014-2018 年俄罗斯联邦汇总预算收支占 GDP 比重的变化情况。如图所示，2016 年前后呈现了完全不同的发展态势，汇总预算收入占 GDP 的比重从 2016 年 32.7% 稳步增至 2018 年的 35.6%，支出占比从 2016 年的 36.4% 降至 2018 年 32.7%，2018 年预算盈余占 GDP 的比重达到 3% 左右。

表 5-3　2014~2018 年俄罗斯联邦财政收支情况

单位：亿卢布

年份	2014	2015	2016	2017	2018
收入					
联邦汇总预算	267661	269220	281815	310467	369169
联邦预算	144969	136592	134600	150889	194549
联邦主体汇总预算	89057	93082	99238	107581	123924
国家预算外基金预算	79794	92415	98993	106890	104969
地方自治政府预算	14175	15890	16377	17267	20676
支出					
联邦汇总预算	276117	297415	313237	323957	338807
联邦预算	148316	156202	164164	164203	167129
联邦主体汇总预算	93533	94780	99364	108101	118822
国家预算外基金预算	80050	99212	100847	106453	107155
地方自治政府预算	14552	15961	16254	17363	20650
盈余或赤字（-）					
联邦汇总预算	-8456	-28195	-31422	-13490	30362
联邦预算	-3349	-19610	-29564	-13314	27420
联邦主体汇总预算	-4476	-1698	-126	-520	5102
国家预算外基金预算	-256	-6797	-1854	437	-2186
地方自治政府预算	-377	-71	123	-96	26

资料来源：http：//www.roskazna.ru/ispolnenie-byudzhetov/konsolidirovannyj-byudzhet/。

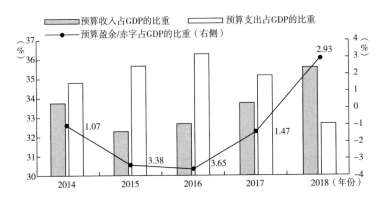

图 5-4　俄罗斯联邦汇总财政收支占 GDP 的比重

资料来源：http://www.roskazna.ru/ispolnenie-byudzhetov/konsolidirovannyj-byudzhet/。

俄联邦财政收入由税收收入和非税收入构成，其中，税收收入是财政收入的主要来源，约占全部财政收入的 90%。主要税种为：企业利润税、个人所得税、强制社会保险费、增值税、消费税、自然资源使用税、对外经济活动所得等。2014 年以来，各税收收入基本呈现增长态势，在 2018 年尤其明显，企业利润税、个人所得税、增值税、自然资源使用税均实现了高出平均水平的增长，增速分别达到 25%、12%、17% 和 48%。强制社会保险费一直是汇总财政收入的最大来源，占比基本维持在 20% 左右，2018 年收入为 71950 亿卢布。自然资源使用税/费是第二大来源，2018 年收入增至 61785 亿卢布。增值税居第三位，收入规模达 60170 亿卢布，占比也从 2014 年的 14.7% 增长到了 16.3%。其后是企业利润税（41002 亿卢布），占比达到 11.1%，比 2014 年上升了 2.3 个百分点。居于第五位的是对外经济活动所得，对外经济活动所得变化态势与其他税种有所区别，2014~2018 年收入呈现"U"字形变化。原因在于，对外经济活动所得的绝大部分收入来自关税收入，国际油价大幅度下跌，加之俄罗斯为摆脱能源依赖下调油气出口关税，使得以石油及石油产品为主要收入来源的对外经济活动所得在 2014~2017 年出现明显下降，而随着国际能源价格的回升和对外贸易环境的改善，2017 年之后对外经济活动所得也日益增长。五年间，对外经济活动所得占财政总收入的比重经历了从 2014 年的

20%到2017年的8%，再到2018年10%的过程。其后是个人所得税，2018年个人所得税收入为36542亿卢布，占比从2014年的10.1%降至9.9%。

2018年俄罗斯联邦政府预算收入194549亿卢布，支出167129亿卢布。与汇总预算收支相比，2017年以来联邦政府的预算收支变化幅度更为明显：2017年预算增速从2016年1.5%的负增长急剧提高到12.1%的正增长，支出则由5.1%降至0.02%；在此基础上，2018年联邦政府预算收入同比增长28.9%，支出增长1.8%，这一结果扭转了预算赤字态势，实现了27420亿卢布的预算盈余，占到GDP的2.6%。财政收支的上述变化主要取决于两方面因素：一是国际油价上升导致预算收入高速增长；二是预算新规出台引起预算支出急剧缩减。自2004年俄罗斯确定预算规则以来，几经变更，2017年为适应经济增速的放缓和贸易条件的恶化，俄罗斯推出了"预算规则4.0"[①]，《2018~2020年联邦预算法案》便是根据新的预算规则制定的。新的预算规则明确了预算支出的限额，即对于超过每桶40美元出售石油获得的预算收入，不再安排预算支出，全部进入国家储备体系，并由财政部与央行合作，在外汇市场上开展等值购买外币的业务。这也是俄罗斯抑制油气价格波动对预算、汇率和通货膨胀的影响，实现经济多元化发展，向非资源性经济过渡而采取的重要举措。2018年联邦预算中，油气收入达90178亿卢布，占到46.4%，其中矿产资源开采税收入60098亿卢布，占油气收入的66.6%，出口关税收入30079亿卢布。根据每桶40美元的标准，2018年俄罗斯额外油气收入为42614亿卢布，全部用于外汇市场交易。[②] 然而，与2017年相比，油气收入占比提高了近7个百分点，俄罗斯摆脱油气依赖的尝试并没有在2018年取得成效。

预算规则变更使得国家储备重新充盈。2018年俄罗斯国家福利基金的变化情况见图5-5。根据2019~2020年中期预算法，至2021年，国家福利基金占GDP的比重将增至9.7%。[③]

---

① Кудрин А. Л., Соколов И. А. Бюджетные правила как инструмент сбалансированной бюджетной политики. http: //institutiones. com/politika/3080-byudzhetnye-pravila. html.

② Информация о дополнительных нефтегазовых доходах федерального бюджета. https: //www. minfin. ru/ru/statistics/fedbud/oil/.

③ Совет Федерации одобрил закон о федеральном бюджете на 2019 год и на плановыйпериод2020и2021годов https: //www. interfax ru/russia/639137.

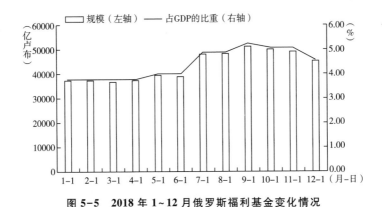

图 5-5　2018 年 1~12 月俄罗斯福利基金变化情况

资料来源：俄罗斯财政部，https：//www.minfin.ru/ru/perfomance/nationalwealthfund/ statistics/。

俄罗斯政府债务主要由内债和外债组成。出于保障国家经济安全的考虑，俄罗斯对国家债务总额进行严格控制，政府债务一直保持在 14% 左右的较低水平。根据 2018~2020 年中期预算法规定，2018 年俄罗斯国家外债上限为 716 亿美元，内债上限为 105018 亿卢布。为刺激经济增长，增加财政收入，未来几年俄罗斯将适度上调国家债务比重，至 2021 年国家债务将占到 GDP 的 16.5%。其中，内债占比将达到 77.7%，继续增长 5 个百分点。① 近年来，俄罗斯国家债务结构发展呈现两大特征：一是俄罗斯推行了以内债取代外债的国家债务政策，使得外债规模不断缩减，内债规模加速扩大；二是联邦中央债务规模下降的同时，各联邦主体和地方自治机构债务水平在上升。②

2018 年俄罗斯外债规模为 491.6 亿美元，同比减少了 6.7 亿美元，与 2014 年相比降低了近 10%。内债规模则由 2014 年的 72412 卢布增长到 91764 亿卢布，增长了 26.5%，同比增长 5.6%。③ 目前，内债是俄罗斯联邦政府预

---

① Основные направления бюджетной, налоговой и таможенно-тарифной политики на 2019 год и на плановый период 2020 и 2021 годов. https：//www.minfin.ru/ru/document/%3Fid_4% 3D123006.

② 杨攻研、曲文轶：《俄罗斯政府债务演进的政治经济逻辑及风险研究》，《俄罗斯研究》2018 年第 2 期。

③ 俄罗斯财政部网站，https：//www.minfin.ru/ru/perfomance/public_debt/。

算的主要赤字弥补来源（截至 2018 年 1 月 1 日，俄罗斯储备基金的资金已全部耗尽，因此 2018 年联邦政府预算赤字由国家福利基金弥补，其后将主要由国内债务发行弥补）（详见表5-4）。此外，自 2019 年起，俄罗斯还在联邦预算体系中设立新的国家发展基金，其融资也通过内部借债。预期至 2024 年将为基础设施发展融资 3.5 万亿卢布，其中，通过发行联邦债券每年获得 1000 亿~2000 亿卢布，其他资金将相应来自非油气收入，但不会破坏预算规则。财政部认为，实施宏观经济稳定政策（预算规则）加之创立新的发展工具（发展基金），可以确保将非石油赤字逐步降低到占 GDP 的 6% 以内，而不会威胁到公共财政的稳定性和私营部门信贷资金的可获性。此外，财政部还强调，预算融资的增加还应该为私人投资者参与基础设施项目提供额外的动力。目前，俄罗斯正在制定一揽子公私伙伴关系立法修正案，以确保私人资金的多种投资。

表 5-4　2018~2021 年俄罗斯联邦政府赤字弥补来源

单位：亿卢布

指标	2018 年	2019 年	2020 年	2021 年
联邦政府赤字弥补来源	−4820	−19320	−12240	−9520
国家福利基金	11137	44	37	33
国家有价证券	10440	17050	18000	15780
私有化	150	130	110	0
预算贷款	550	530	740	1530
超额油气收入	−27400	−33690	−27770	−26320
外部融资渠道	−780	−3090	−2810	−70

资料来源：俄罗斯财政部，Основные направления бюджетной, налоговой и таможенно-тарифной политики на 2019 год и на плановый период 2020 и 2021 годов.

2018 年俄罗斯国家预算外基金呈现完全相反的变化态势：收入为 104969 亿卢布，比 2017 年减少了 1921 亿卢布，降低了 1.8%；而支出增长了 702 亿卢布，使得 2018 年国家预算外基金出现赤字——2187 亿卢布（见表5-5）。俄罗斯国家预算外基金主要由养老基金、社会保险基金和强制医疗保险基金构成，在其他基金收入保持微弱增长（养老基金增长 0.12%、强制医疗保险基金增长 9.14%）的同时，2018 年社会保险基金收入大幅缩减，从 2017 年的 6918 亿卢布降至 3313 亿卢布，减少了 52%。降低社会保险缴费费率，也将给业已严重赤字的社会保险基金带来巨大冲击。[①]

表 5-5　2014~2018 年俄罗斯预算外基金的运行情况

单位：亿卢布

年份	2014 年	2015 年	2016 年	2017 年	2018 年
养老基金					
收入	61591	71266	76252	82601	82696
支出	61901	76703	78297	83195	84287
社会保险基金					
收入	5698	5413	6164	6918	3313
支出	5462	6121	6649	6708	2983
联邦强制医疗保险基金					
收入	12505	15735	16576	17372	18959
支出	12687	16388	15902	16550	19885

资料来源：http://www.roskazna.ru/ispolnenie-byudzhetov/byudzhety-gosudarstvennykh-vnebyudzhetnykh-fondov/。

正如俄罗斯政府所指出的那样，俄罗斯国家财政已拥有强有力的支付能力，外债依赖度极低、通货膨胀率持续下降、对石油价格的依赖不断减轻、经济结构日趋优化，这些都为俄罗斯财税系统的稳定运行创造了条件。未来几年俄罗斯财政税收领域还将酝酿大规模的改革。

二　关于俄罗斯财政预算支出方向的分析

俄罗斯联邦汇总预算支出的主要方向为全国性问题、国防、环境保护、教育、社会政策、医疗和体育、住房公用经济和国民经济等方面。随着联邦汇总预算收入的逐年增长，各类预算支出也有所增加，反之亦然。

如表 5-6 所示，从俄罗斯汇总财政支出的方向来看，规模最大的依然是

---

① Совфед одобрил закон о бюджете на три года. https://rg.ru/2018/11/23/sovfed-odobril-zakon-o-biudzhete-na-blizhajshie-tri-goda.html.

社会文化措施支出，2014~2018 年占到汇总财政支出的 55%~59%，并呈现上升态势。社会文化措施包括教育、文化和影视、医疗卫生、社会政策（主要为养老和为居民提供的社会保障）、体育、大众传媒，2018 年该领域的支出从 2014 年的 151542 亿卢布增至 199789 亿卢布，增长了 31.8%，同比增长 4.8%。其中，社会政策支出在 2018 年出现了一定幅度的下降，原因在于 2017 年 1 月俄罗斯对退休金进行了一次全国性的统一提高，人均增长 5000 卢布，使得 2017 年社会政策支出出现了大规模的扩张，相比之下，2018 年的支出则相对下降。① 居于第二位的是国民经济支出，2018 年占到 13.1%，随着俄罗斯经济结构性问题日益凸显，该领域的预算支出将有所增长。国防占比虽有所降低，但仍是汇总预算支出的重要方向，2018 年支出 28284 亿卢布，占到 8.3%。总体来说，民生支出依然是俄罗斯财政支出的重心，财政支出 60% 以上的资金用于住房公用服务支出和社会文化措施支出。

表 5-6 2014~2018 年俄联邦汇总财政支出结构占比情况

单位：%

领域	2014 年	2015 年	2016 年	2017 年	2018 年
全国性问题	5.9	6.2	5.9	6.0	6.3
国防	9.0	10.7	12.1	8.8	8.3
国家安全和执法	7.9	7.0	6.4	6.3	6.2
国民经济	16.5	12.7	12.4	13.4	13.1
住房和公用经济	3.6	3.3	3.2	3.7	3.9
社会文化措施	54.9	57.7	57.3	58.8	59.0
教育	11.0	10.2	9.9	10.1	10.8
文化和影视	1.5	1.3	1.3	1.5	1.6
医疗卫生	9.2	9.6	10.0	8.7	9.8
社会政策	31.9	35.2	34.8	37.1	35.4
体育	0.9	0.9	0.8	1.0	1.0
大众传媒	0.4	0.4	0.4	0.4	0.4
国家和地方债务偿还	1.9	2.2	2.5	2.6	2.7

资料来源：http://www.roskazna.ru/ispolnenie-byudzhetov/konsolidirovannyj-byudzhet/。

---

① 童伟：《2018 年俄罗斯财经发展报告》，经济科学出版社，2018，第 27~28 页。

根据 2019~2021 年联邦中期预算，在其全部支出中，扩张规模最大的是国防支出，2021 年将比 2019 年增长 2460 亿卢布；其次是偿债支出，增长 2429 亿卢布；居第三位的是医疗卫生，增长 2027 亿卢布；居第四位的是国民经济，增长 1580 亿卢布。但民生支出中，由于减少了对养老保障的转移支付，社会政策支出出现了大幅度减少，2021 年将比 2019 年减少 1328 亿卢布，其占联邦预算支出的比重由 27.1% 降至 25%，降低 2.1 个百分点。[①]

俄罗斯住房领域的预算拨款来自联邦汇总预算，预算支出方向为住房经济、公用经济以及住房公用经济领域的应用研究等。住房和公用经济在汇总预算支出中的占比基本维持在 3%~4%，但事实上，如果把目光放得长远一些，我们可以发现，该占比呈现了明显的下降趋势。2007 年住房公用经济支出占比达到 9.7%，此后逐年下降，2010 年为 6.1%，自 2014 年开始跌破 4%。2016 年开始小幅回升，2018 年才重新增至 3.9%。

2019 年 6 月 17 日，俄罗斯财政部部长安东·西卢阿诺夫在政府工作会议上提出了 2019 年联邦预算修正案。他指出，由于非油气收入增加，预期联邦预算收入将增长 2640 亿卢布，这些收入将用于以下支出。第一，为偿还公共债务积累资金，计划减少内债和国家公务员的养老抚恤金；此外还将用于履行总统咨文，出资 50 亿卢布帮助居民按揭购置住房，2019 年 1 月 1 日后出生的第三个及其后子女的家庭，继续追加 45 万卢布用于偿还按揭贷款。第二，用于支持地区发展，以补贴的形式确保联邦主体的预算均等化水平。第三，用于发展交通基础设施，充盈联邦道路基金。第四，保障公民住房。首先是对由于过渡到新的住房融资条件而遭受损失的联邦主体和建筑企业进行支持，使其有能力结束在建住房。根据建设部的评估，这共涉及 47 个地区，160 亿卢布将用于支持其中未完工住房数量最多的地区。其次，为"俄联邦·住房"集团注资 200 亿卢布，确保开发商在使用银行托管账户时获得信贷资金，提高其积极性。最后，拨出 25 亿卢布为参加过卫国战争的退伍军人提供住房补助。第五，用于发展国防。[②]

---

① 童伟、马胜楠：《俄罗斯政府稳定运营的财税基础：规模与结构》，《欧亚经济》2019 年第 1 期。

② Выступление Первого заместителя Председателя РФ-Министра финансов Антона Силуанова на пленарном заседании в ГД при рассмотрении поправок в бюджет 2019. https：//www. minfin. ru/ru/infomat/press-center/？ id_4＝36677.

第三节　俄罗斯住房财政保障机制
改革的可行性方向

正如 O. A. 茹奇科夫指出的那样，在长期复杂化的社会经济危机背景下，俄罗斯住房建设的未来发展还要依靠国家的住房政策反应。[①] 在住房保障领域，俄罗斯政府虽削减了直接的预算拨款，但仍将坚持发挥住房政策的导向性作用，制定的住房规划将更能体现俄罗斯住房保障体系的多层次性：通过建设经济型住房、发展租赁房市场、鼓励自建住房等方式，缓解中低收入家庭的住房问题，并以此促进住房按揭市场的发展；通过优化社会住房和专用住房的配置，履行俄罗斯政府对联邦法律规定的住房困难群体的义务。

但从顶层设计的角度来看，俄罗斯目前实施的住房规划还存在诸多问题：①住房领域的财政支出有限，预算拨款往往不能满足住房规划实施所有阶段的资金需求；②对住房按揭贷款利率进行补贴，导致俄罗斯联邦预算支出的扩大，但对广大居民的实际福利影响并不大，因为限制住房市场发展的主要因素不是贷款利率，而是居高不下的房价；③在实施住房规划时，俄罗斯的按揭住房贷款利率远低于市场平均水平，不利于吸引私人投资参与，极大地降低了住房领域私人投资的积极性，限制了住房规划的实施规模；④住房按揭市场的参与主体主要是俄罗斯住房按揭贷款股份公司及其子公司，而住房市场的其他主体，如各类信贷机构、房地产经纪公司、评估和保险公司，参与的积极性不高。推进俄罗斯住房制度改革深入发展和提高居民住房保障水平是住房发展规划的最终目的。因此，俄政府制定住房规划时，首先要评估现行保障机制中存在的问题和未来可能面临的挑战，并基于此制定下一阶段的具体发展目标；此外，住房规划中要求的住房政策优先发展方向，包括各类保障性住房的建设与发展等，必须充分考虑居民的住房需求，以确保政策施行的有效性。

[①]　Жучков О. А., Тупикова О. А. Объективные перемены в стратегии развития жилищного строительства. Технические науки, январь, 2017. № 1 (34).

鉴于当前俄罗斯经济形势及财政预算的实际情况，由政府担负起大量的资金投入显然存在一定的困难，既不切实际，也不符合公共财政的基本属性。发展公私合作是解决资金困境最为有效的方式。因此，住房规划的未来发展将以促进公私合作为原则，有效处理政府与私人部门之间的关系。在公私合作中，政府负责制定住房建设、按揭贷款、公用事业等方面的战略和专项规划，并确定各个规划的优先发展目标，通过颁布公私合作相关法律、制定俄罗斯联邦及各联邦主体公私合作发展规划，奠定公私合作的法律基础；通过公私伙伴关系发展中心、"俄联邦·住房"集团住房（按揭贷款股份公司）完善公私合作的组织基础；通过提供税收优惠、国家担保、发放住房按揭抵押债券、调动投资基金，完善公私合作的资金支持机制。而私人部门在具体执行过程中，负责确保资金的充足性。

一 完善公私合作，促进住房保障机制的有效运作

在经济危机和西方制裁的双重影响下，对俄罗斯而言，通过发展公私合作机制引入私人投资比其他任何时期都更加迫切，因此，促进公私合作也成为俄罗斯住房财政保障机制改革的重要方向，近期内政府制定和实施的所有住房领域国家政策都必须考虑公私合作的发展。

（一）在住房保障领域发展公私合作的优势

通过发展公私合作，俄罗斯的私人部门得以进入传统的国有经济领域，获得国家担保和预算补贴，激活俄罗斯建筑业及相关产业的发展；而政府部门则可缩减预算支出，提高住房规划的管理效率，保障居民获得舒适的住房。可以说，在住房领域进行公私合作可以实现政府与企业的双赢。

俄罗斯住房财政保障机制在未来改革中，通过发展公私合作能够带来如下积极效应（见图5-6）。

首先，发展公私合作，一方面能够提高俄罗斯住房以及按揭贷款的可获得性，为居民提供住房保障，提升其生活水平和质量；另一方面，在公私合作的基础上，通过实施住房项目，能够将居民存款和社会闲散资金引入住房建设市场或其他相关实业部门，更好地解决住房资金短缺的现实问题。

其次，在公私合作的基础上实施住房规划，能有效分散经营风险，国家财

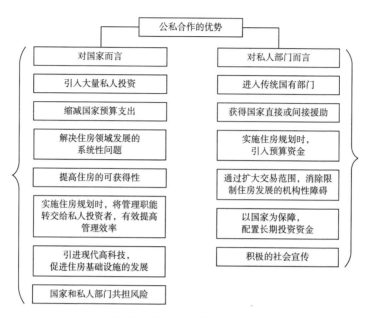

图 5-6 俄罗斯发展住房保障机制公私合作的优势

资料来源：丁超《俄罗斯公私合作及其在保障性住房领域的实践探索》，《俄罗斯东欧中亚研究》2016 年第 1 期。

政支持更为住房建设和住房市场的进一步发展提供了可靠的保障。国家和私人部门资金运作效率的提高，以及公私部门合作效率的提高，都将对俄罗斯国家和地区经济增长、投资吸引力的增强产生重要的促进作用。

最后，发展公私合作，有助于协调俄罗斯联邦和各联邦主体住房政策的一致性，增强俄罗斯住房保障机制的有效性，提高国有经济的竞争力，维护国家和社会稳定，促进国家的和谐发展。

俄罗斯公私合作的发展打破了传统公私合作只用于基础设施建设的局限性，将其模式广泛应用于具有重要社会经济意义的公共服务、民生服务等方面，更有效地满足了社会的公共需要，例如在住房保障和住房公用事业领域，俄罗斯通过发展公私合作，有效引入非政府的企业主体和民间资本，一方面促进了建筑业及相关产业的发展，保证了保障性住房的有效供给；另一方面，保障了俄罗斯低收入阶层获得住房援助，提高了现有住房的稳定性和舒适度。

(二) 住房保障领域公私合作的基本原则与前提条件

俄罗斯以公私合作为基础进行居民住房保障时,应积极遵循公私合作的一系列基本原则:①公开性,即公私合作各参与者有权获悉彼此的财务和经济状况及其所提供服务的标准与质量等,保证信息公开透明,为消费者提供与政府和私人部门沟通的渠道;②连续性,即实施住房规划时,确保公私部门合作的连续性,以及整个项目执行期间合作条款(如合作双方的权利义务、国家资金支持形式以及私人部门最低收入等)的连续性;③可选择性,即为获得最大的社会经济效应,俄罗斯公私合作的形式和种类可以灵活组合;④适应性,即公私合作项目可以根据复杂的外部环境和条件进行改变;⑤经济合理性,即在公私合作的框架下,私人部门依然以获取利益为主要目标,自主决策,政府不干涉其经营管理活动;⑥协同性,即各参与主体通力合作,提高住房问题解决效率。

除上述基本原则外,俄罗斯在发展住房领域公私合作时,还注意满足以下前提条件。

第一,满足中低收入阶层居民的住房需求。在发展公私合作时,俄罗斯首先应考虑为低收入者、刚毕业参加工作的年轻人、多子女家庭、战争中负伤或致残的军人等提供住房,通过完善财政金融工具,解决这些群体的住房难题。

第二,尊重公私合作各参与主体的合法权益。俄政府支持其他参与主体的业务活动,例如,为按揭住房贷款提供国家担保;为公私合作规划联合融资;质押房屋产权移交给银行后,对无家可归的公民进行安置等。

第三,与俄罗斯社会经济发展战略相适应。在制定住房保障领域公私合作规划时,应充分考虑俄罗斯联邦及各联邦主体的财政能力、信贷机构和投资者的财务可行性、人口特征、劳动市场现状、居民收入和生活水平、建筑业发展状况等。

第四,维护良性的市场竞争。在发展住房保障领域公私合作时,通过引入公开透明的项目及参与者遴选程序,充分利用私人部门的潜力,同时,缩减俄罗斯联邦在住房保障方面的财政支出。

第五，在公私合作中，国家优先。通过公私合作实施住房规划和项目，是俄罗斯住房政策的重要组成部分，是解决特殊阶层住房问题的重要手段。因此，在合作过程中，俄罗斯政府应始终将国家利益和公民居住权利的实现放在首位。

第六，注重项目监督的连续性。在公私合作项目实施过程中，俄罗斯政府应保持对项目进展、私人部门业务活动、各级财政专项资金利用、外部资金注入等的监督，并为各参与主体提供咨询服务。

（三）住房保障领域公私合作机构的职能定位

为协调和规范公私合作领域各主体之间的关系，2009 年，俄罗斯成立了公私伙伴关系发展中心。随着该中心业务范围的扩展，其在住房保障领域的作用也日益凸显。具体而言，俄罗斯公私伙伴关系发展中心负有以下职责：①在公私合作的基础上，制定住房按揭规划并对其进行评估，选择最优方案加以实施；②进行投资分析，安排住房项目融资；③保证政府机关对投资项目的技术性支持，为居民和私人部门提供咨询服务，包括筹备住房按揭规划及其相关文件（招标条件和合同等），以及进行谈判、财务分析、评估风险等；④协调行政机关、地方自治机构和私人部门之间的关系，确保住房按揭项目与国家发展方向一致；⑤管理并不断创新住房保障领域公私合作的形式和方法，以及具体的实施机制；⑥监督并评估住房按揭项目的有效性，组织和培训公私合作领域的专业人员等（见图 5-7）。

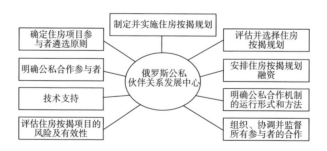

图 5-7 俄罗斯公私伙伴关系发展中心在住房领域的主要职能

资料来源：http://pppcenter.ru/。

图 5-8 清晰地表明了俄罗斯住房保障领域公私合作的运行机制：①俄罗斯政府与若干公司签订合作协议，明确私人部门参与住房公私合作应遵循的原则；②公私部门签订具体的住房按揭项目协议，包括将预先商定的合作条款以法律形式确定下来；③在项目框架下，制订并协商发展计划及其他规划文件；④评估各参与者的合作效率等。住房建设项目的组织者和执行者——建筑公司——或利用自有资金，或通过住房按揭贷款股份公司提供的信贷资金，或通过其他方式吸引资金，制定预算文件，购买或租赁土地，为建筑工程或房屋装修投资。俄罗斯各联邦主体行政机关代表国家为建筑公司提供权限或直接提供住房建设用地。俄罗斯住房领域公私合作关系正式启动后，私人部门或信贷机构开始为住房建设融资，包括国家专项信贷资金或国家担保。而国家在合作协议期限内，须为项目进行提供政策支持，或共同为项目融资，为投资资金的返还及利润获取提供保障，或通过其他方式降低投资风险。

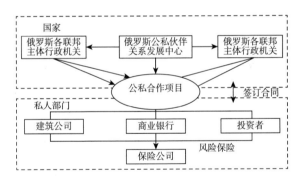

图 5-8　俄罗斯住房领域公私合作的运行机制

资料来源：Савруков. А. Н. Финансовое обеспечение жилищных программ в России на принципах государственно-частного партнерства. Диссертация, 2013 г. 。

（四）住房保障领域公私合作的未来发展方向

为更好地实现公私合作在俄罗斯住房保障领域的发展，完善其法律框架和协调机构，促进公私合作参与主体的多元化，以及住房领域公私合作机制的良好运行，俄罗斯未来发展住房领域公私合作的主要方向为以下几点。

1. 刺激住房建设的发展，增加保障性住房供给

俄罗斯可采取的举措有：①完善《城市建设法》和《土地法》，确定公开透明的建设用地划拨程序，逐步消除行政障碍，降低建筑公司经营成本；②为建筑公司提供国家担保，通过地区预算为贷款人提供利率补贴，赎买在建住房，加快经济型住房基础设施建设；③根据国家区域发展优先方向，对生产和建筑材料的现代化改造和发展提供利率补贴；④为建筑公司提供税收优惠，实现融资机制的多元化，在建筑市场引入竞争。

2. 刺激潜在贷款人和信贷机构，发展住房一级市场的按揭信贷

其一，刺激潜在贷款人，提高按揭贷款的可获得性。俄罗斯可采取的具体措施有：①规范和统一住房按揭贷款的获得程序和条件，实施按揭贷款资助计划，为低收入阶层居民，如青年学者、公务员和军人等，提供优惠按揭贷款；②根据贷款人的月收入水平，确定其应支付的最高金额；③逐步降低按揭贷款利率和信贷风险，完善按揭保险系统，刺激居民的贷款积极性；④当贷款人失去还款能力时，可由"俄联邦·住房"集团为其提供担保，或由住房按揭贷款重组股份公司协助其进行债务重组，此外，贷款人可运用"母亲资本"等偿还自身债务；⑤设立可调动资金，对失去住房的居民进行安置，建立并完善移民的住房安置体系。

其二，刺激信贷机构，增加住房按揭贷款的发放。俄罗斯政府可采取以下措施：①为银行提供专项贷款，并根据银行的资本充足性，对其信贷风险等级进行分类；②发展征信机构，并明确规定，银行有权通过征信机构获悉贷款人的信用状况，而不用征求贷款人的同意；③规范房地产市场，建立按揭信贷和房产市场的数据统计系统，提高其数据分析的质量和可信度；④增强司法体系的运作效率，逐步简化抵押房产的追偿申请程序，包括诉讼外追偿；⑤在对抵押房产进行拍卖时，确保实施程序的公开性和透明度。

3. 发展住房按揭贷款融资机制，促进按揭证券流通，提高国内贷款需求

充分发挥"俄联邦·住房"集团在融资方面的重要作用。首先，为住房融资提供国家担保，以吸引更多的机构投资者，如养老基金和保险公司等。其次，将发放住房按揭债券作为一种投资工具，不断优化其结构和发放条件，以最大限度适应有价证券市场需求，并将按揭债券列入俄罗斯银行回购协议名单之中。最后，允许符合国家监督机关要求的银行发行按揭债券，并对其进行调节和监督，当其他债券发行机构出现破产或其他财务问题时，按揭贷款股份公司将维护债券持有人的合法权益。

4. 完善立法基础，为住房领域公私合作参与主体提供税收优惠

其一，通过规范法律程序，降低住房按揭信贷的风险。为此可采取以下措施：①完善抵押财产的追偿程序；②对按揭成数指标进行限制；③避免按揭贷款发放过于集中，降低地域性风险；④发展信用风险保险和对建筑商的强制责任保险。

其二，为住房市场各参与主体提供税收优惠。如降低低收入居民按揭住房的应税税率；加大对按揭贷款机构利息收入的税收扣除力度；根据房地产开发商的基础设施建设成本，降低其应税利润；对参与改善居民住房条件的其他相关企业，采用更科学的方法计算其应缴纳的利润税。

5. 引入新的公私合作方式，完善住房按揭规划的实施机制

俄罗斯将进一步完善住房保障领域公私合作的模式，例如：通过制定公私合作构想和原则，巩固其在住房领域发展的组织和经济基础；确定最有效的公私合作方式，并从理论上论证其实施的可能性；评估住房按揭信贷的效率和区域住房按揭信贷的潜力，确定按揭对居民住房保障程度的影响；不断优化国家对住房按揭规划的支持方式。

二　创新住房建设融资机制，推动按揭市场的发展

除公私伙伴关系发展中心外，如前文所述，成立住房按揭贷款股份公司是俄罗斯保障和协调住房领域公私合作的另一个重要举措。

作为俄罗斯政府和私人部门之间在住房建设领域的主要合作纽带，住房按揭贷款股份公司集中解决按揭发展机制问题，建立并维护统一的按揭市场运作机制，通过协调各方的利益关系，形成俄罗斯住房按揭信贷市场和住房建设国家支持的良性循环：从保障建筑用地供给，到刺激建筑业发展，再到最终形成居民住房的有效需求等，都属于住房按揭贷款股份公司的服务范畴。为此，住房按揭贷款股份公司在继续推动现行机制有效运行的同时，还不断更新按揭产品和拓展服务链条，使其最终服务能够更好地促进俄罗斯住

房市场的有效发展。

按揭贷款股份公司的主要任务是集中发展住房按揭贷款二级市场，为银行和投资者提供更具吸引力的住房按揭抵押债券。作为俄罗斯住房按揭政策的实施机构，住房按揭贷款股份公司目前仅与最可靠的国有和商业银行合作，致力于将"住房建设发展基金"提高到一个新的发展水平，以吸引更多闲置土地进入流通领域，使建筑用地能够满足俄罗斯各联邦主体和地方政府的住房建设需求。

2015 年，俄罗斯住房按揭贷款股份公司进入了一个新的发展阶段，其任务就在于：创建一流的住房建设和按揭信贷机制，引入世界领先的经营方式，强化内部管理能力，形成专业水平高、效率高、充满活力、创造力和奉献精神的团队，利用其丰富的经验来完成住房领域的国家任务。根据国家提出的发展目标及实际需求，俄罗斯住房按揭贷款股份公司将其 2020 年前的战略发展任务确定如下。

第一，加大建筑开发商的土地供给。通过"住房建设发展基金"提供符合各地方市场发展需求的建筑用地，并提高土地的投资吸引力。

第二，发展住房建设融资机制。通过为开发商提供银行优惠贷款或贷款担保，对其予以扶持，与此同时，通过发展新型融资方式——租赁房抵押贷款证券化为租赁房建设市场引入更多的私人投资。

第三，促进住房按揭市场发展。从目前的抵押贷款回购和住房按揭抵押债券回购等方式，转向发展对银行和投资者更具吸引力的再融资机制，如住房按揭贷款股份公司担保债券，充分利用其协调优势。

中期内俄罗斯住房按揭贷款股份公司将其未来发展方向确定为以下几个方面。

（一）实施"交钥匙"工程，提高建筑用地的投资吸引力

为加快住房建设发展，住房按揭贷款股份公司首先组织潜在开发商、政府部门及其他相关机构，对"住房建设发展基金"计划拨付土地的投资吸引力进行评估，同时对建筑项目的可行性进行评估，并根据当地市场需求为开发商提供适应各种建筑模式的土地。之后便着手制订"交钥匙"工

程①计划，包括编制城市建设规划文件，向地方政府申请并获得工程基础设施启动许可等，此后再进行后续出售。简而言之，就是在建筑用地出售之前尽可能保证该土地已达到"交钥匙"水平，开发商获得土地后可随时进行住房及公用基础设施建设。

具体来讲，在未来几年内，俄罗斯住房按揭贷款股份公司将实施以下战略举措来保证开发商的土地供给：①履行"住房建设发展基金"赋予的土地管理职能，并将该职能以立法形式确定下来；②暂停尚未获得工程基础设施许可的土地出售；③对"住房建设发展基金"中土地的投资吸引力及可开发程度进行深入研究与分析，并据此制定合理的价格标准；④对"住房建设发展基金"的管理和营销机构进行整合，并制定长期战略发展规划。

此外，住房按揭贷款股份公司还计划制定并实施新的住房建设项目，促进土地的综合性开发，包括居民区的综合改造、危旧住房的拆迁等，以期为俄罗斯广大人民群众创造安全、舒适的居住环境。该公司通过引入公私合作机制建设和发展新型工业园区建设，在促进建筑业发展的同时，平衡和协调项目参与者之间的利益关系。

（二）为开发商提供贷款担保

要促进住房建设规模的扩大，首先应保证开发商拥有充足的建设资金。为鼓励开发商扩大贷款，住房按揭贷款股份公司计划从 2016 年年中开始实施贷款担保机制（主要针对参与经济型住房建设项目的开发商），其具体运作流程为：①为降低银行为开发商发放贷款过程中可能面临的风险，住房按揭贷款股份公司计划为银行提供贷款担保；②银行获得贷款担保后，为开发商提供低息贷款。通过该机制，开发商只需运用自有资金支付住房及公用基础设施投资资金的 30%、贷款利息和按揭贷款股份公司的担保佣金。

为保证担保贷款机制的顺利运作，俄罗斯住房按揭贷款股份公司仅与拥有

---

① "交钥匙"工程本指跨国公司为东道国建造某种工程项目时，在完成设备安装、试车等初步操作运转后，将该项目所有权和管理权的"钥匙"根据合同规定完整地"交"给对方，由地方开始运营。因此，可以说，"交钥匙"工程是一种特殊形式的管理合同。要完成"交钥匙"工程，必须遵循市场经济规律，以互惠互利、相互促进和支持为原则，同时要求服务单位拥有一定的经济实力。

建筑业相关贷款经验的大型银行建立合作伙伴关系，针对开发商的具体需求制定担保贷款的发放方式和程序，促进住房建设项目的发展。此外，住房按揭贷款股份公司还将与其他机构共同监督开发商的建筑进程，通过提高支出透明度来降低所有利益相关者的风险。

由于几乎全部的担保贷款均来自住房按揭贷款股份公司，其肯定会面临较为沉重的资金压力。为此，俄罗斯政府计划通过发展建设储蓄银行、住房储蓄集团及其他机构投资者等方式，减轻该公司的资金压力，促进担保贷款资金来源多元化。

为促进俄罗斯经济型住房建设项目担保贷款机制的实质性发展，住房按揭贷款股份公司计划采取的主要措施有：①聘请拥有丰富建设项目融资经验的专业团队，并甄选与其进行项目融资合作的银行，寻找潜在的合作银行和信贷机构；②开发符合建筑市场需求的担保产品，并通过推出试点项目检验其可行性；③发展有效的贷款担保机制，消除对其运作过程中可能产生的过度监管。

（三）发放基础设施债券，促进住房基础设施证券化

为降低住房的市场价格，2016～2017年，俄罗斯住房按揭贷款股份公司计划通过发放基础设施债券的方式，为开发商抵偿部分工程基础设施建设支出。具体运作流程如下：①俄罗斯对外经济银行为地方政府划拨部分资金，赎买"俄罗斯家庭住房"项目下建设的工程基础设施；②地方政府通过专业机构将赎回的住房基础设施租赁给物业公司，并对其进行税费监管；③物业公司将该住房基础设施抵押给银行，获得银行贷款后保证资源供应，并通过居民缴费支付利息；④银行进一步将其抵押给住房按揭贷款股份公司，住房按揭贷款股份公司自2018年开始发放基础设施债券并在资本市场出售，以保证整个资金链条的高度流动性（见图5-9）。

（四）租赁房证券化发展

为发展住房租赁市场，对租赁房开发商予以扶持，俄罗斯住房按揭贷款股份公司欲对其进行证券化，具体运作模式与住房基础设施证券化类似（见图5-10）：银行为承建租赁房的开发商发放贷款，并将其抵押给住房按揭贷款股份公司，由住房按揭贷款股份公司发放租赁房债券，进行再融资。证券化规模

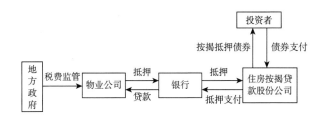

图 5-9 俄罗斯工程基础设施证券化运作机制

由两个因素来决定：一是政府通过补贴或优惠贷款的方式提供给住房按揭贷款股份公司的公共资金规模；二是资本市场上投资者对住房按揭贷款股份公司发放的住房按揭抵押债券的需求。

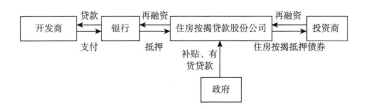

图 5-10 俄罗斯租赁房证券化发展模式

在俄罗斯，由于拥有租赁房的自然人在财产税税率方面与法人相比具有绝对优势①，目前提供租赁房的市场主体主要是获得财产税税收优惠的自然人。与此同时，承租住房的法人由于获得按揭贷款的利率高昂，经济方面的不合理性就成为阻碍俄罗斯住房租赁市场发展的一个重要原因。

为确保将更多的闲置住房纳入承租范围，逐步消除上述因素影响，俄罗斯计划为承租住房的法人提供基本补贴（первоначальный грант）。该类补贴可由各联邦主体和地方政府来提供，或可通过联邦住房专项规划和其他联邦基金来提供。

---

① 俄罗斯财产税税率由市政府设定，联邦政府规定其最高税率，即建筑物财产总价值在 300 万卢布（10 万美元）以下的，最高税率为 0.1%；300 万～500 万卢布的，最高税率为 0.1%～0.3%；500 万卢布以上的，税率为 0.3%～2.0%。而法人财产税则规定最高税率不超过 2.2%。

（五）创新住房按揭抵押债券发放机制

2016 年前，俄罗斯住房按揭贷款股份公司计划运用自有资金回购其伙伴银行发放的抵押贷款，对一级住房按揭市场予以扶持，并通过抵押贷款证券化推动二级按揭市场的发展。然而，由于住房按揭贷款股份公司资金的有限性，这种模式的运作和发展在很大程度上受到制约，回购抵押贷款的市场占有率一般仅有 1%。

为推动住房按揭债券发放机构的网络化发展，住房按揭贷款股份公司将通过寻找并发展更为可靠的按揭合作伙伴，为住房按揭抵押债券创新机制的构建奠定组织基础，以进一步发挥其在该领域的主导作用，组织并协调按揭抵押债券的发放和回购。

总而言之，住房抵押贷款证券化的未来趋势是建立住房按揭抵押债券"工厂"，即银行为开发商发放贷款，并将按揭住房抵押给代理机构，随后按揭代理机构据此申请住房按揭贷款股份公司的担保贷款（须支付佣金），尽快在俄罗斯央行登记并开始发放按揭抵押债券。从按揭代理机构获得债券后，银行可以将其置于资产负债表中或出售给其他投资商，从而完成再融资（见图 5-11）。

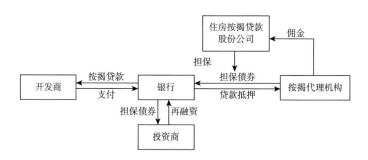

图 5-11 俄罗斯住房按揭抵押债券"工厂"运作机制

住房按揭抵押债券"工厂"的运作将保障商业银行获得足够的资金发展按揭信贷，拓宽按揭贷款的业务领域，还有利于降低按揭贷款利率，通过缩减银行储备金和简化再融资程序，降低成本。

第六章　主要结论与启示

在住房市场化改革之前，中国和俄罗斯均实行福利性的住房供给模式。这种住房保障模式既构成了国家的财政负担，助长了住房分配的不平等，又加重了居民对国家的依赖，极大削弱了居民参与住房建设的积极性。在此背景下，中俄两国均开始积极谋求住房保障制度的全面改革。在改革进程中，中国和俄罗斯不约而同地选择了从计划经济向市场经济的过渡，虽然两国在住房改革领域选择的具体切入点不同，但就改革现状与面临的问题而言，两国具有很多相似之处，例如在改革的初始阶段，两国的基本目标都是通过私人购买和国家产权转让等形式，将计划经济体制下国家和地方政府所属住房产权向产权私有化过渡。

由于中国和俄罗斯在市场经济制度建立、改革路径和模式选择等方面均存在相当大的差异，这些差异深深地影响了两国各个领域改革的推进与制度的重建，两国住房保障制度改革也因此产生了截然不同的效果。中国住房市场化程度高于俄罗斯，较好地促进了经济的发展；俄罗斯的住房改革则在很大程度上配合产权私有化进程，以稳定社会经济发展为目标，更加重视对低收入群体和特定社会群体的住房保障。因此，从中国和俄罗斯住房制度改革路径、手段与方式等方面入手，分析两国住房制度改革结果差异性产生的具体原因，将有利于借鉴俄罗斯的成功经验，吸取其教训，从而促进我国住房制度改革的进一步深化。

第一节 以法律框架构建住房
保障体系的制度基础

建立一套行之有效的法律体系，是确保住房保障机制长期有效运行的重要基础。俄罗斯住房制度改革的着手点是基础立法在先，配套立法在后，在宪法的框架下规范地推进住房制度改革，整个改革过程具有法治规范强、改革起点高的特点。俄罗斯法学家 Фаршатов И. А. 曾指出："俄罗斯现行公民住房权法律保障体系是以《宪法》为指导，以《土地法》和《城市建设法》为基础，以《住房法》为核心的一系列联邦和地方政府立法的总和。"可见，俄罗斯住房领域的法律法规体系在公民住房权保障的问题上发挥着至关重要的作用。

1993 年，俄罗斯在独立后通过的第一部宪法中就明确规定公民享有住房权，从宪法层面对公民权利予以了保护。在宪法的规范和引导下，俄罗斯政府还授权各联邦主体在其法定权限内出台相应的配套法律法规，同时辅之以政府的法规和政策。通过一系列法律法规的颁布与实施，逐渐扭转了转轨过程中对公民住房权保障不力的局面，重新树立起民众对政府的信心，也使俄罗斯住房市场走上了相对良性的发展轨道。

2004 年，俄罗斯颁布《住房法》，这是规范住房市场发展和公民住房保障的基本法。首先，该法对国家保障居民住房权的基本理论进行了阐述，并对住房所有权和其他相关物权予以了明确。其次，该法明确了中央、地区和地方政府在协调住房部门发展方面的职责权限，使其能够在法律框架内实施住房政策。最后，《住房法》涵盖的各类保障性住房共同构成了俄罗斯公民住房权保障体系，其中明确规定了各类社会住房的供给主体和适用对象，同时对住房和公用服务的缴费问题及公有住房的管理问题等都予以了具体规范。

除《宪法》和《住房法》外，俄罗斯还颁布了诸多有关保障住房的法律法规，如俄联邦住房专项规划及各项子规划，对各类保障性住房建设的发展、住房按揭产品的推出及住房公用事业税费缴纳方案的施行等方面均予以了明确的规定，在这一框架下俄罗斯各地方政府也相应出台了本地区的住房发展规划，从而形成了一个有机的法律体系，有效促进了住房制度改革的发展，较好地提高了居民的住房保障水平。此外,《俄罗斯联邦住宅私有化法》《俄罗斯民法典》《俄罗斯联邦境内公民自由迁徙和选择居住地的权利法案》《俄罗斯联邦不动产产权及其移转的登记管理法》等也以不同的方式,对公民住房权的保障和落实起到了重要的规范与补充作用。

俄罗斯在住房制度改革过程中,形成了包括国家宪法、住房专门法和相关配套法律在内的多层次法律保障体系。相对而言,我国住房保障领域法律体系还不够成熟,不管是中央还是地方出台的管理办法和暂行规定都有很多需要完善之处。现阶段,中国与住房保障相关的法律法规只有国家部委颁布的一些规章或规范性文件,缺乏统一的法律指导和约束,导致具体执行过程中权威性不够。2008 年,中国曾拟设立《住房保障法》,但由于该法牵涉的利益主体较多,难以协调,直至 2012 年 4 月《住房保障法》还没有出台,最终变成了由住房建设部起草的《基本住房保障条例》。党的十八大报告指出:"建立市场配置和政府保障相结合的住房制度,加强保障性住房建设和管理,满足困难家庭基本需求。"① 这是首次将"保障房建设"写入党代会报告。但直至目前,《住房保障法》尚未出台。

我国与住房保障相关的法律法规缺失引致的问题主要是:①保障层次比较低——缺乏宪法对居民住房权的根本保障;②配套法律法规不健全,如缺乏住房专门法,既不利于住房保障体系的制度化和规范化,也导致缺乏配套机构对这一领域予以监管。有鉴于此,我国的住房制度改革应首先推动住房权入宪,将住房保障纳入国家宪法,使"居者有其屋"的梦想得到法律保障。在宪法中明确规定居民的住房权,可为住房保障制度建设提供最权威、最高层级的法律依据。

第二节　以住房规划提高公民的
住房保障水平

作为社会管理者和公共产品的供给者,政府在住房保障制度改革中应不断

---

① 《十八大以来重要文献选编》上,中央文献出版社,2014,第 150 页。

明确自身的职责定位，促进居民住房保障水平的整体提高。在此，政府应通过合理的顶层制度设计（包括约束性制度、激励性制度及其他配套制度），引导市场行为和资金流向，积极构建多方共同支持的住房保障体系。经过近三十年的整合与发展，俄罗斯住房规划制度日臻完善。以住房规划为载体，以财政预算为支撑，加之日趋完善的评估指标，这些都为俄罗斯住房制度改革和政策发展提供了更大的空间。

在俄罗斯，相比经济属性，住房的社会属性更为突出，这使得"住房保障"有着更为宽泛的含义，也是其不同于其他国家的典型特征。住房规划体系的构建是自上而下，"新五月法令"提出了国家发展的战略目标和任务，国家规划"保障俄罗斯公民舒适优惠的住房和公用服务"是住房领域的总体规划。在其引领下，专项规划和住房项目各司其职，以实现联邦《住房法》规定的公民住房权利，提高公民的住房保障水平。

规划预算改革的启动，使俄罗斯各项住房规划和项目更加有据可依。俄住房规划一般以中长期为主（五年及以上，分阶段执行），而预算拨款则以中期预算法（三年滚动预算）为基础，视执行情况通过年度预算修正案予以调整。中期预算法中规定了未来三年俄联邦政府预算支出的规模和方向，在其框架内，进一步确定住房规划的拨款额度。财政部根据监测到的预算执行具体情况，定期对预算参数进行调整，并出台相应的联邦预算修正案，使其更加适应社会经济发展现状。与联邦预算挂钩，不仅能够保障住房规划的资金投入，同时也使得规划设计更能反映公民的实际需求。

与联邦预算挂钩使俄罗斯住房规划的执行具有明确的结果导向。如前所述，"保障俄罗斯公民舒适优惠的住房和公用服务"规划共设置了 3 项指标，2018 年转为试点项目后，指标增加到 5 项，达到规定上限。这些指标具有一定的代表性，能够反映居民住房和公用服务的基本保障水平，但并不足以展示国家住房政策的实施效果，因此，俄建设和住房公用事业部对该规划的各项子规划和专项规划也均设置了评估指标。

与俄罗斯相比，我国住房发展规划的编制起步较晚且不同步，指标选取和设置差异较大，使得住房规划体系和指标评估体系尚不健全，实施力度和结果也不尽如人意。根据 2006 年 5 月颁布的《国务院办公厅转发建设部等部门关于调整住房供应结构稳定住房价格意见的通知》（国办发［2006］37 号），我国正式启动城市住房建设规划的编制工作，至 2010 年，规划编制主要集中在城市层面，以政策文件的方式进行。2012 年 9 月，首个国家住房发展规划《全国城镇住房发展规划（2011-2015）》发布，明确了其国民经济和社会发展专项规划的定位，旨在"完善城镇住房供应体系、强化住房保障工作、加强和改善房地产市场调控、促进住房发展方式转型、引导相关资源合理配置"。此后，各省市根据国家住房规划要求编制了本辖区的住房发展规划，国家—地区—城市三级住房规划体系初步形成。因此，我国在住房发展规划的具体设计上，可借鉴俄罗斯相关经验，一方面提升住房规划的地位，使其能够统筹住房部门的发展；另一方面，将其与预算制度改革相结合，明确资金来源，并强化资金利用的绩效评估。

此外，俄罗斯政府对这些住房项目和规划的拨款方式既包括"补砖头"（供给方补贴），又包括"补人头"（需求方补贴）。虽然俄罗斯目前依然对住房建设提供补贴，但在向联邦法律规定的需要改善居住条件的公民群体提供资金支持时，俄罗斯更多地采用"补人头"的方式。"人头补贴"要通过实名制、颁发购房证书、开立银行专用账户等措施来实施，以确保住房补贴不被移作他用，且定人定向。该做法很值得我国借鉴，即制定具体的、有针对性的保障房建设和融资发展规划，为各类保障房供给提供稳定的资金支持。

第三节　以财政金融创新促进住房投融资的多元化

在住房保障领域，政府的职能不仅在于出台各种财政补贴和税收优惠政策，还在于充分激活住房市场，吸引更多的社会资本参与住房保障。俄罗斯通过法律协调和机构配合，不断完善公私合作机制，很好地促进了市场与政府的有机结合、有效互动，推动住房保障制度的改革深入发展。

俄罗斯最早通过的协调公私合作的法律是《特许协议法》（2005 年），并分别于 2007 年、2010 年、2013 年和 2014 年进行了修订。它是联邦层面规范与协调公私合作的基本法律，对无法进行私有化却缺乏额外资本的经济部门来说，《特许协议法》为其吸引私人资本奠定了法律基础。为扩宽融资渠道，2009年，俄罗斯成立了公私伙伴关系发展中心，通过发展公私合作，为社会基础设施建设和现代化改造创造条件。该中心的基本业务方向是：①作为"专业客户"，在全俄范围内组织公私合作管理系统，支持公私合作项目的实施；②为俄罗斯联邦及各地区制定公私合作法律法规，并评估其可行性和有效性；③进行市场检测、资料分析及应用性研究，维护公私双方利益；④促进专业媒体的发展，如信息分析平台"公私合作信息"，以及专业电子刊物"公私合作报"；⑤听取公众意见，就公私合作模式和基础设施发展等问题举行圆桌会议或专家论坛；⑥储备人才，提高公私合作领域工作人员的专业水平。通过公私伙伴关系发展中心的运转，俄罗斯在住房建设融资过程中既受到政府部门的引导，又通过优惠措施让利给私人资本，使其拥有一定的利润空间。

在此基础上，2013年还出台了《关于俄罗斯联邦公私合作的基础》，该法律的颁布使国有企业与私人部门在大型基础设施项目上的合作更加透明，对俄罗斯来说具有重要意义：统一了俄罗斯关于公私合作的定义、形式和原则；明确了俄罗斯联邦、联邦主体和地方自治机关在实施公私合作协议中的职权范围；确定了公共和私人部门的职责，包括强制融资、运营和技术服务等；维护了私人投资者的权益；规定了联邦和地方公私合作立法的基本方向；消除了实施公私合作的立法障碍；没有对公私合作的具体形式予以强制性规定，增强了合作项目的灵活性。

近年来，我国在推动公私合作方面也取得了一定的成绩，政府颁布了一系列文件鼓励将公私合作模式应用于公共设施建设等领域。2014年12月4日，中国财政部政府和社会资本合作中心正式获批，主要承担PPP工作的政策研究、咨询培训、信息统计和国际交流等职责。2015年被称为中国的"PPP元年"，作为一种公私合作建设基础设施和提供公共服务的新机制，PPP模式得到了空前发展。此后，2016年3月4日和7月14日分别成立了中国政企合作投资基金股份有限公司（简称基金公司）和中国政企合作投资基金管理有限责任公司（简称管理公司）。与俄罗斯相比，我国政府与企业资本合作起步较晚，尤其是保障房建设对于社会资本的吸引力还不够高，有待于进一步的政策倾斜。

此外，俄罗斯在向市场经济转型时选择的是激进式的发展道路，因此，其在住房金融市场发展和市场化融资手段的运用方面更有优势。俄罗斯住房金融政策的实施主体是"俄联邦·住房"集团（住房按揭贷款股份公司），近年来，该公司致力于住房金融产品的创新与发展，除为联邦住房规划融资并监督其资金运作外，还推出了多样化的住房按揭产品，计划发放住房公用基础设施和租赁房担保债券，以及建立住房按揭抵押债券"工厂"。俄罗斯通过住房按揭贷款的证券化，对住房财政保障机制的运作产生了重要的补充、完善与促进作用。俄罗斯在住房保障领域的这些创新尝试，将有助于我国丰富保障房融资模式，降低对财政资金的依赖度，提高社会资本的投资收益、对冲风险。

总体而言，由于中国和俄罗斯选择了截然不同的市场化道路，导致两国的住房保障制度改革在治理模式、改革利益驱动及效果方面存在明显的差异。此外，在住房财政保障机制的发展方面，俄罗斯通过构建全方位的法律保障体系，不仅保障了包括低收入群体在内的所有居民的住房权，也使得住房市场各参与主体的行为都有法可依；通过成立住房按揭贷款股份公司及其子公司，在保障国家各项住房政策顺利实施的同时，很好地实现了对住房金融市场的统筹、协调和监管。为解决保障房建设融资难的问题，俄罗斯更是不断进行金融产品和机制的创新，通过引入公私合作对其进行立法协调，加大对保障房建设的资金投入，通过发展住房按揭抵押债券，创新担保机制，提高这些资金的运作效率。俄罗斯住房财政保障机制改革的这些经验，对我国今后的住房保障制度改革与完善、保障房建设和融资发展有一定的启示意义。

通过对俄罗斯住房财政保障制度的研究，以及中俄两国在住房保障的法律制度建设、保障方式选择和融资模式发展等方面的比较分析可以看出，中国未来的住房保障制度改革还须着眼于保障房的公共属性和我国全面建设小康社会的基本任务，不断完善住房领域的立法体系，加强住房保障制度的顶层设计，与此同时，政府还应制定多项优惠措施，加大保障房建设对社会资本的投资吸引力，不断探索保障房的发展模式和融资模式，促进我国住房保障体系的创新与发展。

参考文献

一　中文参考文献

[1]〔英〕萨格登:《权利、合作与福利的经济学》,上海财经大学出版社,2008。

[2]〔美〕B.J. 理德、约翰·斯韦恩:《公共财政管理》,中国财政经济出版社,2001。

[3]〔美〕E.S. 萨瓦斯:《民营化与公私部门的伙伴关系》,中国人民大学出版社,2002。

[4]〔俄〕亚·维·菲利波夫:《俄罗斯现代史(1945~2006)》,吴恩远等译,中国社会科学出版社,2009。

[5]〔美〕罗伯茨:《供应学派革命》,上海译文出版社,1987。

[6]〔美〕米尔顿·弗里德曼:《资本主义与自由》,张瑞玉译,商务印书馆,2009。

[7]〔英〕琼·罗宾逊:《资本积累论》,于树生译,商务印书馆,2017。

[8]曹振良:《中国房地产业发展与管理研究》,北京大学出版社,2004。

[9]曹艳春等:《转型时期中国社会保障研究》,上海社会科学出版社,2010。

[10]陈立文、刘广平:《住房保障和供应体系若干问题研究》,经济科学出版社,2019。

[11]程恩富、李新:《经济改革思维——东欧俄罗斯经济学》,当代中国出版社,2002。

［12］程伟：《中东欧独联体国家转型比较研究》，经济科学出版社，2012。

［13］邓宏乾：《中国城镇公有住房政策研究》，中国社会科学出版社，2015。

［14］冯绍雷、相蓝欣：《转型中的俄罗斯社会与文化》，上海人民出版社，2005。

［15］高际香：《区域经济社会发展——俄罗斯的探索与实践》，社会科学文献出版社，2013。

［16］高际香：《俄罗斯民生制度：重构与完善》，社会科学文献出版社，2014。

［17］关雪凌、〔俄〕维克多·梁赞诺夫：《俄罗斯经济发展研究》，新华出版社，2017～2019。

［18］郭连成、唐朱昌：《俄罗斯经济转轨路径与效应》，东北财经大学出版社，2009。

［19］郭宏宇：《保障房建设融资的国际经验、模式创新与风险控制》，经济科学出版社，2017。

［20］季雪：《北京中低收入阶层住房问题研究》，清华大学出版社，2010。

［21］李新：《俄罗斯经济再转型：创新驱动现代化》，复旦大学出版社，2014。

［22］李永全主编《俄罗斯发展报告》，社会科学文献出版社，2012～2018。

［23］刘长琨：《俄罗斯联邦财政制度》，中国财政经济出版社，1998。

［24］刘微：《转型时期的俄罗斯财政》，中国财政经济出版社，2005。

［25］陆南泉：《俄罗斯经济二十年（1992～2011）》，社会科学文献出版社，2013。

［26］陆南泉、李建民：《曲折的历程：俄罗斯经济卷》，东方出版社，2015。

［27］穆怀中主编《社会保障国际比较》，中国劳动社会保障出版

社，2007。

[28] 童伟：《俄罗斯的法律框架与预算制度》，中国财政经济出版社，2008。

[29] 童伟：《俄罗斯财经研究报告》，经济科学出版社，2012~2018。

[30] 童伟：《俄罗斯政府预算制度》，经济科学出版社，2013。

[31] 童伟：《俄罗斯税制研究》，经济科学出版社，2018。

[32] 田东海：《住房政策：国际经验借鉴和中国现实选择》，清华大学出版社，1998。

[33] 姚玲珍：《中国公有住房政策模式研究》，上海财经大学出版社，2009。

[34] 姚玲珍、刘霞、王芳：《中国特色城镇住房保障体系研究》，经济科学出版社，2017。

[35] 于娟：《卢布汇率制度安排对俄罗斯经济影响研究》，清华大学出版社，2014。

[36] 张勇：《中国保障房融资模式研究》，经济科学出版社，2014。

[37] 张占斌、李万峰等：《中国城镇保障性住房建设研究》，国家行政学院出版社，2013。

[38] 张跃松：《住房保障政策——转型期的探索、实践与评价研究》，中国建筑工业出版社，2014。

[39] 左凤荣：《俄罗斯：走向新型现代化之路》，商务印书馆，2014。

[40] 邓郁松：《完善我国住房保障体系的目标和总体思路》，《中国经济时报》2013年7月9日。

[41] 包山莲：《公共租赁住房 PPP 融资模式研究》，东北财经大学 2011年硕士论文。

[42] 胡晓霜：《保障性住房融资模式创新研究》，西南财经大学 2012 年硕士论文。

[43] 刘洁：《我国保障性住房财政支出政策研究》，湖南大学 2010 年硕士论文。

[44] 马建平：《中国保障性住房制度建设研究》，吉林大学 2011 年博士

论文。

［45］Hugo 著，杨滔译《欧洲住房金融改革对中国的借鉴意义》，《国际城市规划》2009 年第 6 期。

［46］陈杰：《我国保障性住房的供给与融资：回顾与展望》，《现代城市研究》2010 年第 9 期。

［47］陈西宜：《我国保障性住房政策实施过程中存在的问题及对策》，《经济纵横》2010 年第 11 期。

［48］陈伟、陆婉灵：《我国保障性住房融资效率研究——基于 30 省市面板数据》，《统计与管理》2018 年第 5 期。

［49］程伟：《俄罗斯经济新观察：危机与转机》，《国际经济评论》2017 年第 2 期。

［50］程伟：《输入型增长：俄罗斯经济困局探源》，《俄罗斯东欧中亚研究》2015 年第 5 期。

［51］程伟：《冷静聚焦普京新政下的俄罗斯经济颓势》，《国际经济评论》2014 年第 6 期。

［52］程鸿群、袁宁、杨洁：《我国住房保障投入合理值测算与地区差异研究》，《统计与决策》2018 年第 4 期。

［53］杜杨、丰景春：《PPP 模式下的保障房建设公私合作机制演化博弈分析》，《工程管理学报》2015 年第 1 期。

［54］丁超、雷婕：《公共财政框架下的俄罗斯住房保障制度改革》，《俄罗斯研究》2017 年第 1 期。

［55］丁超：《俄罗斯公私合作及其在保障性住房领域的实践探索》，《俄罗斯东欧中亚研究》2016 年第 1 期。

［56］丁燕、张协奎：《我国住房保障制度的研究综述》，《改革与战略》2010 年第 5 期。

［57］谷俊青：《中国住房保障政策体系变革中的缺陷及其完善构想》，《现代财经》2009 年第 2 期。

［58］董昕：《中国政府住房保障范围的变迁与现状研究》，《当代财经》2011 年第 5 期。

[59] 费林海、欧阳华生、杨茜、张光忠：《基于逻辑分析法的住房保障项目绩效审计研究：一个应用框架》，《公共财政研究》2019 年第 3 期。

[60] 高际香：《制裁背景下的俄罗斯经济：困境与应对》，《欧亚经济》2015 年第 2 期。

[61] 高际香：《俄罗斯住房保障的政策与措施》，《国际资料信息》2011 年第 8 期。

[62] 高际香：《俄罗斯住房市场分析》，《俄罗斯中亚东欧市场》2011 年第 9 期。

[63] 高晓慧、高际香：《俄罗斯住房制度改革及绩效》，《俄罗斯中亚东欧市场》2008 年第 8 期。

[64] 高晓慧：《俄罗斯住房商品化和居民购买力》，《俄罗斯中亚东欧市场》2005 年第 9 期。

[65] 郭连成、张海峰：《普京时代的俄罗斯经济发展道路及未来展望》，《国外社会科学》2018 年第 3 期。

[66] 郭连成、车丽娟：《俄罗斯预算联邦制的改革与发展》，《俄罗斯中亚东欧研究》2009 年第 3 期。

[67] 郭晓琼：《俄罗斯所有制结构演变及近期私有化进展》，《俄罗斯学刊》2013 年第 3 期。

[68] 何伟：《国内外保障性住房比较》，《天津职业院校联合学报》2010 年第 4 期。

[69] 胡绍雨：《新时期我国住房保障制度的改革探索》，《技术经济与管理研究》2013 年第 3 期。

[70] 黄泽华：《公共廉租房制度的国际借鉴》，《改革》2010 年第 3 期。

[71] 贾康：《建立以公共财政为主的基本住房保障资金多元化来源渠道》，《中国发展观察》2007 年第 10 期。

[72] 贾康、孙洁：《运用 PPP 机制提供保障性住房的建议》，《经济论坛》2011 年第 1 期。

[74] 李建民：《俄罗斯新一轮私有化评析》，《俄罗斯学刊》2013 年第 2 期。

［75］李晶：《保障性住房建设：现状、影响及融资模式》，《国际融资》2010年第11期。

［76］李扬、汪利娜、殷剑峰：《普遍住房保障制度比较和对中国的启示》，《财贸经济》2008年第1期。

［77］李洋：《俄罗斯2018～2020年中期财政预算、影响因素分析及各方争论焦点》，《俄罗斯研究》2018年第2期。

［78］李中海：《俄罗斯经济的非优性：地理角度的阐释和分析》，《俄罗斯研究》2018年第4期。

［79］刘微：《俄罗斯财政政策探析》，《俄罗斯中亚东欧研究》2005年第3期。

［80］刘雪明、李春蓉：《地方政府执行国家保障性住房政策的促进策略研究——以广州市为例》，《青岛科技大学学报》（社会科学版）2015年第1期。

［81］柳如眉：《俄罗斯为什么要提高退休年龄？——基于OLG模型的实证分析》，《俄罗斯东欧中亚研究》2018年第6期。

［82］娄文龙、周海欣：《俄罗斯住房租赁市场改革及其借鉴》，《价格理论与实践》2018年第6期。

［83］吕程：《美国"市场优先"的住房租赁政策实践与启示》，《经济问题》2019年第1期。

［84］梅正午、孙玉栋、丁鹏程：《公共服务供给水平对居民获得感影响研究》，《价格理论与实践》2019年第4期。

［85］米军、邱鑫：《俄罗斯经济发展新态势及参与南南合作评析》，《俄罗斯学刊》2018年第5期。

［86］彭爽：《论中国住房保障支撑体系的构建》，《城市研究》2010年第5期。

［87］曲文轶：《西方对俄制裁三周年：普京政府的应对及其成效和影响》，《俄罗斯东欧中亚研究》2018年第2期。

［88］曲文轶、苏兆荣：《俄罗斯经济危机背景下的社会稳定：以中产阶级为视角》，《湖北社会科学》2018年第3期。

[89] 任鸿：《保障性住房建设的国际经验借鉴》，《地方财政研究》2010年第6期。

[90] 〔俄〕苏哈列夫：《中国和俄罗斯的宏观经济发展：贸易现状、结构和前景》，徐向梅译，《欧亚经济》2019年第1期。

[91] 〔俄〕苏哈列夫：《俄罗斯经济增长政策的问题：走向新经济模式》，徐向梅译，《欧亚经济》2018年第3期。

[92] 谭禹：《保障性住房融资创新的路径选择》，《财务与金融》2015年第4期。

[93] 童伟、马胜楠：《俄罗斯政府稳定运营的财税基础：规模与结构》，《欧亚经济》2019年第1期。

[94] 童伟、宋天伊、雷婕：《俄罗斯为什么中止实施中期预算?》，《经济研究参考》2016年第3期。

[95] 童伟：《俄罗斯政府职能转变下的预算制度改革》，《东北亚论坛》2008年第2期。

[96] 田焱：《关于公共租赁住房保障流程管理技术路径及措施的思考》，《经济体制改革》2017年第5期。

[97] 王红艳：《中俄保障低收入群体住房权的法律制度及其比较分析》，《广西政法管理干部学院学报》2013年第11期。

[98] 王竞、王祖山：《住房"居住"功能回归的政策选择——基于保障资源归集与配置的视角》，《现代经济探讨》2019年第3期。

[99] 王先柱、王敏：《青年群体住房获得：阶层固化能够打破吗?》，《财经科学》2018年第1期。

[100] 王维国、李秀军、李宏：《我国社会福利总体水平测度与评价研究》，《财经问题研究》2018年第9期。

[101] 吴宾、杨彩宁：《住房政策领域研究热点及演化路径分析——基于知识图谱视角》，《西南交通大学学报》（社会科学版）2018年第1期。

[102] 吴宾、徐萌：《中国住房保障政策扩散的过程及特征》，《城市问题》2018年第4期。

[103] 徐坡岭：《雾里看花：俄罗斯经济的真相与愿景》，《经济》2019

年第 4 期。

[104] 徐坡岭：《俄罗斯经济在凛冽寒风中期盼春天》，《世界知识》2019 年第 3 期。

[105] 徐坡岭：《俄罗斯经济转型与增长的教训：政治经济学批判》，《俄罗斯东欧中亚研究》2018 年第 5 期。

[106] 肖来付：《从住房问题看俄罗斯的住房社会政策》，《俄罗斯中亚东欧市场》2010 年第 5 期。

[107] 严荣：《完善房地产财税政策：购租并举的视角》，《财政研究》2017 年第 6 期。

[108] 阳义南：《民生公共服务的国民"获得感"：测量与解析——基于MIMIC 模型的经验证据》，《公共行政评论》2018 年第 5 期。

[109] 杨向前：《中国住房保障制度的演进与思考》，《中共石家庄市委党校学报》2012 年第 11 期。

[110] 杨赞、沈彦皓：《保障性住房融资的国际经验借鉴：政府作用》，《现代城市研究》2010 年第 9 期。

[111] 杨攻研、曲文轶：《俄罗斯政府债务演进的政治经济逻辑及风险研究》，《俄罗斯研究》2018 年第 2 期。

[112] 余南平：《俄罗斯与中国社会经济体系改革进程与模式比较研究——以俄中住房体系改革为视角》，《俄罗斯研究》2010 年第 2 期。

[113] 赵红艳、施琳琳：《基于财政视角的中低收入居民住房保障体系研究》，《地方财政研究》2008 年第 3 期。

[114] 翟富强、颜伟、吴静：《我国住房保障对象界定及其应用研究——基于居民住房支付能力测算方法的比较》，《价格理论与实践》2019 年第 3 期。

[115] 张聪明：《俄罗斯房地产市场现状再考察》，《欧亚经济》2015 年第 6 期。

[116] 张超、黄燕芬、杨宜勇：《住房适度保障水平研究——基于福利体制理论视角》，《价格理论与实践》2018 年第 10 期。

[117] 张振勇、郭松海：《国内外住房保障理论与政策述评及对我国的启示》，《山东经济》2010 年第 1 期。

［118］郑雪平：《俄罗斯住宅市场发展现状及未来走势——以圣彼得堡市为例》，《俄罗斯中亚东欧市场》2009 年第 3 期。

［119］钟裕民：《政策排斥分析框架及其应用：以保障性住房管理为例》，《中国行政管理》2018 年第 5 期。

［120］钟荣桂、吕萍：《我国住房保障制度的变迁、政策范式与展望》，《现代经济探讨》2017 年第 4 期。

［121］中国社会科学院"中国城镇住房公共政策选择研究"课题组：《寻求公平前提下的住房市场均衡模型》，《财贸经济》2001 年第 7 期。

［122］庄晓惠：《俄罗斯转型期的社会政策与社会稳定》，《国外社会科学》2011 年第 1 期。

［123］庄晓芸、肖来付：《俄罗斯的住房与住房制度改革》，《俄罗斯中亚东欧市场》2008 年第 12 期。

［124］朱亚鹏、孙小梅：《合作建房的国际经验及其对中国的启示》，《广东社会科学》2019 年第 1 期。

［125］朱亚鹏：《中国共有产权房政策的创新与争议》，《社会保障评论》2018 年第 3 期。

［126］朱励群、赵定东：《俄罗斯"突变性"社会转型模式生成根源分析》，《东北亚论坛》2007 年第 2 期。

二　外文参考文献

［1］Adam Smith, *An Inquiry into the Nature and Causes of the Wealth of Nations*, Methuen & Co. Ltd, 1930.

［2］Ana Belen Alonso-Conde, Christine Brown, Javier Rojo-Suarez, "Public Private Partnerships: Incentives, Risk Transfer and Real Options," *Review of Financing Economics*, 2007, pp. 335-349.

［3］J. F. Doling, *Comparative Housing Policy: Government and Housing in Advanced Industrialized Countries*, London: Mcmillan Press Ltd, 1997.

［4］D. Donnison, and C. Ungerson, *Housing Policy*, Hamondsworth: Penguin Books Ltd., 1982.

［5］ B. Hårsman and J. M. Quigley, *Housing Markets and Housing Institutions*: *An International Comparison*, Boston: Kluwer Academic Pub., 1991.

［6］ James L. Sweeney, "A Commodity Hierarchy Model of the Rental Housing Market," *Journal of Urban Economics*, Volume 1, Issue 3, 1974, pp. 288-323.

［7］ J. Kemeny, "Corporatism and Housing Regimes," *Housing, Theory and Society* 23, 2006, pp. 1-18.

［8］ J. Kemeny, *From Public Housing to the Social Market*: *Rental Policy Strategies in Comparative Perspective*, London: Routledge, 1995.

［9］ James C. Ohls, "Public Policy toward Low-Income Housing and Filtering in Housing Markets", *Journal of Urban Economics* 2, 1975, pp. 144-171.

［10］ Paul A. Samuelson, "The Pure Theory of Public Expenditure", *Review of Economics and Statistics*, 36 (4), 1954, pp. 387-389.

［11］ J. E. Stiglitz, "Peer Monitoring and Credit Markets," *The World Bank Economic Review*, 4 (3), 2005.

［12］ Абалкин Л. И. Роль государства в становлении и регулировании рыночной экономики//Экономист. -1997. -№6. С. 5-10.

［13］ Аболин А. А. Трансформация льгот на оплату жилищно-коммунальных услуг в компенсационные выплаты. //Журнал руководителя и главного бухгалтера ЖКХ-No6-2013-С. 58-62.

［14］ Абрамова Н. М. Вопросы доступности жилья для граждан России и пути их решения // Микроэкономика. -2013. -N 4. -С. 75-78.

［15］ Авдеев В. В., ЧернышовЛ. Н., Яганов В. Н. Экономические правоотношения в жилищно-коммунальном хозяйстве. //Проблемы, опыт, документы. -М., 1996.

［16］ Аверин А. Н. Социальная политика органов государственной власти субъектов Российской Федерации. -М. : Изд-во 《РАГС》, 2006.

［17］ Авраамова Е. М., Титов В. Н. Социальное развитие современной России: тенденции, риски, перспективы. https: //institutiones. com/general/3216-socialnoe-razvitie-sovremennoi-rossii. html.

〔18〕Аненков И. О. О необходимости изменения оценки эффективности федеральной целевой программы《жилище》на 2011－2015 годы. Бизнес. Оъразование. Право. Вестник Волгоградского Института Бизнеса, 2014, № 1 (26). Подписные индексы－38683, P8683.

〔19〕Арсаханова З. А., Шамилев С. Р. Анализ жилищных условий в регионах РФ-важное условие благосостояния населения // Современные проблемы науки и образования. －2014. －No 5; URL：www. science-education. ru/ 119－14286.

〔20〕Ахметов И. У. Меры по повышению эффективности расходования бюджетных средств/ЯТрактика муниципального управления. －No5. －2009. － С. 18－21.

〔21〕Ашиткова Т. В. Правовое регулирование и практика применения законодательства о приватизации жилых помещений / Т. В. Ашиткова, И. С. Викторов // Жилищное право. 2006. № 7.

〔22〕Баёв С. А. Новые подходы к управлению объектами жилищно-коммунального хозяйства России. //Управление собственностью. － 2012, No3.

〔23〕Балаев А. Факторный анализ доходов Российской бюджетной системы. Экономическая политика. 2017. Т. 12. No 3. С. 8－37.

〔24〕Балаев А. Влияние структуры бюджетных расходов на экономический рост России. Экономическая политика. 2018. Т. 13. No 6. С. 8－ 35.

〔25〕Барулин С. В., КусмарцеваВ. С. Оценка результативности и эффективности реализации долгосрочных целевых программ // Финансы. － 2010. －No5. С. 25－32.

〔26〕Башмаков И. А. Модернизация жилищного фонда и коммунальной инфраструктуры. //ЖКХ: журнал руководителя и главного бухгалтера. 2012, No5, С. 36－41.

〔27〕Бобковов Н. Социальная структура российского общества по критериям доходов и жилищной обеспеченности / Бобков В. Н., Одинцова Е. В. // Уровень жизни населения регионов России. −2012. −N 1. −С. 20−28.

［28］ Бессонова О., Кирдина С. Мониторинг жилищной реформы： от приватизации к новой модели управления//ЭКО. −1996. −No6. С. 120−127.

［29］ Боголюбов В. С., Васильева Н. В. Совершенствование экономических отношений в жилищной сфере： Учебное пособие. −СПб.： СПбГИЭА, 1999.

［30］ Болотин В. В. Финансовые проблемы реформы ЖКХ.//Финансы, 2012, No2, С. 12−19.

［31］ Бузырев В. В., Чекалин В. С. Экономика жилищной сферы： учеб. пособие. −М.： ИНФРА-М, 2001.

［32］ Букреев В. В., Рудык Э. Н. Реформирование ЖКХ в России： проблемы и возможные пути их решения.//Управление собственностью. − 2011. −No4, С. 2−12.

［33］ Буренин А. Пределы макроэкономической политики под углом зрения экономических кризисов. Экономическая политика. 2019. Т. 14. No 1. С. 76−91.

［34］ Варнавскии В. Т. Концессионный механизм партнерства государства и частного сектора. −М., 2003.

［35］ Василенок В. Л. Развитие форм государственно-частного партнерства в Российской экономике. // Научный журнал НИУ ИТМО. Серия《 Экономика и экологический менеджмент》№ 1, 2014 г..

［36］ Галансков Е. В. Бюджетный контроль региональных целевых программ как направление государственного финансового контроля Автореф. дис. канд. экон. наук： 08. 00. 10 - Хабаровск, 2012. 20 с.

［37］ Гарипова З. Л. Роль государства в повышении жилищных стандартов населения через обеспечение доступности жилья. Современные исследования социальных проблем (электронный научный журнал), No1 (09), 2012.

［38］ Гинзбург А. М. Прикладной экономический анализ： финансовая эффективность, расчет денежных потоков, методы прогнозирования прибыли. −

СПб. : Питер, 2005.

［39］Гладкова, В. Е. , Жариков В. В. Социально-информационный механизм повышения качества жилищного обеспечения населения в России. Общество и сервис: современные проблемы. Т. 11, No. 2 (72) 2017.

［40］Глухов К. А. Вопросы приватизации жилых помещений// Государство и право. 1992. № 9.

［41］Государственное регулирование естественных монополий: опыт, проблемы, перспективы. Сборник статей и материалов. Подред. Коломийченко О. В. -СПб, 2010, С. 124.

［42］Гришанов И. Проблемы доступности жилищно-коммунальных удобств для населения // Россия и современный мир. - 2013. - N 3. - С. 136-143.

［43］Гудименко Г. В. Формирование фондовых инструментов финансирования ипотечных кредитов. Научное издание. -М: МАОР, 2005.

［44］Девятинин Н. Г. Жилищная политика по-человечески размышления о реформе ЖКХ, жилищном самоуправлении и лично о себе. -2015. -N 4.

［45］Деловой климат в строительстве вI квартале 2014 года -М. : НИУ ВШЭ, 2014. -19с.

［46］Дробышевская Л. Н. , Васкевич Т. В. Государственная политика в жилищной сфере: современные подходы и принципы управления. Рецензируемый, реферируемый научный журнал《Вестник АГУ》. Выпуск 2 (160) 2015.

［47］ДроновА. А. О состоянии жилищно-коммунального хозяйства России и перспективах его реформирования // ЖКХ. Журнал руководителя и главного бухгалтера. 2012, No 6, С. 46.

［48］Ефимова С. Б. Основы бюджетно-расходной политики государства. Саратов: Саратовский государственный социально-экономический университет, 2006.

［49］Ершова С. А. Проблемы управления собственностью жилищного сектора социальной сферы городов. –СПб. : СПб6ГИЭА, 1999.

［50］ Жанбосов А. Т. Концептуальные основы жилищной политики государства: вопросы экономики и управления Автореф. дис. канд. экон. наук: 08. 00. 01, 08. 00. 05–Москва, 2009. 26.

［51］ Жилищный Н. Г. Жилищная политика по-чел, по состоянию на 12. 01. 2015 г. Принят Государственной Думой 22 декабря 2004 года Одобрен Советом Федерации 24 декабря 2004 года. www. гарант. ru／.

［52］ Жучков О. А., Тупикова О. А. Объективные перемены в стратегии развития жилищного строительства //Universum: Технические науки: электрон. научн. журн. 2017. No 1 （34）. URL: http: //7universum. com/ru/ tech/archive/item/4222.

［53］ Зак В. В. Строительные сберегательные кассы как финансовый институт ипотечного кредитования ／ В. В Зак ／／ Финансы. 2012. № 4. С. 64–67.

［54］ Занадворов В. С., Колосницына М. Г. Экономическая теория государственных финансов. – М. : Издательский дом ГУ ВШЭ, 2006. – С. 101–104.

［55］ Зайцев В. Е. Оценка государственных программ Российской Федерации: новые вызовы. Государственное управление. Электронный вестник Выпуск No 67. Апрель 2018 г. .

［56］ Золотарева А., Соколов И. Проблемы и пути совершенствования системы стратегического планирования в России. Экономическая политика. 2018. T. 13. No 5. С. 8–23.

［57］ Каменева Е. А. Механизм государственной финансовой поддержки жилищно-коммунального хозяйства: методы и инструменты ／／ Финансы и кредит. –No37 （325）. –Октябрь. 2008. –С. 48–53.

［58］ Каменева Е. А. Финансовая политика оздоровления жилищно-коммунального хозяйства. –Саратов: Изд-во СГСЭУ, 2007.

［59］ Каменева Е. А., Барулин С. В. Финансы жилищно-коммунального хозяйства. –М. : Ось–89, 2013.

［60］ Киреева Е. В. Оценка воздействия инструментов бюджетного регулирования на темпы экономического роста. Управление экономическими системами. 2017. № 7.

［61］ Кирпичников В. А. Бюджетный федерализм и местное самоуправление // Финансы. М. , 1995.

［62］ Кияненко К. В. Концепция жилищной проблемы и жилищной политики России // Жилищное строительство. –1998. –No 1.

［63］ Кияткина В. В. Рефинансирование ипотечных кредитов в России : монография/ В. В. Кияткина. Издат. дом 《Дело》 РАН ХиГС, 2012. С. 14.

［64］ Ковалева С. А. Перспективы и направления развития государственной жилищной политики в Российской Федерации : совершенс-твование законодательства на федеральном и региональном уровнях. Оренбургский государственный университет, ВЕСТНИК ОГУNo3（164）/март2014.

［65］ Козлова Б. Совершенствование бюджетных расходов на жилищно-коммунальное хозяйство в условиях стратегического планирования// Финансы и кредит. –М. , 2011. –No 20. –о . 54–65.（1, 20 п. л. ）.

［66］ Козлова Б. Финансирование жилищно-коммунального хозяйства в условиях его реформирования. 08. 00. 10 – Финансы, денежное обращение и кредит// диссертация, Москва: 2012.

［67］ Кокарев. И. С. Трактовка основных понятий жилищного рынка и экономическая оценка его доступности для средней российской семьи. Журнал правовых и экономических исследований, 2012, 4: 93–99.

［68］ Кольев А. А. Перспективный способ инвестирования жилищного строительства // Экономические и социальные перемены в регионе : Инф. бюллетень. –2005. –Вып. 28. –С. 42–46.

［69］ Кондрашова Г. П. Доходные дома: история становления и перспективы развития для решения жилищной проблемы России и Украины // Научный вестник: финансы, банки, инвестиции. 2013. No 3. С. 19–25.

〔70〕Косарева Н., Туманов А. Об оценке доступности жилья в России // Вопросы экономики. —2007. —No 7.

〔71〕Косарева Н. Б., Полиди Т. Д. Доступность жилья в России и за рубежом. Вопросы экономики. 2019. No 7. С. 29—51.

〔72〕Косинова Н. Н. Государственно-частное партнерство в реализации стратегии региона: направления, проекты, институты развития / Н. Н. Косинова // Региональная экономика. 2012. № 9. С. 32—35.

〔73〕Костиков И. В. Рынок муниципальных облигаций: мировой опыт и российская практика // Мировая экономика и международные отношения, 2009, No1.

〔74〕Коростин Н. А. Оценка состояния жилого фонда и жилищной сферы российских регионов. ФГАОУ ВПО 《Волгоградский государственный университет》. Интернет-журнал 《Науковедение》 ISSN 2223 – 5167. http: // naukovedenie. ru/ Том 7, №2 (2015).

〔75〕Коростин С. А. Реализация региональной жилищной политики развития малоэтажного домостроения: проблемы, решения, перспективы. — Волгоград: Изд-во ВолГУ, 2014. —275с.

〔76〕Копейкин А. Анализ возможностей финансирования развития городской инфраструктуры при помощи выпуска субфедеральных облигаций. —М. : Фонд 《Институт экономики города》, 1996.

〔77〕Кудрин А. Л., Соколов И. А. Бюджетные правила как инструмент сбалансированной бюджетной политики. http: //institutiones. com/politika/ 3080-byudzhetnye-pravila. html.

〔78〕Кудрин А. Л., Кнобель А. Ю. Бюджетная политика как источник экономического роста. Вопросы экономики. 2017. No 10. С. 5—26.

〔79〕Кузнецов И. А., Смолина Е. Э. Экономические отношения в ЖКХ на муниципальном уровне. Тамбов, 2006. С. 11.

〔80〕Крашеников В. П. Приватизация жилья. Права граждан до и после приватизации / В. П. Крашенинников. М. : Статус, 2006.

［81］ Кругликов А. А. Государственная политика в сфере жилищно-коммунального хозяйства. //Журнал руководителя и главного бухгалтера ЖКХ–No7–2000–с. 94–100.

［82］ Куликов А. Г., Янин В. С. О страгетии развития жилищной сферы. Экономист. 2013. №1. С. 59–69.

［83］ Куликов А. Г., Янин В. С. Актуальные вопросы развития ипотеки и решения жилищной проблемы. Деньги и кредит. 2011. №12. С. 29–31.

［84］ Ларин С. Н. Пути инновационного развития сферы жилищно-коммунального хозяйства региона/ С. Н. Ларин //. Региональная экономика. 2012. № 6. С. 24–35.

［85］ Ларин С. Н., Герасимова Е. В., Стебеняева Т. В. Новый подход к моделированию деятельности управляющих компаний в сфере жилищно-коммунального хозяйства. Междунарожный научный журнал《Инновационная наука》. №1, 2016.

［86］ Ларин С. Н. Повышение качества жилищно-коммунальных услуг как основная цель компексной модернизации сферы жилищно-коммунального хозяйства. Научный журнал КубГАУ, No126 (02), 2017 г. .

［87］ Ларионов А. Н. Обоснование места и роли государства в управлении современным российским рынком жилой недвижимости // Градостроительство. 2013. No 3. С. 82.

［88］ Левин Ю. А. Вопросы государственно-частного партнерства на рынке аренды жилья/ Ю. А. Левин // Финансы. 2012. № 5. С. 20–22.

［89］ Левин Ю. А. О формировании инфраструктуры долгосрочного финансирования жилищного строительства/ Ю. А. Левин // Финансы. 2010. № 9. С. 17–19.

［90］Леонова Л. Б., Алпатова Е. А., Леонов Р. А. Доступное жилье: поиск источников финансирования. Экономический анализ: теория и практика. 11 (2016) 20–32, стр 23.

［91］Литвиненко Е. В. Направления совершенствования действующей системы финансирования строительства и приобретения жилья в собственность / Е. В.

［92］ Литвиненко, Э. И. Крылов, В. М. Власова Научно-технические ведомости СПбГПУ. Экономические науки. −2013. −No5（180）C. 47−53−0, 625 п. л. / 0, 325.

［93］ Литвиненко Е. В. Методологические вопросы оценки эффективности инвестиций, направляемых населением на приобретение жилья в собственность // Актуальные проблемы экономики современной России: сб. научных трудов.

［94］ Людмила Г. Р. Анализ состояния жилищно-коммунального хозяйства России в современных условиях. Вестник Московского университета имени С. Ю. Витте. Серия 1: Экономика и управление・2015' 2（13）.

［95］ Мау В. А. Национальные цели и модель экономического роста: новое в социально-экономической политике России в 2018—2019 гг. Вопросы экономики. 2019. No 3. C. 16−17.

［96］ Макаревич Л. Н. О проблемах ипотечного кредитования // Финансы и кредит. −1996. −No6. C. 44−50.

［97］ Макаров А. В сфере ЖКХ идет приватизация прибыли и национализация убытков от 24. 03. 2011, http: //www. 1tv. ru/sprojects _ edition/si5691/fi8297.

［98］ Малоэтажное строительство. Интервью с Президентом ГК Валерием Шумилиным. 05. 12. 2013. URL: http: //rway. ru/interview/3164/.

［99］ Мартынова А. Особенности развития государственно-частного партнерства в жилищно-коммунальной сфере России // Молодой ученый. − 2012. −No8. C. 126−129.

［100］ Методическое пособие по вопросам обеспечения военнослужащих жилыми помещениями. Департамент жилищного обеспечения Минобороны России г. Москва 2014 год. http: //dom. mil. ru/files/morf/military/Metodichka. pdf.

［101］ Минаев Н. Н., Уфимцева Е. В. Эффективная система управления коммунальной инфраструктурой в контексте развития города // Сибирская финансовая школа. 2014. № 5 (106). С. 43-49.

［102］Минаев Н. Н., Филюшина К. Э., Колыхаева Ю. А., Добрынина О. И. Матрица сценарных вариантов управления жилищно-коммунальным комплексом городов России // Региональная экономика: теория и практика. 2015. № 2 (277). С. 56-66.

［103］Миронов С. М. Анализ проблем, государственное регулирование экономики // Недвижимость и инвестиции // Правовое регулирование. - 2005. -No 1.

［104］Мирской В. П. Финансовые механизмы реализации государственной жилищной политики. Вестник. 2010. № 3. С. 26-35.

［105］Михайлов М. В. Организационно-экономический механизм управления инфраструктурой жилищного строительства. Диссертация на соискание ученой степени кандидата экономических наук, Санкт-Петербург, 2014.

［106］Мхитарян Ю. И. Проблемы повышения эффективности государственных программ Российской Федерации. // Электронный научный журнал《 Век качества》. 2018. No1. С. 7 - 19. Режим доступа: http: //www. agequal. ru/pdf/ 2018/118001. pdf (доступ свободный).

［107］Мониторинг доступности жилья в регионах России. Август 2014. URL: http: //rway. ru/monitorings-new/monitoring/101/32/default. aspx.

［108］Морозова Л. А. Функции Российского государства на современном этапе//Государство и право. -1993. С. 98-108.

［109］Мустафина Л. Р. Стратегия обеспечения жильём молодых семей: необходимость инноваций и расстановки приоритетов/ Л. Р. Мустафина // Региональная экономика. 2010. № 27. С. 24-28.

［110］Названыина Л. Р. Стратегия обеспечения жильём молодых семей: 《Жилище》 инhttp: //riarealty. ru/mortgage_news/20150915/406122445. html.

［111］Немышева Е. И. Законодательство Российской Федерации о приватизации жилищного фонда. Журнал правовых и экономических исследований, 2011, 4: 59-64.

［112］Нешитой А. С. Кризис 2008 года в России － следствие экономических реформ//Бизнес и Банки. -2009. -№ 3.

［113］Николаев С. В. Еще раз о 《 Доступном и комфортном жилье － гражданам России》. URL: http: //www. ingil. ru/affordable-housing/13-affordable-housing. html.

［114］Николаев С. В. Возрождение крупнопанельного домостроения в России // Жилищное строительство. -2012. -No 4.

［115］О состоянии рынка ипотечного жилищного кредитования в 2013 году: аналитические материалы. -Режим доступа: http: //www. cbr. ru/ statistics/.

［116］Обзор рынка городской недвижимости. URL: http: //marketing. rbc. ru/reviews/realty/chapter_1_1. shtml.

［117］Обзлова Б. Финансирование жилищно-коммунального хозяйства 2015-2020 годы. http: //минстройрк. рф/press-centr/novosti_ministerstva.

［118］Обзлова Б. Финансирование жилищно-коммунального хозяйства на 2015-2020 годы. http: //минстройрк. рф/press-centr/novosti_ministerstva.

［119］Овчарова Л. Н., Горина Е. А. Развитие адресной социальной поддержки нуждающихся в России: барьеры и возможности. https: // institutiones. com/general/2979-razvitie-aresnoi-socialnoi-podderzhki-nuzhdayuschi-msya-v-rossii. html.

［120］Огонев И. А. Реформа ЖКХ в тупике// Е´КО. Всероссийские экономические вопросы. №. 12. Декабря 2010г. С. 93.

［121］Омароваю. А. Региональная жилищная политика в современной России. // ФГБОУ ВПО, 《 Тульский государственный университет 》, диссертация, Москва: 2014.

［122］Орешков А. А. Механизмы реализации жилищной политики в современной России тенденции и проблемы развития. Отраслевая экономика | (24) УЭкС, 4/2010.

［123］Палий В. М. Оценка изменения доступности жилья при

организации в России строительных сберегательных касс / В. М. Палий // Финансы и кредит. −2011. −No 46 （478）. −С. 10−15.

［124］ Петрухин А. Б. Долгосрочное инвестирование и кредитование жилищного строительства дотационного региона. −СПб. : Изд-во СПбГУЭФ, 2005.

［125］ Поддерегина Л. И., Шимановский С. А. Проблемы разработки показателей оценки состояния жилищной сферы в условиях трансформационной экономики // Проблемы современной экономики. −2005. −№ 3.

［126］ Полтерович В. М., Дмитриев М. Э., Гурвич Е. Т. Судьба экономических программ и реформ в России. Вопросы экономики. 2017. No 6. С. 22−44.

［127］ Попова О. С. Обеспечение социально-экономической безопасности жилищно-коммунального хозяйства страны. Федеральное государственное бюджетное учреждение науки институт экономики РАН, диссертация, Москва, 2014г. .

［128］ Пороховский А. А. Феномен " новой экономики и функции государства " （материалы к лекциям и семинар） \\ Российской экономический журнал. −2002. −№9. С. 72−76.

［129］ При строительной активности в 1 кв. м на человека в год сегодняшний средний уровень обеспеченности жильем в странах ЕС теоретически может быть достигнут Россией всего через 16 лет. / Категория: Аналитическая информация. Опубликовано 28. 05. 2014. URL: http: //www. fcpdom. ru/ （Дата обращения: 07. 06. 2015）.

［130］ Пузанов Н., Косарева Н, Туманов А., Полиди Т. Где нам живётся. Эксперт. 2011. №14. С. 30.

［131］ Пыркова О. М. Приоритетные направления развития системы социального жилья в России // Региональное развитие. 2014. № 3 − 4. С. 108−113.

［132］ Рогожина Н. Как оценить доступность банковских ипотечных кредитов //Аналитический банковский журнал. −2003. −№ 12.

［133］ Российский дом будущего. −Медиахолдинг《Эксперт》, 2008.

［134］ Рынок жилья и ипотечного кредитования. Итоги 2014 года. − Аналитический центр АИЖК, 2015. −С. 4.

［135］ Ряховская А. Н., Таги-Заде Ф. Г. Жилищно-коммунальный камуфляж （ о программе реформирования ЖКХ ） // Жилищное и коммунальное хозяйство. 2001. № 10.

［136］ Ряховская А. Н., Таги-Заде Ф. Г. Коммунальная деятельность как сфера общественных благ и естественныой монополии. Москва, 2012 г. Изд-во, Магистр.

［137］ Ряховская А. Н. Особенности ЖКХ и их влияние на процессы финансирования // Эффективное антикризисное управление. 2010. №3.

［138］ Ряховская А. Н. Условия и факторы развития института саморегулирования в России. Эффективное антикризисное управление. 2010. № 4. С. 64−69.

［139］ Сабирджанов Ф. Р. Источники финансового обеспечения реализации жилищной политики России//Вестник СГСЭУ. №2. 2011. 0, 5 п. л.

［140］Сабирджанов Ф. Р. Реализация финансовой политики в жилищном строительстве в современных условиях //Вестник СГСЭУ. №2. 2011. 0, 5 п. л.

［141］Сабирджанов Ф. Р. Механизм государственной финансовой поддержки рынка жилья / В сб. науч. трудов по итогам международной научно-практической конференции "Экономика и общество в условиях глобализации: вызовыXXI века". Саратов: СГСЭУ, 2011. 0, 3 п. л.

［142］ Сабирджанов Ф. Р. Приоритетные направления финансового обеспечения жилищной политики в современных условиях. Саратов: СГСЭУ, 2010. 2, 6 п. л.

［143］ Сабирджанов Ф. Р. Софинансирование реализации жилищной политики на основе государственно-частных партнерств / В сб. научных трудов V региональной научно-практической конференции факультета управления ЧелГУ "Проблемы в управлении социально-экономическими системами в условиях инновационного развития". -Челябинск: ООО "Энциклопедия", 2011. 0, 6 п. л.

[144] Савруков А. Н. Методика оценки потенциала ипотечного жилищного кредитования в регионе/ А. Н. Савруков // Региональная экономика. 2012. № 8. С. 33-43.

[145] Савруков А. Н. Формирование системы критериев оценки эффективности ипотечного жилищного кредитования// Финансы и кредит. – 2012. – №5. С. 68-73.

[146] Савруков А. Н. Методы эффективного государственного регулирования системы ипотечного жилищного кредитования// Финансы и кредит. –2012. – №6. С. 45-52.

[147] Савруков А. Н. Оценка факторов и прогнозирование динамики ипотечного жилищного кредитования в Российской Федерации // Финансы и кредит. –2012. –№ 26. –С. 11-16. – (банковское дело).

[148] Савруков А. Н. Методика оценки влияния ипотечного жилищного кредитования на обеспеченность населения жильем // Финансы и кредит. – 2012. –№27. С. 54-58.

[149] Савруков А. Н., Кузык Б., Иванов Д. Концептуальные основы формирования и реализации государственно-частного партнерства в системе ипотечного жилищного кредитования Финансы и кредит. – 2012. – № 29. С. 40-45.

[150] Селюков В. К., Гончаров С. Г. Анализ спроса и предложения на рынке ипотечного жилищного кредитования в РФ // Маркетинг в России и за рубежом. –2000. –No 6.

[151] Семаков И. К. Ещё раз о приватизации жилья// Жилищное право. 2006. № 10.

[152] Селютина Л. Г., Булгакова К. О. Анализ и оценка источников

финансирования строительства социального жилья в крупном городе. Научные ведомости. Серия Экономика. Информатика. 2018. № 2. Том 45, ст 292.

［153］ Сиваев С. Б. Как эффективно управлять жилищным фондом: теория и практика. −М. : Фонд《Ин-т экономики города》, 2012.

［154］Сидорова З. М. К вопросу о перспективах развития ипотечного жилищного кредитования. // Вестник СевКавГТИ, 2014（17）: 35−38.

［155］Скороходов Е. Л. Содействие государства в решении жилищной проблемы молодых семей России // Экономические науки. 2013. №6（103）. С. 162−166.

［156］Солдатова Л. А. Финансовое обеспечение жилищного строительства Монография. Оренбургский институт экономики и культуры. − Оренбург: НОУ ВПО Оренбургский институт экономики и культуры, 2011. 250с.

［157］Старовойтов А. С. Социальное жилье в современной России−миф или реальность // Поиск. 2006. No 3.

［158］Стерник Г. М., Апальков А. А. Развитие методики оценки доступности жилья для населения // Имущественные отношения в Российской Федерации. 2014. №2. С. 59−71.

［159］Страйк Р., Косарева Н. Реформа жилищного сектора России 1991−1994. −М. : Фонд《Институт экономики города》, 1994.

［160］Стратегия развития Единого института развития в жилищной сфере − акционерного общества《Агентство по ипотечному жилищному кредитованию》на период 2015−2020.

［161］Тихонова Н. Е. и др. Жилищная обеспеченность и жилищная политика в современной России// Социолистические исследования. №. 1. января 2007. С. 71−81.

［162］Тихонова Н. Е., АкатноваА. М., Седова К. Н. Жилищная обеспеченность и жилищная политика в современной России// Социологические исследования. − No1. −2007. С. 71−81.

［163］Тихомиров Б., Френкель А. О единой социально-экономической политике и стратегическом планировании. Экономическая политика. 2017. Т. 12. No 4. С. 82–117.

［164］Торгаяна С. Е. Жилищная политика государства, как инструмент решения жилищной проблемы. Электронный научный журнал "Экономика и финансы организаций и государства》 ISSN 2304–3172, 2012.

［165］Фаршатов И. А. 《 Жилищное законодательство. Практика применения, теоретические вопросы》 М. : Инфра–М, 2001. С. 49.

［166］Федеральная целевая программа "Жилще" на 2011–2015 годы. Утверждена постановлением Правительства Российской Федерации от 17 декабря 2010 г. № 1050.

［167］Филюшина К. Э. Формирование модели государственно-частного партнерства в строительном комплексе региона/ К. Э Филюшина// Региональная экономика: теория и практика. 2012. № 16. С. 41–45.

［168］Филюшина К. Э., Минаев Н. Н. Программное финансирование социально значимых проектов в строительстве и жилищно-коммунальном комплексе (на примере государственной программы 《 Обеспечение доступным и комфортным жильем и коммунальными услугами граждан Российской Федерации》). Финансы, Кредит и Банки, 2015 г. .

［169］Шохин А. Н., Скиба А. В. Анализ эффективности форм ГЧП в рамках взаимодействия бизнеса и власти. Журналь 《 Бизнес. Общество. Власть》. Октябрь 2017. No 1 (26).

［170］Шутенко В. В. Механизм инвестирования строительной отрасли на основе снижения кредитных процентных ставок // Современные наукоемкие технологии. Региональное приложение. –2011. –No 4 (28).

［171］Шутенко В. В. Формирование механизма инвестирования строительной отрасли на основе создания привлекательного инвестиционного климата: Дис. . . . канд. экон. наук. –М. : РГБ, 2009.

［172］Цапу Л. И. Научно-методологические основы повышения эффективности управления жилищным строительством в мегаполисе: Учеб. пособие. –СПб. : СПбГАСУ, 2009.

［173］Чефранова Е. А. Приватизация жилищного фонда/Е. А. Чефранова. М. : Изд-во Российской правовой академии МЮРФ, 1994.

［174］Ягодин Л. П. Управление жилищно-коммунальным хозяйством: организационно- правовые аспекты: Автореф. дис. . . . канд. юрид. наук. М. , 2008, http: //law. edu. ru/book/book. asp? bookID = 1278658.

图书在版编目（CIP）数据

俄罗斯住房财政保障制度改革研究／丁超著. -- 北京：社会科学文献出版社，2021.3
ISBN 978-7-5201-8110-5

Ⅰ.①俄… Ⅱ.①丁… Ⅲ.①住宅-社会保障-财政制度-研究-俄罗斯 Ⅳ.①D751.27②F151.21

中国版本图书馆 CIP 数据核字（2021）第 047534 号

俄罗斯住房财政保障制度改革研究

著　　者／丁　超

出 版 人／王利民
责任编辑／张苏琴　仇　扬

出　　版／社会科学文献出版社·当代世界出版分社（010）59367004
　　　　　地址：北京市北三环中路甲 29 号院华龙大厦　邮编：100029
　　　　　网址：www.ssap.com.cn
发　　行／市场营销中心（010）59367081　59367083
印　　装／三河市龙林印务有限公司

规　　格／开　本：787mm×1092mm　1/16
　　　　　印　张：14.5　字　数：236 千字
版　　次／2021 年 3 月第 1 版　2021 年 3 月第 1 次印刷
书　　号／ISBN 978-7-5201-8110-5
定　　价／68.00 元